TEORIAS PSICANALÍTICAS DO DESENVOLVIMENTO

Blucher

TEORIAS PSICANALÍTICAS DO DESENVOLVIMENTO

Estudo histórico-crítico-comparativo

Volume 2. Atualidade

Leopoldo Fulgencio

Teorias psicanalíticas do desenvolvimento: estudo histórico-crítico-comparativo (Volume 2. Atualidade)

1ª edição – Blucher, 2024
Editora Edgard Blücher Ltda.

Publisher Edgard Blücher
Editor Eduardo Blücher
Coordenador editorial Rafael Fulanetti
Coordenação de produção Andressa Lira
Produção editorial Juliana Morais
Preparação de texto Ariana Corrêa
Diagramação Plinio Ricca
Revisão de texto Luana Negraes
Capa Laércio Flenic
Imagem de capa iStockphoto

Blucher

Rua Pedroso Alvarenga, 1245, 4º andar
04531-934 – São Paulo – SP – Brasil
Tel.: 55 11 3078-5366
contato@blucher.com.br
www.blucher.com.br

Segundo o Novo Acordo Ortográfico, conforme 6. ed. do *Vocabulário Ortográfico da Língua Portuguesa*, Academia Brasileira de Letras, julho de 2021.

Dados Internacionais de Catalogação na Publicação (CIP)
Angélica Ilacqua CRB-8/7057

Fulgencio, Leopoldo
Teorias psicanalíticas do desenvolvimento: estudo histórico-crítico-comparativo: volume 2: atualidade / Leopoldo Fulgencio. – São Paulo: Blucher & FAPESP, 2024.
368 p.

Bibliografia
ISBN 978-85-212-2246-0

1. Psicanálise 2. Psicologia do desenvolvimento I. Título

24-3817 CDD 150.195

Índice para catálogo sistemático:
1. Psicanálise

Para meus filhos André, João,
Nina Flor e meu enteado Tom.
Para que a vida valha sempre
a pena de ser vivida.

Agradecimentos

À Fapesp, que tem contribuído ao longo dos anos para diversas de minhas pesquisas, em especial a que deu origem a este livro (processo número 2021/05257-6), como também ao apoio para sua publicação (processo número 2024/06515-7). Agradeço também ao CNPq que tem me apoiado em minhas pesquisas, especialmente nas referidas à categoria de apoio *Produtividade em Pesquisa*, mais diretamente ligadas a estes dois volumes sobre as teorias psicanalíticas do desenvolvimento (Processo número 301542/2022-8).

Aos meus colegas da linha de pesquisa Desenvolvimento Humano e Aprendizagem (Maria Thereza Costa Coelho de Souza, Maria Isabel da Silva Leme, Luciana Maria Caetano, Rogério Lerner, Betania Dell'Agli e Elizabeth Shephard), nos quais encontro companhia, diálogo e exemplos, tanto nos seus pensamentos como nos seus modos de ser.

De maneira central e essencial, para os que cuidaram de mim (meus pais, amigos, familiares e meus analistas Maria Ângela Santa Cruz [*in memoriam*], Chulamit Terepins e Rogério N. Coelho de Souza); como também para aqueles que pude cuidar (pacientes, orientandos, alunos), desenvolvendo a si mesmos e encontrando um lugar para viver.

Minha vida intelectual está assentada no amor que me é dedicado e que me sustenta: por isso, sempre agradeço a minha esposa Lygia Vampré Humberg.

Conteúdo

Introdução

Neste segundo volume de *Teorias psicanalíticas do desenvolvimento*, me ocuparei de apresentar e analisar, histórico-criticamente, a atualidade destas teorias consideradas por estudiosos da infância e do desenvolvimento na segunda metade do século XX e início do século XXI. Essas propostas se propõem, como se espera de uma compreensão plena do desenvolvimento, a explicar o conjunto de processos, aquisições, conquistas, organizações e modos de ser que ocorrem ao longo da vida, da origem até o envelhecimento e a morte. Elas procuram descrever, teórica e fenomenologicamente, o desenvolvimento emocional do ser humano, colocando em destaque diversos processos, fatos, dinâmicas, conquistas que não só fornecem uma explicação plausível e reconhecível nos fatos, mas também dão subsídios conceituais e práticos para atividades profiláticas, curativas, seja no campo dos cuidados com a saúde socioemocional (cuidados médicos, assistenciais, psicológicos etc.), seja no campo das atividades relacionadas à educação, ao cuidado social e, evidentemente, às pesquisas nessa área.

Este livro, nos seus dois volumes, pretende dar um panorama visível (e possível de comparações) das diversas teorias psicanalíticas do desenvolvimento, colocando em evidência o conjunto de problemas abordados pelas diversas perspectivas, os diversos modelos (ontológicos) de homem e as dinâmicas, conquistas e relações que caracterizam e impulsionam o desenvolvimento.

Quando lemos os inúmeros manuais de teorias do desenvolvimento, fica evidente que a grande parte do conhecimento apresentado está ancorada, sustentada e produzida com base na *observação objetiva* do bebê, da criança, do adolescente e do adulto, seja na sua individualidade, seja na sua existência social, havendo métodos e experimentos, padronizados e metrizados, muitos deles randomizados, para que essas observações possam ser feitas e interpretadas (com ou sem a ajuda de procedimentos estatísticos). Trata-se, pois, num determinado sentido, daquilo que acabam por denominar como o "bebê real", referindo-se àquilo que pode ser observado sem a interferência de processos subjetivos que transformariam os dados observados. A maior parte das teorias do desenvolvimento foi construída a partir de metodologias de observação objetiva da realidade.

Por outro lado, a psicanálise como um exemplo, por excelência, do que ocorre numa situação clínica tem sua compreensão da vida do bebê, das crianças, dos adolescentes e dos adultos como advindo daquilo que o paciente (o indivíduo, os grupos, as famílias etc.) apresenta nas suas narrativas dirigidas aos terapeutas (ou analistas). Em contrapartida, o próprio psicoterapeuta (ou analista) apreende e interpreta (apreende e valoriza) os dados observados a partir da sua própria sensibilidade, da sua própria subjetividade. Ou seja, esse campo de observação clínica da realidade, passada e presente, dos pacientes é, por excelência, *subjetivo*, depende da subjetividade do paciente, do analista, do encontro entre essas subjetividades.

Foi reconhecendo esse problema, considerando tanto as teorias do desenvolvimento construídas a partir da apreensão de dados objetivos quanto as construídas a partir da apreensão de dados subjetivos, que Daniel Stern propôs um tipo de integração, afirmando que a apreensão objetiva dos fatos do desenvolvimento não tem a capacidade de fornecer a compreensão geral que organizaria os dados de forma sistemática e coerente; por outro lado, a apreensão subjetiva dos fatos do desenvolvimento não teria a capacidade de dar objetividade aos fenômenos observados.[1] No entanto, ele afirma, reunindo essas perspectivas: "Situações experimentais não serviriam, não sozinhas. Elas capturam uma fatia muito pequena da vida e não possuem o contexto necessário para uma compreensão completa. Antes dos experimentos, precisávamos (e precisamos) de observações descritivas";[2] ou ainda: "o infante da clínica sopra vida subjetiva na criança observada".[3]

Será, pois, nesse contexto que busca colocar as teorias e observações *objetivas* e *subjetivas* sobre o desenvolvimento, numa contribuição mútua (sem reduzir uma a outra), que este livro procura analisar como são construídas e descritas as teorias psicanalíticas do desenvolvimento, tendo em vista esse horizonte ou *telos* epistemológico que torna possível a comunicação entre sistemas teóricos-semânticos díspares.[4]

Neste livro, nos seus dois volumes, cada uma das teorias psicanalíticas do desenvolvimento, nas suas diversas perspectivas, é descrita levando-se em consideração uma mesma matriz analítico-crítica. Esse proceder, que também é uma decisão epistemológica-metodológica,

---

1 Os livros de Daniel Stern – *The First Relationship: Infant and Mother, With a New Introduction* (1977/2002); *The Interpersonal Word of the Infant: A View from Psychoanalysis & Developmental Psychology* (1985/2000); *The Motherhood Constellation: A Unified View Of Parent-Infant Psychotherapy* (1995/1997); *The Birth of a Mother: How the Motherhood Experience Can Change You Forever* (1998, Stern & Bruschweiler-Stern) – apresentam um modo (um método) para articular dados objetivos com dados subjetivos, agregando os conhecimentos advindos das pesquisas no campo das teorias do desenvolvimento com os advindos da psicanálise.

2 Stern 1977/2002, p. 1.

3 Stern 1985/1992, p. 11.

4 Cf. em Fulgencio 2020a uma análise epistemológica-metodológica dessa proposta.

torna possível ver os mesmos temas, os mesmos problemas gerais em cada uma das diferentes perspectivas desenvolvimentistas da psicanálise. Nesse sentido, essa matriz coloca em evidência, em todas as perspectivas analisadas: 1. o problema empírico-clínico de base; 2. as características e foco da proposta desenvolvimentista universal que denomina e caracteriza um determinado modo de compreender a realidade do desenvolvimento; 3. a explicitação dos modelos ontológicos utilizados para a compreensão e a descrição do desenvolvimento; 4. a compreensão teórica e fenomenológica das diversas dinâmicas nas diversas fases do desenvolvimento com suas conquistas e condições de possibilidade; 5. o método utilizado para apreender os dados e sistematizá-los; e 6. uma avaliação do valor heurístico de cada perspectiva – permanece como nossa bússola e caminho no desenvolvimento de cada parte desse estudo.

Cada capítulo deste livro em dois volumes pode ser usado separadamente – por isso, no início de cada capítulo há algumas repetições que explicitam a que se propõe. Esta obra tem dois objetivos que se complementam: explicitar como os psicanalistas entendem o desenvolvimento emocional, seja em termos teóricos, seja em termos descritivo-fenomenológicos; e, feita essa apresentação de forma sistemática, organizada e padronizada, levar as contribuições dos psicanalistas para o campo das ciências ou da teoria do desenvolvimento, mostrando que os dados apreendidos pelo método clínico-subjetivo da psicanálise podem se articular, estimular, comunicar e mesmo sistematizar os dados apreendidos pelos métodos de observação objetiva de outras perspectivas teóricas do desenvolvimento. Cada um dos capítulos deste livro mostra uma possibilidade de comunicação, uma ponte nos seus alicerces e na sua pavimentação, mas que ainda precisará ser preenchida com as efetivas comunicações e diálogos entre as teorias que podem, agora, usar essa ponte.

No Volume 1, nos dedicamos à compreensão das *origens* e da *consolidação* das teorias psicanalíticas do desenvolvimento, analisando as propostas de Sigmund Freud, Anna Freud, René Spitz, Erik Erikson e Margaret Mahler, com um Apêndice dedicado a Jean Piaget; agora, no Volume 2, nos ocuparemos da atualidade das perspectivas desenvolvimentistas psicanalíticas, nos debruçando sobre a obra de John Bowlby, Donald Winnicott e Daniel Stern para, em seguida, mostrar como o campo atual da perinatalidade tem uma forte vertente clínica edificada com o uso de diversas teorias psicanalíticas. Todos os autores estudados têm suas contribuições em diálogo, comunhão e dissonância com perspectivas desenvolvimentistas (e com teorias psicanalíticas) do seu tempo, contribuindo para um campo de atividades multidisciplinares que visa a produção de conhecimento cada vez mais amplo, cada vez mais poderoso no seu valor heurístico de servir como instrumento para a enunciação e a resolução de problemas relacionados ao desenvolvimento emocional e relacional do ser humano, sejam problemas clínicos, educacionais, sociais, profiláticos ou curativos, tanto em termos individuais como sociais.

Começamos este Volume 2 com o Capítulo 1 dedicado a John Bowlby e a teoria do apego, perspectiva que tem sido a base de muitas pesquisas e intervenções atuais[5] apoiadas na compreensão de que a existência do homem está em continuidade com uma perspectiva darwiniana (referida, inclusive, a certos determinantes dados biologicamente, como aspectos adquiridos no processo natural do desenvolvimento das espécies). Essa perspectiva, iniciada no território da psicanálise, logo migrou para outro terreno epistemológico-metodológico, estabelecendo-se de forma independente, e tem (nos últimos anos, já neste início de século XXI) sido objeto de uma tentativa de reincorporação pelos psicanalistas

5 Cf. Beebe, Chen & Lachmann 2016; Cassidy & Shaver 2008; Castillo-Garayoa & Echevarría 2023; Fonagy 2001; Guédeney & Guédeney 2016; Wallin 2007.

(em especial, por Peter Fonagy).[6] A teoria do apego aparece como perspectiva teórica-operativa nos estudos de Daniel Stern,[7] bem como também tem um lugar de destaque na psicologia perinatal de Antonio Imbasciati[8] e na psicopatologia perinatal de Bernard Golse e Sylvain Missonnier.[9]

A apresentação da teoria do apego, também nesse mesmo quadro da minha matriz de análise histórico-crítica, obrigou abordá-la de uma maneira mais extensa, retomando o debate entre a proposta de uma teoria das pulsões *versus* uma teoria do apego (ambas procurando ocupar o lugar de intensões e impulsos primários da natureza humana). Como um fruto secundário, mas importante do estudo da teoria do apego, analisei as "Críticas e usos da teoria do apego pelos psicanalistas", resultando num texto que coloquei como apêndice final, no qual se pode encontrar a distinção entre descrever os fatos do desenvolvimento primitivo e supor princípios metafísicos para seu funcionamento (o relacionamento e a dependência do ser humano, de uma mãe [ou alguém que ocupe esse lugar] é um fato, mas a ideia de que exista um impulso ontológico para o prazer, ou para o outro, ou para a descarga das excitações corresponde a hipóteses que têm um certo grau de especulação).

---

6 Fonagy publicou em 2001 o livro *Attachment Theory and Psychoanalysis*, que tem justamente este objetivo: recolocar a teoria do apego no quadro e no contexto da metapsicologia psicanalítica, ultrapassando suas cisões e harmonizando suas propostas conceituais. No entanto, seus desenvolvimentos levaram-no a propor uma nova perspectiva teórico-clínica, um novo método de tratamento psicoterápico, centrado na ideia ou no processo de mentalização, como fica explícito neste manual: Allen, Fonagy & Bateman 2008, *Handbook of mentalisation in clinical practice*.

7 Cf. Stern 1985/1992; 1995/1997; 1977/2002; 2004; e Stern & Bruschweiler-Stern 1998.

8 Imbasciati 2019a, 2019b; Imbasciati & Cena 2018; Imbasciati, Debrassi & Cena 2018; Imbasciati & Loredana 2015, 2017, 2020.

9 Alvarez & Golse 2008; Golse 2017; 2019; 2010/2019; 2020; 2008; Golse, Putois & Vanier 2017; Missonnier 2009; Missonnier, Blazy, Boige, Presme & Tagawa 2012.

No Capítulo 2, temos a apresentação da teoria do desenvolvimento descrita por Winnicott, avaliando que a sua proposta articula uma série de descobertas empíricas da psicanálise com certos princípios e concepções também reconhecíveis nas obras de fenomenólogos e existencialistas modernos (por exemplo, a noção de Ser e de autenticidade), de modo a termos uma teoria do desenvolvimento centrada na noção de dependência e de continuidade de Ser, num quadro epistemológico que colocaria essa perspectiva psicanalítica muito mais no campo da esperada psicologia científica enunciada pela fenomenologia e pela analítica existencial[10] do que no quadro das psicologias naturalistas. Uma das vantagens e importâncias da obra de Winnicott é que ela não se apresenta apenas em termos teóricos, mas com descrições empíricas consistentes na compreensão das diversas conquistas do desenvolvimento (como a aquisição da noção de tempo, de espaço, da origem dos processos mentais, da constituição da unidade do sujeito psicológico, do surgimento do sentimento de culpa, da agressividade, da moral, da necessidade e da dificuldade de ser-com-o-outro etc.). Essa apresentação da teoria do desenvolvimento do Ser ou da Dependência, já abordada por mim de forma mais extensa noutro lugar,[11] é aqui retomada de forma sintética, analisada e apresentada no quadro da minha matriz analítico-crítica.

No Capítulo 3, analisaremos a teoria do desenvolvimento dos sentidos do *self* elaborada por Daniel Stern, proposta que procurou integrar conhecimentos advindos da psicanálise (Klein, Margaret Mahler, Winicott), da teoria do apego de Bowlby, das neurociências, da antropologia e das diversas teorias do desenvolvimento (com uma gama significativa de conhecimentos advindos de pesquisas e observações ditas objetivas). Stern enfrentou o problema da dificuldade de articular (compor) os conhecimentos advindos de pesquisas *objetivas*

10 Fulgencio 2020b.

11 Fulgencio 2020b.

com os advindos de pesquisas clínicas, *subjetivos*, considerando a necessidade de compô-las, apresentando uma solução para a dicotomia e oposição entre essas duas fontes de dados sobre o desenvolvimento socioemocional. Esse tipo de proposta abriu um imenso campo de pesquisas, tanto para os desenvolvimentistas quanto para os psicanalistas. A complexidade e a amplitude das propostas de Stern mostram a possibilidade de articulações extremamente frutíferas para a compreensão do desenvolvimento e para a prática clínica, apontando para muitos problemas e articulações a serem desenvolvidas. Espero que a maneira de o apresentar aqui possa tornar evidente o seu valor heurístico para o desenvolvimento da ciência e das teorias do desenvolvimento. Suas propostas terão, também, um forte impacto na prática clínica psicanalítica, e não só para o campo das teorias do desenvolvimento.

No Capítulo 4, nos ocuparemos da análise do campo clínico e teórico da perinatalidade, mais especificamente da psicanálise perinatal e suas contribuições para as teorias psicanalíticas do desenvolvimento, mostrando que o desenvolvimento e a constituição dessa área de pesquisa e de cuidados (inicialmente no campo da medicina, mas logo expandido para o da psicologia) encontrou na psicanálise um forte aliado. Veremos, analisando as propostas de uma *psicologia perinatal* (desenvolvida por Antonio Imbasciati, na Itália) e de uma *psicopatologia perinatal* (consolidada por Golse, Alvarez e Missonnier, na França), a possibilidade de colocar em evidência os problemas clínicos que aborda e procura resolver. Estudo e análise apoiados e dirigidos pelo uso da matriz de análise histórico-crítica proposta como enquadre e direção metodológica da pesquisa aqui apresentada.

Ao final, retomando todas as matrizes preenchidas com os dados de cada uma das perspectivas psicanalíticas do desenvolvimento, coloco-as lado a lado, contribuindo para que o leitor possa ter uma apreensão geral, não tanto para realizar o diálogo entre elas (tarefa impossível nesse contexto), mas para apontar um campo de problemas e de relações (a serem perscrutadas) a partir dessas concepções.

Este livro aponta, pois, para um imenso canteiro de obras, com uma diversidade imensa de possibilidades de pesquisa, sem deixar de mostrar instrumentos e modos objetivos para cuidar, em termos curativos e profiláticos, do desenvolvimento socioemocional do ser humano.[12,13,14]

Referências

Allen, J., Fonagy, P. & Bateman, A. (2008). *Handbook of mentalisation in clinical practice*. Washington: American Psychiatric Press.

Alvarez, L. & Golse, B. (2008). *La psychiatrie du bébé*. Paris: PUF.

Beebe, B., Chen, P. & Lachmann, F. M. (2016). *The Mother-Infant Interaction Picture Book: Origins of Attachment*. New York; London: W. W. Norton.

Cassidy, J. & Shaver, P. R. (2008). *Handbook of Attachment: Theory, Research, and clinical Applications*. New York; London: The Guilford Press.

Castillo-Garayoa, J. & Echevarría, R. (2023). Reflections on the Reception of Attachment Theory by Psychoanalysts: A Review of Publications. *The International Journal of Psychoanalysis, 104*(3), 509-526.

Fonagy, P. (2001). *Attachment Theory and Psychoanalysis*. New York: Other Press.

---

12 Todos os textos em inglês ou em francês cujas citações aparecem em português neste livro foram traduzidos por mim.

13 A obra de Freud está sendo citada, neste livro, a partir da classificação das publicações de Freud feitas por Tyson & Strachey (1956), estabelecendo um padrão de referência universal, de modo que os textos de Freud tenham as mesmas referências (ano + letra) em qualquer publicação.

14 A obra de Winnicott está sendo citada, neste livro, a partir da classificação das publicações de Winnicott feitas por Knud Hujlmand (2007), estabelecendo um padrão de referência universal, de modo que os textos de Winnicott tenham as mesmas referências (ano + letra) em qualquer publicação.

Fonagy, P. (2005). Teoria psicanalítica do desenvolvimento. In E. S. Person, A. M. Cooper & G. O. Gabbard (Eds.), *Compêndio de Psicanálise* (pp. 143-156). Porto Alegre: Artes Médicas, 2007.

Fulgencio, L. (2020a). Incommensurability between paradigms, revolutions and common ground in the development of psychoanalysis. *The International Journal of Psychoanalysis, 101*(01), 13-41. https://www.tandfonline.com/doi/full/10.1080/00207578.2019.1686389

Fulgencio, L. (2020b). *Psicanálise do Ser: a teoria winnicottiana do Desenvolvimento Emocional como uma psicologia de base fenomenológica*. São Paulo: EDUSP-FAPESP.

Golse, B. (Ed.). (2008). *Le développement affectif et intellectuel de l'enfant: Compléments sur l'émergence du langage*. Issy-les-Moulineaux: Elsevier Masson.

Golse, B. (2017). Contribution de nouvelles données scientifiques à la perspective psychanalytique. In B. Golse, O. Putois & A. Vanier (Eds.), *Épistemologie et méthodologie en psychanalyse et psychanalyse et en psychiatrie: pour un vrai débat avec les neurosciences*. Toulouse: Érès. pp. 91-122.

Golse, B. (2019). *Le bébé et ses possibles*. Toulouse: Érès.

Golse, B. (2010/2019). *Les destins du développement chez l'enfant*. Toulouse: Érès.

Golse, B. (2020). *Le bébé, du sentiment d'être au sentiment d'exister*. Toulouse: Érès.

Golse, B., Putois, O. & Vanier, A. (2017). *Épistemologie et méthodologie en psychanalyse et psychanalyse et en psychiatrie: pour un vrai débat avec les neurosciences*. Toulouse: Érès.

Guédeney, N. & Guédeney, A. (2016). *L'attachement: approche clinique et thérapeutique*. Issy-lesMoulineaux: Elsevier Masson.

Hjulmand, K. (2007). D. W. Winnicott: Bibliography: Chronological and alphabetical lists. In *The language of Winnicott: A dictionary of Winnicott's use of words* (2. ed., pp. 363-435). London: Karnac.

Imbasciati, A. (2019a). Psicologia Clinica Perinatale per la prevenzione: "Intervento" per la Salute Mentale. In *Una vita "con" la psicoanalisi: la costruzione del cervello e il futuro dell'Umanità*. Milan: Mimesis/Eterotopie. pp. 195-211.

Imbasciati, A. (2019b). *Una vita "con" la psicoanalisi: la costruzione del cervello e il futuro dell'Umanità*. Milan: Mimesis/Eterotopie.

Imbasciati, A. & Cena, L. (Eds.). (2018). *Psicologia Clinica Perinatale: Prevenzione e Interventi Precoci. Il Futuro dei Primi Mille Giorni di vita*. Milano: FrancoAngeli.

Imbasciati, A., Debrassi, F. & Cena, L. (Eds.). (2018). *Psicologia Clinica Perinatale per lo Sviluppo del Futuro Individuo: Un Uomo Transgernerazionale*. Torino: Espress.

Imbasciati, A. & Loredana, C. (2015). *Psicologia Clinica Perinatale per le professioni sanitarie e psicosociali: neonato e radici della salute mentale* (Vol. 1). Milano: FrancoAngeli.

Imbasciati, A. & Loredana, C. (2017). *Psicologia Clinica Perinatale: Neuroscienze e psicoanalisi*. Milano: FrancoAngeli.

Imbasciati, A. & Loredana, C. (2020). *Psicologia Clinica Perinatale babycentered: come si costruisce la mente umana*. Milano: FrancoAngeli.

Missonnier, S. (2009). *Devenir parent, naître humain*. Paris: PUF.

Missonnier, S., Blazy, M., Boige, N., Presme, N. & Tagawa, O. (Eds.). (2012). *Manuel de psychologie clinique de la périnatalité*. Paris: Elsevier Masson.

Stern, D. N. (1985/1992). *O mundo interpessoal do bebê*. Porto Alegre: Artes Médicas.

Stern, D. (1985/2000). *The Interpersonal Word of the Infant: A View from Psychoanalysis & Developmental Psychology* (2. ed.). New York: Basic Books.

Stern, D. N. (1997/1995). *A Constelação da Maternidade*. Porto Alegre: Artes Médicas.

Stern, D. N. (1977/2002). *The First Relationship: Infant and Mother, With a New Introduction*. Cambridge: Harvard University Press.

Stern, D. N. (2004). *The Present Moment in Psychotherapy and Everyday Life*. London: W. W. Norton & Company.

Stern, D. N. & Bruschweiler-Stern, N. (Eds.). (1998). *The Birth of a Mother: How the Motherhood Experience Can Change You Forever*. New York: Basic Books.

Tyson, A. & Strachey, J. (1956). A Chronological Hand-List of Freud´s Works. *International Journal of Psychoanalysis, 37*(1), 19-33.

Wallin, D. J. (2007). Attachment and Change. In *Attachment in Psychotherapy*. New York: The Guilford Press. pp. 1-8.

1. John Bowlby e a teoria do apego como uma teoria do desenvolvimento

Neste capítulo, apresento a teoria do desenvolvimento do apego como John Bowlby e Mary Ainsworth a elaboraram, considerando, por um lado, os dados advindos dos atendimentos clínicos e, por outro, da apreensão organizada de dados obtidos por experimentos de observação empírica objetiva, padronizados, organizados e tratados com instrumentos de avaliação estatística para a compreensão de dinâmicas e tipos que caracterizam as relações iniciais do bebê e das crianças pequenas com suas mães ou cuidadores.

Aspectos gerais da proposta de John Bowlby

A teoria do apego surge, inicialmente, como uma proposta que se distancia dos fundamentos metapsicológicos da psicanálise, considerando a busca do prazer e a sexualidade como impulsos secundários e colocando a necessidade (ou o impulso instintual para o outro) como um tipo de fundamento essencial (de natureza biológica) da espécie humana. Ao final do século XX e início do XXI, diversos têm sidos os desenvolvimentos tanto para consolidar a teoria do apego (como uma teoria do desenvolvimento e como uma prática psicoterapêutica independente), assim como para reintegrá-la ou conciliá-la com a teoria psicanalítica dos instintos (pulsões), mostrando-se como um dos campos de grande diversidade e atualidade no início do século XXI, útil e aplicável tanto à clínica como à pesquisa.

As pesquisas no campo da teoria do apego mesclam métodos clínicos com métodos de apreensão objetiva dos fenômenos, apresentando e discutindo uma possibilidade de integração dos conhecimentos advindos da clínica (e suas apreensões subjetivas, ou seja, sempre marcadas pelas subjetividades dos pacientes e dos analistas) e dos conhecimentos advindos das informações objetivamente apreendidas (controladas e objetivadas, seja por experimentos, seja pela observação de situações naturais). Esse tipo de proposta recoloca o problema da difícil articulação entre dados objetivos e dados subjetivos, como já enunciou Ronald Laing:

> *Traduzir a relação daquilo que é objetivo e daquilo que não é um problema objetivo é impossível. Seria necessário objetivar o que não é objetivo, e depois confrontar duas objetividades. Mas, na realidade, os termos de comparação são uma subjetividade e uma objetividade. Por isso não consigo ver como seria possível comparar subjetividade e objetividade com os métodos da pura subjetividade ou da pura objetividade.*[1]

Ainda que impossível para Laing, encontramos em Daniel Stern[2] uma solução para esse problema, distinguindo o que pode e o que não pode advir de uma e outra perspectiva de apreensão dos dados da observação: avaliando-se que a apreensão *objetiva* dos fatos não consegue fornecer uma compreensão global sistêmica do desenvolvimento, enquanto a apreensão *subjetiva* não conseguiria fornecer as

1 Laing 1979/1982, p. 28.

2 Cf. Stern 1985/1992; 1977/2002; 2004; e Stern & Bruschweiler-Stern 1988.

realidades descritivas mais objetivas dos fatos, exigiria algum tipo de comunhão entre essas perspectivas. Ou seja, será a comunhão dessas perspectivas que poderá fornecer os conteúdos objetivos dos fatos do desenvolvimento articulados com uma visão sistêmica subjetiva da dinâmica que anima o processo de desenvolvimento como um todo: "o infante da clínica sopra vida subjetiva na criança observada".[3]

O desenvolvimento da teoria do apego na atualidade, seja articulada com a psicanálise, seja em separado, ou, ainda, para além da psicanálise, tem mostrado um caminho possível para esse tipo de integração de conhecimentos (objetivos e subjetivos), fornecendo a possibilidade de desenvolvimento de pesquisas (com ensaios clínicos randomizados) e de práticas de cuidado psicoterápico.

Nesse sentido, este livro e cada um dos seus capítulos – que podem ser usados separadamente (e, por isso, trazem algumas repetições) – têm dois objetivos que se complementam: por um lado, explicitar como os psicanalistas entendem o desenvolvimento emocional, seja em termos teóricos, seja em termos descritivos-fenomenológicos; por outro, tendo feito essa apresentação de forma sistemática, organizada e padronizada, poder levar as contribuições dos psicanalistas para o campo das ciências ou teoria do desenvolvimento, mostrando que os dados apreendidos pelo método clínico-subjetivo da psicanálise podem se articular, estimular, se comunicar com os dados apreendidos pelos métodos de observação objetiva de outras perspectivas teórica desenvolvimentistas, inclusive fornecendo um tipo de sistematização e apreensão do desenvolvimento (impossível de ser fornecida pela observação objetiva dos fatos). Cada um dos capítulos deste livro mostra uma possibilidade de comunicação, uma ponte que torna possível apreender e comparar seus alicerces e suas dinâmicas, mas que representa apenas um passo inicial num horizonte ou caminho que ainda precisará ser pavimentado, preenchido com as

3 Stern 1985/1992, p. 11.

efetivas comunicações e diálogos entre essas teorias. Esse horizonte de diálogo e articulação entre perspectivas semântico-teóricas diferentes (seja dentro da psicanálise, seja em relação a perspectivas não psicanalíticas) precisa de um *método* que possibilite uma comunicação, dado que as diferentes perspectivas têm uma semântica própria, referidas ao modo como apreendem os fenômenos que procuram explicar. Diversas têm sido as propostas epistemológicas e metodológicas para estabelecer uma comunicação-comunhão entre as diversas perspectiva do conhecimento, seja em termos epistemológicos mais gerais, seja no que se refere às diversas maneiras de estudar e compreender o desenvolvimento, entre elas: aquelas que consideram que todas as perspectivas poderiam se articular na direção de uma síntese *eclética* dos conhecimentos obtidos advindos de perspectivas diferentes;[4] as que consideram que a comunhão possível se daria a partir dos fenômenos ou problemas observados, especialmente os clínicos;[5] outras, ainda, no campo da psicanálise, consideram que há axiomas em cada perspectiva, e que seria a partir da compreensão destes que a comunhão poderia ser feita;[6] e, na minha perspectiva, a proposta de que as diversas perspectivas teórico-semânticas são como línguas, e, como ocorre nas línguas, não é possível uma síntese, uma linguagem única, há incomensurabilidades impossíveis de serem ultrapassadas; no entanto, cada perspectiva pode tornar visível ou explicitar determinados fatos, fenômenos ou dinâmicas, que poderão ser apreendidos por outras perspectivas e, com esse tipo de revelação ou atenção,

---

4 Por exemplo, Parke 2004, expressando esta posição epistemológica presente em muitos manuais dedicados a apresentar as teorias do desenvolvimento: "Os cientistas do desenvolvimento da atualidade tentam evitar o tipo de adesão rígida a uma única perspectiva teórica que era característica de teóricos como Freud, Piaget e Skinner. Em vez disso, eles enfatizam o ecletismo, o uso de múltiplas perspectivas teóricas para explicar e estudar o desenvolvimento humano" (Parke 2004 *apud* Boyd & Bee 2011, p. 71).

5 Cf. Bernardi 2017; Bohleber *et al.* 2013.

6 Cf. Riolo 2022.

levar à incorporação de novos dados (num outro sistema teórico semântico), ainda que essa incorporação precise, necessariamente, passar por um processo de redescrição usando a linguagem do sistema que está incorporando dados advindos de outro sistema.[7]

***

John Bowlby tornou mundialmente conhecida *a importância da relação inicial mãe-bebê e os perigos das separações precoces*, dado que ele mostrou que essas separações precoces (nomeadas deprivações) podem produzir indivíduos delinquentes, ainda que não tenha sido o primeiro nem o único a abordar esses temas e a fornecer explicações teórico-descritivas sobre os modos e impulsos que levam o ser humano a relacionar-se com o outro, seja na saúde, seja de forma patológica. A sua teoria do apego, reiterada e comprovada por observações empíricas objetivamente controladas e padronizadas, inclusive com um tratamento estatístico dos dados, foi amplamente divulgada e mais facilmente aceita por uma comunidade científica que tem nesse modo de tratamento da observação e dos dados empíricos um dos seus fundamentos epistemológicos e metodológicos como princípio da cientificidade do conhecimento.

Nos manuais de teorias do desenvolvimento,[8] Bowlby é colocado como um representante do tipo de teoria etológica, ainda que ele tenha formulado sua compreensão do desenvolvimento a partir de sua formação como psicanalista. Isso se deve ao fato de que Bowlby introduziu, como fundamento existencial da espécie humana, um impulso biológico para o apego, compreendido como expressão de uma perspectiva darwinista e etológica, acabando por deixar em

7 Cf. Fulgencio 2020; 2021.

8 Por exemplo: Boyd & Bee 2011; Lerner 1976/2002; Miller 1989/2011; Papalia & Feldman 2012/2015; Salkind 2004; Thomas 2005.

segundo plano, ou mesmo de lado, alguns princípios fundamentais da psicanálise (como a teoria das pulsões [instintos], o princípio do prazer, o inconsciente, as fantasias etc.).

Neste capítulo pretendo apresentar a teoria do apego de John Bowlby como uma teoria do desenvolvimento socioemocional, no quadro analítico crítico de uma matriz composta pelos seguintes elementos, expressos em termos de perguntas ou problemas a serem explicitados e explicados:

1. qual problema empírico inicial serviu de base e fenômeno a ser explicado por Bowlby;
2. como, do problema empírico inicial, Bowlby passou para uma perspectiva mais universal, derivada do problema singular inicial, que se ampliou na compreensão de problemas expressos, então, numa teoria do apego;
3. quais os seus fundamentos
   a. em termos do modelo ontológico utilizado por ele;
   b. e em termos das variáveis e/ou parâmetros que são utilizados para a descrição, compreensão e explicação dos fenômenos nessa perspectiva (no que implica, na explicitação das variáveis teóricas operativas dessa perspectiva).
4. qual é o método usado nessa perspectiva para observação, pesquisa, descrição e agrupamento e sistematização dos fenômenos do desenvolvimento;
5. como são descritas as fases do desenvolvimento, suas dinâmicas, suas tarefas, suas conquistas, inclusive datadas em termos cronológicos;
6. e, por fim, qual a utilidade ou aplicabilidade desse tipo de teoria.

Com isso, poderei não só mostrar as características principais desse modo de compreender o desenvolvimento emocional, como também apontar para os diversos usos e desenvolvimentos que a teoria do apego tem tido na atualidade, tanto dentro como fora da psicanálise.

Outro ponto importante de minha proposta corresponde a um cuidado na diferenciação da natureza e do referente dos conceitos utilizados nas teorias, diferenciando aqueles que têm referente empírico na realidade objetiva e aqueles que são construções auxiliares especulativas de valor apenas heurísticos.[9] Essa preocupação aparece tanto no esforço em apresentar os modelos ontológicos de cada teoria do desenvolvimento quanto na decisão de procurar sempre fornecer a explicitação do referente empírico dos conceitos e/ou dinâmicas apresentadas por determinada teoria.

A análise que apresentarei agora, perseguindo e preenchendo essa matriz analítico-crítica, tem como objetivo a compreensão da teoria do apego como uma teoria do desenvolvimento, privilegia a compreensão conceitual e não a paulatina construção e amadurecimento do pensamento de Bowlby, opção que pode, por vezes, sobrepor a apresentação conceitual à apresentação e o respeito pela cronologia de construção do seu pensamento.[10]

9 Cf. em Fulgencio 2003; 2008 uma análise da diferença entre esses dois tipos de construtos teóricos, também apresentados na psicanálise como a diferença entre conceitos que têm referente objetivo nos fatos clínicos (como sexualidade, complexo de Édipo, transferência, resistência, entre outros) e conceitos metapsicológicos (como pulsões, libido, *quantum* de afeto, aparelho psíquico, instâncias psíquicas), que não têm referente empírico adequado na realidade fenomenológica, mas são úteis para apreensão, organização, sistematização e explicação das relações de determinação entre os fenômenos.

10 Para um estudo histórico-crítico mais detalhado, poderíamos consultar uma longa lista de textos que abordam a obra de Bowlby de diversas maneiras (Cassidy & Shaver 2008; Dijken 1998; Dugravier, Faure-Fillastre & Barbey-Mintz 2015; Esquerro 2017; Guédeney & Guédeney 2016; Holmes 1993/2014; Horst 2011; Marrone 2014; Mooney 2010; Palombo, Bendicsen & Koch 2010a; 2010b; Squires 2000; Wallin 2007a; Widlöcher *et al.* 2000). Meu intuito é, no entanto, fazer uma apresentação dessa teoria destacando alguns pontos importantes que possam servir para um trabalho futuro analítico-crítico-comparativo entre essa teoria e as diversas outras teorias do desenvolvimento emocional. Entre esses textos citados, dois têm um lugar de referência central para esta minha apresentação: Palombo, Bendicsen & Koch (2010a) e Dijken (1998).

O problema empírico de base para a compreensão do pensamento de John Bowlby

É possível reconhecer, na história da psiquiatria, como comentou Ellenberger (1970), que cada grande perspectiva, ou fase, do seu desenvolvimento elegeu uma doença ou fenômeno como referência ou modelo para compreender as patologias e estabelecer seu quadro nosográfico e seus prognósticos, como a *possessão* (antes que as práticas propriamente científicas se estabelecessem), o *magnetismo animal*, o *sonambulismo ambulante*, as *personalidades múltiplas*, a *histeria* (em meados do século XIX). Também, na psicanálise, podemos pensar com o mesmo critério, identificando o fato empírico (clínico) sobre o qual cada um dos grandes teóricos da psicanálise construiu seu sistema de pensamento. Adam Phillips, nesse sentido, afirmou: "Cada teórico da psicanálise, poder-se-ia dizer, organiza sua teoria em volta do que poderia ser chamado de uma catástrofe essencial, para Freud era a castração; para Klein, o triunfo da pulsão de morte; e para Winnicott era a aniquilação do *self* central pela intrusão, como falha no ambiente de sustentação".[11]

Bowlby, por sua vez, não é diferente: tomou como ponto de partida empírico e tema com o qual esteve preocupado durante toda a sua vida a questão da separação precoce entre a criança e sua mãe (ou cuidador), tomando esse fenômeno e suas consequências como fundamento para a compreensão do como e do por quê ocorre o desenvolvimento socioemocional do ser humano. Duas experiências profissionais reconhecidamente comentadas como sendo significativas para a constituição e o desenvolvimento das preocupações de Bowlby foram dois estágios realizados logo após o término de sua formação básica em medicina (de 1925 a 1928) no Trinity College (Cambridge), quando tinha apenas 21 anos, em duas escolas

11 Phillips 1988/2007, p. 209.

progressistas: Junior School of Bedales (escola de apoio educacional para crianças de 6 a 12 anos, no segundo semestre de 1928) e Priory Gate School (escola para crianças desajustadas de 13 a 18 anos, no primeiro semestre de 1929). Anos mais tarde, Bowlby reconheceu a importância do período em que esteve no Priory Gate School: "Quando estive lá, aprendi tudo o que eu precisava saber: foram, realmente, os mais valiosos meses da minha vida".[12]

Dijken, no seu livro *John Bowlby: His Early Life: A Biographical Journey into the Roots of Attachment Theory* (1998), comenta o que Bowlby encontrou no Priory Gate:

> *Nessa escola, que era uma escola freudianamente orientada para crianças desajustadas, Bowlby ficou especialmente impressionado com o caso de um garoto isolado e remoto que estava propenso a roubar. Bowlby lembrou: "[a história do menino] era de que ele era ilegítimo – ele não havia sido educado por sua mãe – ele fora educado por uma enfermeira treinada, e depois ela partira e ele teve perturbados seus primeiros anos. A noção [na Priory Gate] era que sua condição atual era o resultado dessa experiência" (Bowlby 1977, p. 3). Naquela época, Bowlby foi alertado pela primeira vez para a visão de que "os problemas de hoje devem ser entendidos em termos de desenvolvimento . . . em termos das experiências familiares da criança, ou da falta delas" (Bowlby 1977, p. 3). Na Priory Gate, Bowlby se interessou pelos problemas das crianças desajustadas.*[13]

A associação fundamental entre as separações precoces e seus efeitos patológicos futuros, principalmente no que se refere aos

12 Bowlby 1977, p. 2.
13 Dijken 1998, p. 155.

comportamentos antissociais e à falta de afetividade dos delinquentes, teve início, no pensamento de Bowlby, nesse período.

Também na sua própria história, quando tinha apenas 4 anos, Bowlby foi vítima de uma separação precoce de grande impacto emocional, mesmo que isso não tenha feito dele um delinquente. Bowlby fez parte de uma família de classe média alta (terceiro filho num total de seis), na qual as crianças geralmente eram cuidadas por uma governanta e por enfermeiras (na casa dos Bowlby, Nana era a governanta geral, e Minnie cuidou de Bowlby do nascimento até o seu quarto ano de idade). Ele perdeu sua cuidadora, repentinamente, aos 4 anos:

> *A babá Minnie tomou conta de John diariamente. Ele a amava muito, e esse amor parece ter sido mútuo. Anos mais tarde, Evelyn visitou Minnie em um lar de idosos, e Minnie disse-lhe que ela sempre tivera John como seu preferido. Minnie deixou a casa de Bowlby quando ele não tinha mais do que 4 anos de idade. Não há dados muito confiáveis sobre o efeito de partida de Minnie sobre John. Ele próprio nunca falou disso diretamente. Sua viúva Ursula disse que ele a enterrou junto com seu sofrimento. Isso pode ser verdade. Em uma entrevista, John erradamente afirmou que não tinha experimentado qualquer separação em sua infância, exceto para ir ao internato. Nos escritos tardios de John, no entanto, ele parece referir-se ao abandono de Minnie. Em 1958, ele escreveu o seguinte: "para uma criança, ser totalmente vista e cuidada amorosamente por uma babá e ter sido por ela abandonada quando tinha 2 ou 3 anos, ou talvez 5 anos, pode ser quase tão trágico quanto a perda de uma mãe" (Bowlby 1958a, p. 7). Depois da partida de Minnie, John foi cuidado por Nanna. Apesar de seu sobrenome amigo [Friend],*

> *parece que ela não foi muito amigável [friendly]. Tony a caracterizou como uma pessoa que fazia piadas muito sarcásticas às custas de todo mundo, incluindo as crianças pequenas. Para John deve ter sido uma mudança considerável, a passagem da amorosa Minnie para a sarcástica Nanna. Anos mais tarde, ele descreveu os resultados de um cuidador que usa de sarcasmo: "Sarcasmo sempre inflige uma ferida profunda, e nada mais profundo ou mais duradoura do que quando se trata de um pai para um filho" (Bowlby 1990a, p. 41). Tendo em conta todas as informações, pode-se especular que a perda de Minnie o feriu de uma maneira ou de outra.*[14]

Os fatos, traumas e conflitos pessoais não podem ser tomados como os únicos elementos estruturais que constituem, estruturam e delimitam o pensamento de um autor – seja Freud, Jung, Lacan, Winnicott, Bowlby ou qualquer outro –, mas podem contribuir para entender o apreço que determinado pensador tem por determinado tema, sobre o qual dedicou seu pensamento com *conhecimento de causa*, por assim dizer.

Se acompanhamos os passos da formação de Bowlby e o desenvolvimento de seu pensamento, encontramos alguns fatos e experiências importantes que podem explicitar, como ele acabou por formular, uma teoria geral sobre os relacionamentos interpessoais (procurando associar o fato e as consequências das experiências de separação precoce do bebê de sua mãe ou cuidadora), opondo-se a alguns fundamentos do pensamento psicanalítico de sua época (em especial, a primariedade do princípio do prazer e da teoria das pulsões) e articulando seu pensamento a outras teorias e perspectivas científicas de sua época (em especial o neodarwinismo).

---

14 Dijken 1998, p. 26.

Do problema da separação precoce mãe-bebê ao tema universal da teoria do apego

De 1929 a 1937, Bowlby fez sua formação como médico psiquiatra, fez residência e trabalhou em diversos hospitais e instituições nos quais o problema da delinquência era tema frequente; também estudou, fez supervisão e pesquisas com diversos professores com proximidade crítica em relação à psicanálise. De 1929 a 1939, concomitantemente à formação médica, Bowlby fez sua formação como psicanalista de crianças na Sociedade Britânica de Psicanálise, tendo feito análise com Joan Riviere (analista próxima a Klein que tinha sido analisada por Ferenczi) e supervisão com Nina Searle, Ella Sharpe e a própria Melanie Klein, num pequeno período durante a década de 1930.

Bowlby foi formado no quadro do pensamento psicanalítico kleiniano, ainda que sempre tenha se mantido crítico a diversos aspectos da compreensão psicanalítica das relações humanas e do seu enquadre epistemológico-científico. Se, por um lado, ele reconheceu e incorporou em si mesmo a importância de certos princípios da teoria psicanalítica – os fatos da transferência, dos processos psíquicos inconscientes e da sexualidade infantil e "a crença [de Melanie Klein] na capacidade inicial do bebê de fazer relacionamentos e na ênfase que ela dá à perda, ao luto e à depressão"[15] –, por outro, ele criticou especialmente o fato de que a psicanálise dava pouca importância à vida real das crianças e dos adultos,[16] além de considerar que a psicanálise como ciência deveria seguir um caminho diferente do que estava sendo trilhado, como a prática de pesquisa e formação na Sociedade Britânica de Psicanálise, para consolidar-se como ciência.

Bowlby considerava que a psicanálise, como Freud a formulara, tinha bases epistemológicas arcaicas e uma dificuldade de oferecer

15 Bowlby 1991, p. 13.

16 Bowlby 1991, p. 11.

dados objetivos para que a comunidade científica pudesse valorizar suas descobertas. No que se refere à epistemologia, Bowlby criticava o fato de Freud ser um pensador muito mais próximo de Lamarck do que de Darwin, o que era um sério problema (dado que o darwinismo oferece um avanço científico reconhecidamente relevante e importante para a compreensão do que é o homem). Ao comentar esse fato, Bowlby traçou o seguinte quadro, afirmando sua posição:

> *Como a biologia veio a apoiar-se firmemente em avançada versão de princípios darwinistas e a psicanálise continuou lamarckiana, a distância entre elas cresceu contínua e inevitavelmente. À frente abrem-se apenas três caminhos:*
>
> - *O primeiro, dificilmente imaginável, é o de a biologia abandonar a perspectiva darwiniana.*
> - *O segundo, que defendo, é o de a psicanálise ser reformulada nos termos da moderna teoria da evolução.*
> - *O terceiro é o de manter-se indefinidamente o divórcio, continuando a psicanálise, permanentemente, para além das fronteiras do mundo científico.*[17]

Nesse contexto da psicanálise que influenciou Bowlby, é necessário também ressaltar a importância de William Ronald Dodds Fairbairn (1941), que, diferenciando-se de Klein e Freud, propunha uma reformulação estrutural na teoria das relações de objeto (até então fundada na teoria das pulsões e nos investimentos libidinais associados ao princípio do prazer), considerando que *a libido procura objetos, e não o prazer*, ou seja, o indivíduo, estruturalmente e ontologicamente falando, dá mais importância à procura de "objetos" (entenda-se: o outro) do que à procura pelo prazer, porque o outro

17 Bowlby 1973, p. 417.

corresponde a algo mais adequado para garantir a sobrevivência da espécie do que o prazer.

Tendo esse cenário crítico presente em seu pensamento, Bowlby buscou noutros ramos do conhecimento científico de sua época elementos e contribuições que pudessem contribuir para ultrapassar os limites e insuficiências da teoria psicanalítica. Encontrou na etologia (a moderna teoria da evolução), na teoria dos sistemas cibernéticos e nas propostas de Jean Piaget os aportes que considerava necessários para reformular a teoria psicanalítica. Esse conjunto de aportes, comungados com diversos conhecimentos fornecidos pela psicanálise e sua experiência clínica, resultaram na sua proposta de uma nova teoria geral para a compreensão da vida socioafetiva do ser humano, mais eficiente e mais consistente do que a encontrada na metapsicologia freudiana das pulsões: a sua teoria do apego. Esta foi apresentada como uma teoria geral sobre os impulsos e as dinâmicas *primárias* que impulsionam o ser humano e suas relações, colocando as teorias psicanalíticas, das pulsões e da sexualidade, como fenômenos que derivam dos novos elementos primários por ele hipotetizados; e era uma teoria que ele considerava muito mais eficiente para a compreensão dos efeitos das separações precoces (dentre os quais a delinquência) do que a teoria das pulsões e o princípio do prazer.

A análise de alguns momentos da sua história profissional e da produção de alguns de seus textos mais significativos pode nos fornecer uma compreensão estrutural da teoria do apego, que poderá (mais tarde, ainda que esse não tenha sido o objetivo de Bowlby) ser compreendida como uma teoria universal do desenvolvimento socioemocional do ser humano.

De 1936 a 1940, Bowlby trabalhou na London Child Guidance Clinic (instituição dedicada aos cuidados da delinquência juvenil, além de outros comportamentos difíceis), onde pôde aprofundar sua pesquisa buscando evidências que relacionassem a separação precoce de crianças de suas mães a sintomas mais tardios, como as atitudes antissociais. Dijken comenta:

> *Na Child Guidance Clinic, Bowlby ficou impressionado com os assistentes sociais psiquiátricos, que prestavam muita atenção às experiências reais das crianças. Não foi, porém, a primeira vez que Bowlby trabalhou com pessoas que se interessavam muito pelo que realmente acontecia no ambiente da criança.*[18]

O trabalho e a pesquisa de Bowlby nessa clínica resultaram em diversas publicações, entre elas uma que se tornou famosa e tornou Bowlby conhecido para o grande público, seu artigo "Forty-Four Juvenile Thieves: Their Characters and Home-Life" (publicado em 1944 no *The International Journal of Psycho-Analysis*), logo também publicado como livro em 1946. Nesse artigo, Bowlby analisa muitas histórias de casos (coletando dados com as crianças, seus pais, seus parentes próximos e seus professores), comparando diversas histórias de crianças com outros tipos de perturbações que não só o grupo de "ladrões" (estabelecendo este como um tipo de grupo de controle para a observação) e tratando os dados de forma estatística, fornecendo uma classificação dos casos. O objetivo de Bowlby nesse texto foi demonstrar que "o roubo, como a febre reumática, é uma doença da infância e da adolescência",[19] chegando à conclusão de que a separação precoce era um fator determinante na produção da doença.

Essa publicação teve uma grande repercussão, tanto entre os psicanalistas quanto num âmbito social mais amplo, tornando Bowlby conhecido como um pesquisador da delinquência. Tanto que, em 1949, a World Health Organization solicita a ele que faça uma pesquisa de amplitude mundial sobre *crianças sem lar*; o que é avaliado

18 Dijken 1998, pp. 101-102.

19 Bowlby 1944, p. 19.

por ele como uma boa oportunidade para ampliar sua pesquisa sobre o fenômeno da separação e seus efeitos, além de ter repercussões sociais importantes, como escreveu para sua esposa: "Ao menos chamará a atenção do público e científica para os problemas como os vemos, o que não pode deixar de nos ajudar" (Bowlby, carta para sua esposa, 15 de janeiro de 1950). A pesquisa levou Bowlby a viajar pela Europa e pelos Estados Unidos, dialogando com diversos pesquisadores e colhendo dados. O resultado final foi publicado em 1951 como um relatório de título *Maternal Care and Mental*, dividido em duas partes: a primeira está dedicada a mostrar os efeitos nocivos das privações ou deprivações maternas, esforça-se em mostrar dados estatisticamente organizados e sistematizados (como já fizera no seu artigo "Forty-Four Juvenile Thieves: Their Characters and Home-Life"); na segunda, ocupa-se em analisar as possibilidades de cuidado e profilaxia da deprivação materna. Esse material foi, na época, traduzido para catorze línguas e vendeu 4 milhões de cópias.

Além disso, completando e consolidando esse cenário, temos as contribuições de Mary Ainsworth, que, agregando-se a Bowlby a partir de 1950, criou modos de apreensão (observação) objetiva das situações de separação, estabelecendo experimentos controláveis objetivamente e criando a possibilidade de classificar os tipos de apego (seguro, inseguro, ambivalente, desorganizado) em função da maneira como se estabelece a relação mãe-bebê. As propostas de Ainsworth consolidaram, empírica e teoricamente, as ideias de Bowlby, sendo que ela é considerada, ao lado dele, cofundadora da teoria do apego (Wallin 2007c); ainda que Ainsworth sempre tenha afirmado que "Bowlby fez a teoria".[20] Em entrevista a Wallin, o filho de Bowlby, Sir Richard Bowlby, ao ser questionado sobre a importância de Ainsworth para Bowlby, afirmou:

20 Karen 1994, p. 434.

> *eles eram uma dupla dinâmica. Seria difícil dizer quem fez a teoria, da mesma maneira que não se poderia dizer quem fez uma escada, especificando quem fez cada degrau. Seu relacionamento foi uma longa conversação. Sem Ainsworth, meu pai teria sido uma sombra... [embora] sem meu pai Ainsworth não tivesse sido nada.*[21]

Haveria uma análise histórico-crítica mais detalhada que nos ajudaria a entender como esse conjunto de pesquisas foram associadas, resultando na sua forma mais elaborada, tornando-se conhecida como teoria do apego, o que possibilitaria compreender de que maneira e em que ordem as descobertas empíricas e as propostas teóricas foram elaboradas. No entanto, nesta apresentação estou sacrificando os aspectos cronológicos do desenvolvimento da teoria, privilegiando a sua compreensão como um sistema conceitual harmônico.

O termo Apego surge, pela primeira vez, em "A natureza da ligação da criança com sua mãe" (1958), criticando a teoria das pulsões e se apoiando nas descobertas da etologia. Há algumas exposições mais breves dessa perspectiva em outros dois textos importantes – "The Making and Breaking of Affectional Bonds" (1979) e "A Securate Base: Clinical Applications of Attachment Theory" (1988) –, mas a teoria do apego aparece de forma mais plenamente desenvolvida na sua trilogia *Attachment and Loss*: no volume 1, *Apego* (1969), Bowlby descreveu a natureza dos laços entre mães e bebês, referindo-se a diversos estudos sobre o comportamento animal de diferentes espécimes e sugerindo que o impulso para o apego nos seres humanos é, como em diversas espécies animais, determinado geneticamente (no quadro de um pensamento neodarwiniano), cuja intenção é a sobrevivência da espécie; no volume 2, *Separação* (1973), analisa as situações de separação temporárias das figuras-maternas e como esse tipo de

21 Wallin 2007c, p. 11.

acontecimento gera não só ansiedade e raiva momentânea, mas pode ter efeitos duradouros nas crianças e no seu desenvolvimento emocional, mesmo com o retorno da mãe e da possibilidade de se estabelecer relações afetivas com ela; e no volume 3, *Perda* (1980), Bowlby associa as separações ao fenômeno do luto e seus estágios, considerando que as separações teriam o mesmo impacto que a morte do cuidador amado e do qual se dependia.

Conhecido o quadro geral da proposta de Bowlby como uma Teoria do Apego, podemos destacar alguns aspectos importantes que podem contribuir para compreender a estrutura do seu pensamento e o modo como caracteriza os impulsos e os modos de realização das relações humanas, principalmente nas situações em que ocorrem separações precoces (e nas quais seus efeitos geram sintomas como a delinquência).

Insatisfeito com as explicações que a psicanálise fornecia, Bowlby recorreu a outros aportes. Um dos mais importantes e reconhecido como responsável por uma mudança estrutural no seu pensamento diz respeito ao que ele encontrou ao se aproximar e estudar o que os etólogos estavam descobrindo (em particular, Lorentz com a noção de *imprint* como um comportamento determinado biologicamente em direção ao apego ao outro, como ocorre, por exemplo, com os patos que tomam como "mãe" o primeiro ser vivo que encontram após o nascimento). Diz Squire, nesse sentido:

> *Bowlby encontra na etologia uma base para o estudo do comportamento das crianças pequenas. Talvez a recepção reservada de seus colegas psicanalistas o tenha incitado a encontrar outros parceiros. Na década de 1950, Lorenz mostrou que as aves jovens desenvolviam laços muito fortes desde o nascimento via imprint. Em 1958, Harry Harlow publicou estudos em macacos Rhesus, ligados a figuras maternas inanimadas ou a outros macacos substitutos femininos. Ele também se inspirou nos estudos*

> *de Spitz sobre a deprivação materna e a psicopatologia infantil. Comparou, então, as reações de macacos bebês com bonecas feitas de fios de algodão ou cobertas com um pano. Os filhotes de macacos preferiam um contato mais quente, desenvolvendo uma sensação de segurança quando criados por sua mãe verdadeira. Na sua ausência, as mães de aluguel são melhores do que os manequins ou a total falta de mãe. Na presença materna, os filhotes demonstram a capacidade de explorar o mundo, retornando a ela de tempos em tempos para buscar calor. O senso de curiosidade se desenvolve quando um apego seguro é possível com uma figura materna. Quando o bebê se sente seguro, ele se torna independente de sua mãe; ele também desenvolve ligações com seus pares. Por outro lado, a deprivação materna tem consequências devastadoras sobre o animal: sem mãe, ele busca contato com outros macacos, é mais passivo, mais parado [collant] e permanece agachado. Assim, as respostas imediatas à separação desses animais têm grande semelhança com as dos humanos.*[22]

Bowlby supõe, então, que o correspondente ao *imprint* no ser humano seria um impulso para o apego, cuja finalidade não seria, propriamente, o prazer, mas a garantia de sobrevivência:

> *Baseado em dados empíricos, obtidos por etólogos como Konrad Lorenz e o psicólogo Harry Harlow, Bowlby defendeu que o apego seria menos motivado pela necessidade de nutrientes do que pelos comportamentos que levaram à proximidade de bebês com seus cuidadores. Ele postulou que as crianças buscam abrigo e segurança de predadores, a*

22 Squires 2000, p. 212.

> *serviço da sobrevivência, formando um vínculo seguro com seus cuidadores. A separação do abrigo que os cuidadores fornecem levaria à expressão de sinais de socorro, como apego e choro, visando chamar os cuidadores (os chamados comportamentos de apego). A contrapartida, no adulto, desses chamados são os comportamentos de cuidado.*[23]

Acrescente-se também como aportes advindos de fora da psicanálise a compreensão da teoria dos sistemas, mostrando como os mecanismos cibernéticos funcionam enquanto conjunto de estímulos e de respostas em direção a determinados fins e equilíbrios, como um ar-condicionado que controla a temperatura do ambiente; e a epistemologia genética de Piaget, com sua compreensão dos processos de adaptação e acomodação. Note-se o comentário de Palombo:

> *Bowlby desenvolveu a teoria do apego por considerar que havia deficiências na teoria psicanalítica. . . . a teoria psicanalítica (teoria da pulsão e psicologia do ego) propôs que o processo através do qual se dá o investimento [amoroso] das crianças em suas mães ocorre por causa da descarga da tensão, gerada no bebê pelo comportamento oral do impulso libidinal. Klein propôs que os bebês que mamavam no peito de suas mães faziam uma "catexia" do seio, isso é, para a criança o seio representava a mãe. Bowlby designou essa teoria, a teoria da pulsão secundária (secondary drive theory). Ele afirma: "Proponho chamar a isso a Teoria da Pulsão Secundária, terminologia que é derivada da Teoria da Aprendizagem. Ela também foi chamada de teoria cupboard love das relações de objeto" (Bowlby 1958b, p. 351). Presumivelmente, a pulsão primária representa a necessidade de ligação. De acordo com Bowlby,*

23 Palombo, Bendicsen & Koch 2010a, p. 293.

> *Freud não apreciava a importância do apego das crianças às suas mães (Bowlby sempre se refere aos cuidadores como "mãe". No entanto, ele deixa claro que o que quer dizer é qualquer pessoa com quem a criança tenha formado um vínculo afetivo especial. Isso pode incluir pais, cuidadores de creches ou outros). Além disso, ele sustentou que a teoria psicanalítica, em particular a ênfase de Melanie Klein na vida de fantasia da criança, não prestou suficiente atenção ao papel dos fatores ambientais no desenvolvimento das crianças. Consequentemente, não explicou o significado do papel da mãe no desenvolvimento da criança. Bowlby também criticou as teorias psicanalíticas por não se apoiarem suficientemente nas observações diretas de bebês e crianças para sustentar suas hipóteses.*[24]

Os psicanalistas reagiram mal às propostas de Bowlby, acusando-o de ter se *distanciado* da psicanálise – deixando de considerar o mundo interno, o inconsciente, as fantasias, a importância da sexualidade –, enfim, foi acusado de ter recusado e se afastado da metapsicologia freudiana, ou mesmo de tê-la *simplificado* para fins de vulgarização e aplicabilidade social. Voltarei a esse tipo de discussão ao final deste capítulo; procuro, agora, focar minhas análises e apresentações no objetivo de expor a teoria como uma teoria do desenvolvimento.

Podemos finalizar este item de minha análise apresentando qual é o problema ou o conjunto de fenômenos que Bowlby pretende abordar, explicar, retomando um comentário de Judith Issroff:

> *Bowlby definiu a teoria do apego como uma maneira de compreender a propensão dos seres humanos a estabelecer fortes vínculos emocionais com outros [seres humanos]*

24 Palombo, Bendicsen & Koch 2010a, pp. 291-292.

> *específicos e de explicar as muitas formas de perturbação e distúrbios da personalidade que ocorrem após a separação e a perda [desses vínculos]. A ameaça e a experiência da separação causam uma sequência de [comportamentos e sentimentos de] ansiedade, protesto (raiva), desespero (depressão) e, finalmente, desapego emocional. Os conceitos estão essencialmente construídos para explicar por que os seres humanos tendem a estabelecer laços fortes, seletivos e duradouros, e como a descontinuidade . . . cria dor emocional e consequente psicopatologia.*[25]

Uma coisa é, no entanto, o campo ou o conjunto de fenômenos e de problemas empíricos que uma teoria tenta apreender e explicar; outra, bem diferente, é o conjunto de respostas, pressupostos e mesmo especulações que a teoria utiliza para esse fim. Já analisei, em detalhe e profundidade, a diferença, em Freud, entre seus conceitos ou fundamentos empíricos (atos falhos, sexualidade infantil, complexo de Édipo, transferência, resistência etc.) e suas construções auxiliares especulativas ou conceitos metapsicológicos (aparelho psíquico, pulsões ou forças psíquicas, energia psíquica, *quantum* de afeto),[26] e, agora, podemos usar a mesma distinção para afirmar que o conjunto de problemas empíricos que Bowlby procurou tratar (relação mãe-bebê, vínculos afetivos, segurança, depressão, delinquência etc.) também foi abordado por diversos outros psicólogos e psicanalistas (René Spitz, Anna Freud, Melanie Klein, Winnicott, Margaret Mahler, Piaget, Wallon etc.), mas as respostas fornecidas por cada um deles foi diferente e, mais ainda, as respostas dadas por Bowlby não são apenas

25 Issroff 2005, p. 117.

26 Cf. alguns artigos dedicados a isso publicados no *International Journal of Psychoanalysis* (Fulgencio 2005; 2007; 2015), bem como a coletânea com diversos trabalhos, além desses, reunidos no livro *A bruxa metapsicologia e seus destinos* (Fulgencio 2018).

descrições de relações entre fatos ou fenômenos, mas também acabam se referindo a supostas causas de valor apenas heurístico, como é o caso da suposição de que exista um impulso *biológico* que direciona o ser humano em relação a um outro (visando a sua sobrevivência como espécie). É nesse sentido que procuro, agora, esclarecer quais são a base e a estrutura conceitual, o conjunto de instrumentos teóricos propostos por Bowlby para compreender e descrever como ocorrem e se desenvolvem os relacionamentos humanos (na sua terminologia, o apego), podendo não só distinguir o que corresponde a descrições e o que corresponde a suposições de valor apenas heurístico, mas também, ao final, descrever quais seriam as fases do desenvolvimento emocional desse ponto de vista.

Fundamentos da teoria do apego como uma teoria do desenvolvimento emocional

Toda teoria dedicada à compreensão e à explicação do que é o homem, seu funcionamento na saúde e na patologia, seus determinantes e os efeitos de seus relacionamentos e acontecimentos existenciais, individuais ou sociais, tem, necessariamente, uma concepção ontológica sobre o que é o homem, consciente ou não, claramente formulada ou deixada mais à sombra. Essa concepção é o quadro que estrutura o pensamento, o modo de formular os problemas e, consequentemente, o modo de resolvê-los; apresenta os motores essenciais, presentes desde a origem, e um *telos* para o desenvolvimento. Mais ainda – dado que só a moldura não é suficiente para apreender o tipo de conteúdo que preenche esse quadro, ou seja, para falar numa linguagem mais kuhniana, é necessário entender como os fenômenos são apreendidos, como os problemas são formulados e, consequentemente, como são resolvidos, ou seja, qual o modelo de enunciação e resolução de problemas uma determinada perspectiva (ou paradigma) do desenvolvimento tem como seu ponto de vista, ou ainda, noutros termos mais de acordo com o vocabulário de Kuhn, que tipo de quebra-cabeças determinado paradigma ou teoria utiliza para apreender e enunciar os problemas e quais são os modos de solucioná-los –, é necessário explicitar quais são as variáveis utilizadas para apreender os fenômenos, suas dinâmicas de determinação mútua, a seleção do que deve ser observado etc., enfim, é necessário explicitar qual é o conjunto de conceitos que operam na formulação dos problemas, na apreensão da própria realidade que se pretende entender.

Trata-se, agora, pois, de analisar o que é propriamente a noção de apego, base e essência da caracterização do modelo ontológico de homem considerado por Bowlby, e explicitar outros conceitos que são operadores semântico-conceituais (como: *Base Segura*, *Modelos Internos de Funcionamento*, *Reações à Separação* [protesto, desespero, desapego], *Situação Estranha* e *Estilos de Apego* [seguro, inseguro, ambivalente, desorganizado]) usados tanto como instrumentos para descrever a realidade fenomênica quanto para apreender e descrever os relacionamentos e comportamentos humanos, suas dinâmicas, suas determinações etc.

A ontologia da teoria do apego

O que é o homem para Bowlby? A resposta é simples, considerando sua perspectiva de fazer com que a psicanálise fosse *reformulada nos termos da moderna teoria da evolução*, evitando, assim, que ela continuasse "permanentemente para além das fronteiras do mundo científico".[27] O homem é um espécime como qualquer outro do mundo animal, um ser que pertence à natureza e, nesse sentido, bem de acordo com Freud, que considerava a psicanálise uma ciência da natureza, sendo o homem mais um dos seus elementos:

27 Bowlby 1973, p. 417.

> *pois o espírito e a alma são objetos da pesquisa científica, exatamente da mesma maneira que não importa qual coisa estrangeira ao homem . . . Sua grande contribuição [da psicanálise] à ciência consiste justamente na extensão da pesquisa ao domínio anímico.*[28]

No entanto, a ontologia freudiana considera o homem análogo aos *sistemas termodinâmicos fechados*, movido por forças e energias;[29] enquanto para Bowlby, mantendo-se no campo da ciência da natureza (aliás, como diversas outras psicologias, entre elas o behaviorismo de Skinner),[30] o homem deverá ser entendido como uma espécie determinada biologicamente a procurar a sobrevivência, um *sistema orgânico* ou uma *espécie animal*, que essencialmente, como todo ser vivo, tem como impulso fundamental a sobrevivência, impulso que é considerado por Bowlby como apego, um impulso de natureza e origem biológicas que se realiza na história relacional do indivíduo com o meio, visando à sobrevivência do indivíduo e da espécie.

Para Bowlby, a teoria do apego torna possível desenvolver e ampliar a teoria psicanalítica, levando a psicanálise para um quadro epistemológico e metodológico (com observações passíveis de controle empírico e com dados tratados epistemologicamente, usando e

---

28 Freud 1933a, p. 243.

29 Cf. Fulgencio 2005.

30 Talvez seja possível fazer uma grande distinção, agrupando as ontologias dos sistemas teórico-semânticos da psicologia (e até mesmo das ciências humanas) em dois grandes grupos: os que colocam o homem como um dado da natureza e os que o tomam como fora dela. No campo da psicologia, sistemas como os do behaviorismo, as perspectivas cognitivistas, uma parte dos sistemas teóricos da psicanálise (Freud, Ferenczi, Klein, Bowlby, Mahler) e algumas psicologias mais associadas às teorias dos sistemas cibernéticos são todos perspectivas naturalistas; enquanto psiquiatria fenomenológica, a psicologia existencialista, a daseinsanálise e uma outra parte da psicanálise (com Lacan e Winnicott, com propostas muito diferentes entre si) têm se colocado numa perspectiva que retira o homem desse enquadre epistemológico naturalista.

reconhecendo grupos de controle) que a tornam viável como ciência empírica, de valor heurístico indiscutível, consolidando seu lugar no campo das ciências da natureza. Nesse sentido, reiterando que o homem é um elemento da natureza, mais uma espécie da natureza, ele também está sujeito às leis e aos princípios estabelecidos por Darwin, aprofundados e detalhados pelos etólogos (que forneceram entendimentos da vida animal, projetados, então, para a vida do homem). Diz Bowlby, definindo o que ele denomina como *apego*:

> *Estou usando o [termo] apego para significar um padrão de comportamento que é a busca de cuidado e a dedicação a cuidados de um indivíduo que sente que é menos capaz de lidar com o mundo do que a pessoa a quem está procurando [para receber] cuidados.*[31]

Os comportamentos de apego seriam padrões de comportamentos específicos, impulsos biológicos ou respostas instintivas (como, no homem, a sucção, o perseguir, o choro e o sorriso), colocadas em ação a serviço e objetivo de garantir as melhores condições para a sobrevivência do indivíduo. Trata-se, pois, de impulsos estabelecidos na história evolutiva, como um determinante biológico em função da sobrevivência da espécie:

> *Bowlby começou reconhecendo que o apego é um imperativo biológico enraizado na necessidade evolucionária: a relação de apego com o(s) cuidador(es) é fundamental para a sobrevivência e o desenvolvimento físico e emocional do bebê. Dada a exigência de vinculação, o bebê deve adaptar-se ao cuidador, excluindo defensivamente qualquer comportamento que ameace o vínculo de apego.*[32]

31 Bowlby 1986, p. 11.
32 Wallin 2007a, p. 2.

É importante, aqui, distinguir entre os fatos passíveis de observação, seja em termos objetivos (por experimentos controlados, com variáveis controladas), seja subjetivos (p. ex., via experiência e observação clínica possibilitadas e constituídas pelo método de tratamento psicanalítico) – a ligação da criança com sua mãe ou cuidador principal; a importância da dependência inicial, as perturbações e as consequências de separações ou deprivações precoces etc. –, e a consideração de que existe uma pressão biológica inata impulsionando o ser humano para a ligação ou procura pelo outro, o apego, como atendendo ao objetivo de garantir a sobrevivência da espécie. Os primeiros são fatos, o segundo é um pressuposto especulativo, metafísico.

A suposição desse impulso biológico para o apego não significa, para Bowlby, que exista um esquema rígido para a realização dos encontros interpessoais, totalmente regrados e padronizados, mas que há, sim, impulsos que estarão na base desses encontros para serem, então, modelados:

> *Bowlby fez a hipótese de que o comportamento de apego é composto por um número de respostas instintivas compostas, que são, em primeiro lugar, relativamente independentes umas das outras. Essas respostas instintivas amadurecem em momentos diferentes, ao longo do primeiro ano de vida, e se desenvolvem em graus diferentes; elas servem à função de ligar a criança à mãe e contribuem para a dinâmica recíproca de ligar a mãe à criança.*[33]

Ainda que, inicialmente, o comportamento de apego tenha sido elaborado para explicar a relação mãe-bebê ou cuidador-bebê, ele será considerado (em seus fundamentos e suas dinâmicas) como referindo-se a impulsos e dinâmicas presentes ao longo de toda a existência. Diz Bowlby:

---

33 Palombo, Bendicsen & Koch 2010a, p. 296.

> *Estão se acumulando evidências de que os seres humanos de todas as idades são mais felizes e capazes de empregar seus talentos da melhor forma quando estão confiantes de que atrás deles há uma ou mais pessoas de confiança que irão ajudá-los caso surjam dificuldades. A pessoa de confiança, também conhecida como uma figura de apego, pode ser considerada fornecedora de uma base segura a partir da qual operar na vida. A exigência de uma figura de apego, uma base pessoal segura, não é de modo algum confinada às crianças, [ainda que,] devido à sua urgência durante os primeiros anos, é ali que é mais evidente e mais estudada.*[34]

O impulso para o apego tem como meta biológica a sobrevivência da espécie; e, como meta psicológica, produzir um sentimento de segurança no indivíduo.

Base segura

Não se trata, no entanto, de qualquer ligação (ou apego), mas da realização de um tipo de apego garantido pelos pais ou cuidadores, no qual a criança se sente protegida:

> *O trabalho de John Bowlby sobre a ligação primária entre a criança e a mãe marca um momento decisivo na história da psicologia infantil e da psiquiatria. A ideia defendida pelo autor baseia-se na qualidade dos cuidados que uma criança recebe durante sua primeira infância, o que é crucial para seu desenvolvimento futuro. Parece que a criança deve experimentar uma relação calorosa, disponível e contínua com uma figura estável dos pais, com a qual pode constituir uma base segura para o seu desenvolvimento. As ameaças*

34 Bowlby 1979, p. 103.

> *ou interrupções desses elos despertam emoções dolorosas na criança, [sendo] fonte de distúrbios psicopatológicos.*[35]

É com a consolidação dessa base segura, seu desenvolvimento e sua incorporação, que a criança sente confiança para abordar e experimentar estar no mundo, explorá-lo e agir sobre ele, podendo retornar a ela em caso de perigo ou angústia.

Modelos internos de funcionamento

As experiências de apego, bem ou malsucedidas, são a base para as construções de expectativas e os padrões de modos de se relacionar que se desenvolvem ou se aprimoram ao longo da existência, constituindo aquilo que ficou denominado como *Internal Working Models* (IWM – modelos internos de funcionamento).[36] Estes são criados a partir das experiências de apego, constituindo sistemas de pensamentos, memórias, crenças, expectativas, emoções etc., levando a comportamentos específicos, a padrões de comportamentos que vão se desenvolvendo com as experiências.[37] Diz Palombo:

---

35 Squires 2000, pp. 197-198.

36 Cf. Bretherton & Munholland 2008.

37 Note que apego, base segura, modelos internos de funcionamento etc., são termos e noções que não fazem parte da semântica psicanalítica clássica (basta notar que eles não aparecem, por exemplo, no *Vocabulário de Psicanálise*, de Laplanche & Pontalis). Mais ainda, não se trata apenas de uma questão terminológica, mas de novas peças que, a princípio, não fariam parte dos quebra-cabeças psicanalíticos, mas que, atualmente, alguns psicanalistas tentam integrar no quadro do pensamento psicanalítico. O apego tem suas diferenças e irredutibilidades em relação à noção de pulsão, dado que ocupam posições similares nos dois sistemas, referindo-se a impulsos básicos (poder-se-ia pensar em termos de *pulsões de apego* ou de *apego pulsional*, dependendo da prevalência de uma ou outra perspectiva na tentativa de compô-las num mesmo sistema); no que se refere aos Modelos Internos Operantes, creio que são formulações que tentam reinserir a noção de fantasia e do próprio inconsciente. Não estou seguro de que essas composições sejam possíveis e produzam uma síntese harmônica sem contradições!

> *No desenvolvimento saudável, os bebês desenvolvem modelos internos de funcionamento do mundo externo e de seu meio interno, assim como a interação entre os dois. Esses modelos são mapas cognitivos que se assemelham ao conceito psicanalítico de representações e representam aspectos selecionados do ambiente. A linguagem permite a construção de modelos hierarquicamente organizados que orientam os sistemas comportamentais. Essa construção, que lembra o conceito de auto-representação e das representações de objetos da teoria das relações de objeto, é mais ampla do que estes porque suas funções gerais visam construir mapas ou modelos de todos os aspectos do mundo externo, em vez de se concentrar exclusivamente na dinâmica intrapsíquica da criança. Os IWM não são réplicas simples do eu e de outros, em interação uns com os outros, mas estruturas complexas que são afetadas e modificáveis pela experiência.*[38]

Esses modelos internos operantes não só regulam os modos de se relacionar como se desenvolvem durante toda a vida, interagindo e respondendo aos encontros e às situações sociais, seja na infância, seja na vida adulta, apontando, assim, para a possibilidade profilática ou de cura como prática de cuidados realizável por psicoterapeutas, psiquiatras, assistentes sociais, médicos, enfermeiros.

Reações à separação (protesto, desespero, desapego)

Nessa direção da compreensão dos padrões de comportamento de apego, ou padrões de ação relacionadas ao apego, Bowlby também procurou mostrar a sequência de comportamentos e reações do indivíduo quando ocorre uma separação ou perda da figura de apego,

38 Palombo, Bendicsen & Koch 2010a, p. 294.

caracterizando uma dinâmica e um prognóstico do que pode ocorrer ao longo do tempo, caso persista a situação de perda (perda do objeto amado): primeiro, o *protesto*, depois, a *tristeza* ou *depressão* e, por fim, o *desapego*. Diz Palombo:

> *Diferentes comportamentos emergem após uma separação ou uma perda de um outro significativo. Um padrão sequencial característico se manifesta como comportamentos externos, acompanhado de experiências internas. Na fase inicial, as manifestações comportamentais expressas pela criança são de protesto, elas refletem a ansiedade de separação. Em seguida estão os comportamentos que demonstram o desespero da criança, comportamentos que refletem os processos de luto e tristeza. Finalmente, a criança manifesta desprendimento do mundo externo, como uma defesa contra a intolerável dor psíquica a que estava submetida.*[39]

Situação estranha, estilos de apego e outros protocolos de experimentação e observação

Identificada a situação patológica ou de perturbação do apego – fato importante para uma clínica psicoterápica – coloca-se o problema de saber como são e como se desenvolvem as relações de apego em termos gerais. Além disso, no projeto de Bowlby, seria necessário que as relações de apego e seus desenvolvimentos – seja nos casos bem-sucedidos (com a constituição das bases seguras), seja nos em que ocorrem falhas ou perturbações na relação de apego – pudessem ser objetivamente observados, e não só recuperados pela memória na história de vida contada pelos indivíduos.

39 Palombo, Bendicsen & Koch 2010a, p. 295.

A associação de John Bowlby com Mary Ainsworth foi decisiva para a consolidação da teoria do apego como uma teoria científica, fundada em dados empíricos obtidos com o controle experimental objetivo das observações. Tendo terminado sua tese de doutorado na Universidade de Toronto, em 1940, Ainsworth deu continuidade a seus estudos sobre a personalidade e, em 1950, migrou para Londres, na Inglaterra, acompanhando seu marido, quando ligou-se a pesquisas em desenvolvimento na Tavistock Clinic, momento em que inicia sua parceria com Bowlby. Dois passos decisivos foram dados a partir das pesquisas feitas por Ainsworth: em 1954, uma pesquisa de natureza antropológica feita com crianças e famílias em Uganda;[40] e a proposta de uma situação experimental controlada para observação das reações das crianças submetidas a separações.

Sobre a pesquisa de natureza antropológica, Palombo comenta:

> *Em 1954, ela aproveitou a oportunidade oferecida no Instituto de Pesquisa Social da África Oriental, em Uganda, para estudar famílias e crianças de Uganda. Como observadora aguda, ela coletou dados sobre as interações entre as crianças e suas mães. Dois anos depois, aceitou um cargo de professora na Universidade Johns Hopkins, em Baltimore, onde continuou a coletar dados sobre esses tipos de interação, observando as crianças em suas casas e usando a estrutura de desenvolvimento que ela e Bowlby construíram em conjunto.*[41]

No que se refere à situação de experimentação empírica controlada, na qual as reações à separação materna poderiam ser observadas, temos o que ficou conhecido como *strange situation*, que consistia na realização de uma situação padronizada, envolvendo mães e crianças

40 Cf. Bretherton 1992; Main 1999.

41 Palombo, Bendicsen & Koch 2010b, p. 303.

de 12 a 13 meses, na qual a mãe se ausentava por um curto período e a criança reagia, então, a essa ausência; essa situação era totalmente controlada no tempo, com parâmetros fixos e constantes de observação, fornecendo dados que podiam, então, ser coletados, sistematizados e interpretados, e ser objeto de trabalho estatístico:[42]

> *Esse procedimento experimental de apenas alguns minutos consiste em submeter a criança a um ligeiro stress comparável ao stress cotidiano. Para isso, são previstos oito episódios de três minutos cada um, em laboratório, que implicam em duas separações do adulto, bem como um contato com uma pessoa desconhecida, "um estrangeiro". As reações da criança, especialmente durante o reencontro com o adulto (manifestações de ansiedade e de evitação), informam ao pesquisador a qualidade de sua segurança.*[43]

Com uma massa de dados assim coletados, seja pela experiência controlada, seja pela observação natural, Ainsworth pôde propor existirem *modos* ou tipos de apego (*ansiosos-evitativos, seguramente-apegados, ansiosos-resistentes*), o que foi usado e citado por Bowlby como uma conquista, prova e desenvolvimento importante da teoria do apego no volume 1 da sua trilogia *Apego e perda*. Nos desenvolvimentos da teoria do apego, essas classificações têm sido usadas, e mesmo expandidas, na consideração de um quarto tipo de apego, o *desorganizado-desorientado*.[44]

A *situação estranha* é, pois, um protocolo para a realização de um tipo de experiência para a observação, apreensão e sistematização de dados visando a pesquisa sobre modos ou estilos de realização da relação de apego:

42 Cf. Ainsworth, Blehar, Waters & Wall 1978.

43 Dugravier & Barbey-Mintz 2015, p. 19.

44 Main & Solomon 1986.

> *Até meados da década de 1980, os pesquisadores de apego se concentravam quase exclusivamente na qualidade dos padrões de apego bebê-pai na situação estranha (cf. Ainsworth, Blehar, Waters & Wall 1978) –, tanto para prever resultados de desenvolvimento quanto para examinar precursores de classificações seguras e inseguras de anexos.*[45]

A esse protocolo se seguiram outros, todos construídos no quadro semântico-teórico da teoria do apego, visando a compreensão dos modos de ligação ou a relação inter-humana, entre eles o *Adult Attachment Interview* (AAI),[46] uma entrevista semiestruturada, durando aproximadamente uma hora, na qual são feitas perguntas a adultos sobre as suas experiências de apego na infância, buscando explicitar o impacto delas no desenvolvimento da personalidade; outros instrumentos importantes são o *Separation Anxiety Test* (SAT), uma revisão do AAI[47] que é um instrumento semiprojetivo, dirigido a crianças na idade pré-escolar e mais velhas, procurando obter narrativas sobre situações e experiências de apego (são apresentados alguns estímulos [como figuras familiares, figuras de carros, acidentes, quedas etc.] e solicita-se à criança que diga o que vai acontecer depois); e o *Attachment Story Completion Task* (ASCT),[48] concebido, com o mesmo fim, para crianças a partir de 3 anos.

Em todas essas situações e protocolos temos, então, uma experiência padrão, com variáveis controladas, num quadro teórico-semântico específico (a teoria do apego ou o paradigma da teoria do apego), que organiza a apreensão, a sistematização e a interpretação dos dados,

45 Bretherton & Munholland 2008, p. 114.

46 Cf. Hesse 2008.

47 Cf. Klagsbrun & Bowlby 1976; Main, Kaplan & Cassidy 1985.

48 Bretherton & Ridgeway 1990.

com a possibilidade de controle estatístico dos dados, visando, pois, obter dados e resultados objetivos.

***

Do ponto de vista da teoria do apego, esses são os operadores básicos da teoria, da observação e da sistematização dos dados que orientam e realizam a compreensão e a descrição do processo de desenvolvimento emocional. É evidente que haveria, ainda, numa apreensão mais ampla da teoria, a necessidade de mostrar como ela se desenvolveu e foi ampliada, bem como analisar a sua aplicabilidade clínica e profilática. No entanto, para nosso objetivo, que é o de apresentar um quadro sobre o processo de desenvolvimento nessa perspectiva, isso me parece suficiente. Tratemos, agora, de mostrar esse processo como uma teoria do desenvolvimento, destacando suas fases e seus principais acontecimentos.

Fases e dinâmicas do processo de desenvolvimento do apego

A intensão de Bowlby não era descrever um processo de desenvolvimento sistêmico e amplo contemplando a diversidade de aspectos que caracterizam a vida emocional do ser humano. A sua teoria do apego, ainda que possa prestar informações importantes sobre padrões de comportamento relacional, advindos e construídos a partir das experiências precoces na interação com ambiente, não tinha intenção de apresentar uma teoria do desenvolvimento, mas de colocar em destaque padrões de relações e reações presentes de forma dinâmica ao longo de toda a vida dos indivíduos: "Bowlby não acreditava que o desenvolvimento ocorresse em fases, mas que os padrões de apego fossem formados e que pudessem ser modificados pela experiência ou persistir ao longo da vida".[49]

Bowlby ofereceu uma descrição do que deveriam ser os acontecimentos que caracterizam o desenvolvimento das relações de apego na saúde, descrevendo dinâmicas relacionais e conquistas importantes por parte da criança, especialmente do nascimento até a fase em que ela adentra o mundo do símbolo e da linguagem. Mais ainda, ele também descreveu o que ocorre quando há determinadas perturbações nessas relações de apego ou, ainda, quando há perda da figura principal de apego da criança. O que pretendo apresentar a seguir é uma indicação sucinta do que estaria ocorrendo, respeitando-se uma ordem cronológica dos acontecimentos do processo de desenvolvimento.

Em primeiro lugar, podemos retomar uma distinção mais ampla, a qual Bowlby (1969) caracterizou como momentos com dinâmicas específicas da realização do impulso para o apego, pensados em função do grau de maturidade do indivíduo: inicialmente (nos primeiros 2 ou 3 meses), o bebê é imaturo para apreender, com clareza, quais são as figuras de apego para as quais deve se dirigir, agindo de forma um tanto quanto diferenciada (por exemplo, chorando); em seguida, do terceiro ao sexto mês, o bebê começa a reconhecer as figuras de apego que lhe são familiares, podendo dirigir-se mais especificamente a elas (por exemplo, sorrindo para essa ou aquela pessoa); sendo bem-sucedido no encontro das figuras de apego, ou seja, sendo atendido nas suas necessidades de proteção e sobrevivência, com o estabelecimento da figura de apego como uma base segura, o bebê pode aproximar-se e distanciar-se (por exemplo, engatinhando) em direção ao mundo e em retorno à base segura; em seguida, com as experiências se acumulando, a criança poderá modular e corrigir suas formas e seus modos de apegar-se, considerando o ambiente, o outro e os resultados de seus encontros.

---

49 Palombo, Bendicsen & Koch 2010a, p. 294.

É possível, pois, apresentar como Bowlby considera ocorrer o desenvolvimento das relações de apego ao longo do processo de desenvolvimento, seguindo uma certa cronologia dos acontecimentos:

- *Logo após o nascimento, a separação do cuidador ativa choro, bem como apego e sorriso. Sentimentos subjetivos associados a essas experiências são de "ansiedade primária". Quando os bebês se reúnem com suas mães, a ansiedade cessa e é substituída pela experiência de conforto.*
- *Até a idade de 9 semanas, os bebês vão parar de chorar quando segurados por seus cuidadores. Os bebês respondem diferencialmente aos seus cuidadores em comparação com outros em seu ambiente. Quando se separam de suas mães, os bebês choram.*
- *Por volta de 15 semanas, as crianças gritarão quando observam a mãe as deixando.*
- *Por volta de 20 semanas, elas vocalizam, tentando chamar sua mãe.*
- *Por volta de 24 semanas, elas seguirão suas mães.*
- *Por volta de 30 semanas, elas vão cumprimentá-la diferencialmente de outros.*
- *De 9 a 18 meses, os cinco padrões de comportamentos de apego, sucção, aderência, choro, seguimento e sorriso, se organizam em sistemas mais sofisticados e corrigidos por metas que servem para manter a proximidade com a mãe.*
- *Antes de 6 meses, observamos medo e evitação de estranhos e um retorno à mãe para o conforto. Há evidências de que o rosto e a voz humanos são de especial*

interesse para as crianças em suas primeiras semanas de vida; no entanto, durante esse período as crianças não têm conceito de outro ser humano. Durante aquelas semanas adiantadas, os infantes manifestam um interesse no mamilo úmido, morno-quente do seu cuidador, ao qual respondem sugando, e a seus olhos respondem sorrindo. À medida que as semanas passam, essas experiências fragmentárias e perceptivas se tornam coalescidas e as crianças as atribuem à mesma fonte.

- *Aos 8 meses, usarão a mãe como base para explorar seu ambiente. Elas também correrão para a mãe quando estiverem assustadas.*
- *De 9 a 18 meses, os cinco padrões de comportamentos de apego, sucção, aderência, choro, seguimento e sorriso, se organizam em sistemas mais sofisticados e corrigidos por metas que servem para manter a proximidade com a mãe.*
- *Começando no primeiro ano e com aquisição de linguagem, as crianças começam a construir modelos de trabalho de si mesmas, suas mães e do mundo ao seu redor. Esses modelos de trabalho incluem modelos de como os outros vão responder e interagir com as crianças, bem como como elas vão responder a essas respostas. As crianças vão considerar essas expectativas quando antecipam mudanças em seus laços com os outros. Durante o terceiro ano, a proximidade com a mãe torna-se menos urgente. Os bebês tomam consciência da partida iminente da mãe. Eles são mais capazes de aceitar separações temporárias. Após seu terceiro aniversário, as crianças se tornam mais*

seguras com figuras familiares de substituição, mesmo em lugares que não sejam familiares. Isso é verdade desde que as crianças estejam confiantes de que suas mães retornarão e uma reunião acontecerá.

- *Na idade de 4 anos, uma maior atenuação da resposta de apego ocorre conforme a criança se torna pronta para entrar na idade pré-escolar.*
- *Com idades de 5 e 6 anos em latência, as crianças vão brincar despreocupadas com os outros na ausência de suas mães, embora voltem para elas se algo der errado.*
- *Durante a terceira infância (7-11 anos), a meta do sistema comportamental de apego muda de proximidade com a figura de apego para disponibilidade.*
- *Durante a adolescência e na idade adulta ocorrem mudanças no modo de expressão e nas pessoas para as quais o comportamento de apego se torna ativado. O processo da adolescência atenua ainda mais o apego aos pais. Existem grandes variações individuais de expressão. Alguns adolescentes se separam de seus pais, enquanto outros permanecem intimamente ligados. A maioria continua sua ligação durante suas vidas adultas.*
- *À medida que os indivíduos ficam mais velhos e não podem continuar a direcionar seus comportamentos de apego aos seus pares por causa do potencial para sua perda, esses comportamentos são redirecionados para os membros das gerações mais jovens.*[50]

50 Palombo, Bendicsen & Koch 2010a, pp. 296-297.

Todo o processo de desenvolvimento fica reduzido, em última instância, aos problemas do apego, da segurança e daquilo que contribui ou cria melhores condições para a sobrevivência. Quando esse processo, assim descrito por Bowlby, é comparado com a teoria do desenvolvimento da sexualidade ou das relações objetais (como fizeram Freud, Anna Freud, René Spitz), com a teoria da individuação-separação (Mahler) ou, ainda, com a teoria do desenvolvimento da dependência (Winnicott), vemos que a proposta de Bowlby é por demais focada num único ponto (ainda que dele diversos outros possam ser derivados). A crítica feita a Erik Erikson, considerando que ele reduziu cada fase a apenas uma única crise (ou tipo de crise), talvez possa também ser aplicada a Bowlby, considerando que ele reduziu uma série de fenômenos existenciais e relacionais a apenas um dos seus aspectos.

Método para a observação, organização e sistematização da teoria do apego

Uma das grandes contribuições de Bowlby e Ainsworth foi a de terem introduzido um modo de coleta de dados não restrito àquilo que advinha apenas das situações subjetivas da situação clínica; eles não só fizeram outros tipos de observação natural das crianças e pacientes (acrescentando informações dadas por pais, parentes próximos, professores etc.) como também criaram protocolos para que observações controladas pudessem ser realizadas, sistematizadas e interpretadas: "A intuição de John Bowlby e, em particular, de Mary Ainsworth, é ter imaginado uma situação experimental destinada a verificar as diferenças interindividuais entre as crianças em suas relações de apego com suas mães".[51]

51 Squires 2000, p. 197.

O desenvolvimento da teoria do apego e sua aplicabilidade no campo de coleta, observação e sistematização de dados têm se mostrado como um caminho de grande valor heurístico, como pode-se reconhecer nas propostas de Mary Main,[52] Peter Fonagy,[53] Daniel Stern[54] e Bernard Golse,[55] entre outros, com proximidade ou distanciamento da psicanálise.

Quadro 1.1 Apresentação sintética da matriz histórico-analítico-crítica da teoria do apego

Matriz	Características
1. O problema empírico básico como ponto de partida	Pouco afeto das crianças delinquentes; privação (de mãe) em fase inicial do desenvolvimento.
2. Do problema singular ao problema universal	A delinquência como sintoma da separação mãe–criança; em busca da sobrevivência; a teoria do apego como uma teoria geral do desenvolvimento socioemocional do ser humano.
3. Fundamentos operativos na construção da teoria do desenvolvimento do apego como uma teoria do desenvolvimento emocional	**Ontologia** A partir do darwinismo moderno (como a teoria do *imprint*), Bowlby considera existir um sistema que impulsiona o indivíduo a apegar-se àqueles que podem lhe fornecer sobrevivência e segurança, que se aprimoram no decorrer da existência.
	Variáveis alternativas Apego, base segura, modelos internos de funcionamento, reações à separação (protesto, desespero, desapego), situação estranha, estilos de apego (seguro, inseguro, ambivalente, desorganizado).

(continua)

52 Main, Kaplan & Cassidy 1985; Wallin 2007d.

53 Fonagy 2005/2007; Fonagy, Gergely & Jurist 2002; Wallin 2007b; Allen, Fonagy & Bateman 2008.

54 Stern 1985/1992; 1977/2002; 2004. Stern & Bruschweiler-Stern 1988.

55 Alvarez & Golse 2008. Golse 1998; 2004.

Quadro 1.1 Apresentação sintética da matriz histórico-analítico-crítica da teoria do apego (continuação)

Matriz	Características
4. Fases e dinâmicas do processo de desenvolvimento do apego	**Apego seguro** Características: crianças com apego seguro se sentem confiantes em explorar o ambiente quando o cuidador está presente, ficam angustiadas quando o cuidador sai e se acalmam rapidamente quando ele retorna. Comportamento: essas crianças veem seus cuidadores como uma base segura para a exploração e confiam que suas necessidades emocionais serão atendidas.
	Apego inseguro-evitativo Características: crianças com apego evitativo tendem a evitar ou ignorar o cuidador, mostrando pouca emoção quando este sai ou retorna. Comportamento: elas podem não procurar proximidade ou contato com o cuidador e geralmente não mostram muita preferência entre o cuidador e um estranho.
	Apego inseguro-resistente (ou ambivalente) Características: crianças com apego resistente são extremamente angustiadas quando separadas do cuidador, mas mostram ambivalência quando ele retorna, podendo buscar e rejeitar contato ao mesmo tempo. Comportamento: elas são menos propensas a explorar o ambiente, pois estão preocupadas com a disponibilidade do cuidador.
	Apego desorganizado Características: crianças com apego desorganizado exibem comportamentos confusos ou contraditórios em relação ao cuidador, como se aproximar, mas com olhar distante, ou mostrar medo do cuidador. Comportamento: essas crianças podem parecer desorientadas e assustadas, frequentemente devido a experiências de abuso ou negligência.

(continua)

Quadro 1.1 Apresentação sintética da matriz histórico-analítico-crítica da teoria do apego (continuação)

Matriz	Características
5. Método utilizado para pesquisar e, depois, organizar sistematicamente os dados observados e apresentá-los descritivamente	Clínica psicanalítica; anamnese dirigida com o paciente, consulta aos pais, parentes etc. para apreensão de dados da história do paciente; observação natural; observação experimental controlada com tratamento estatístico dos dados.
6. Utilidade desse tipo de conhecimento	Uso social amplo; simplificação que torna possível ações e operacionalidade no que se refere ao cuidado da relação inicial mãe-bebê e outras ações de cuidado psicoterápico ou psiquiátrico.

Utilidade prática desse tipo de conhecimento e sua atualidade

A teoria do apego tornou possível realizar uma série de observações sobre o comportamento do bebê e da criança na sua relação com a mãe ou cuidador, reconhecendo seus impulsos motivacionais e, assim, fornecendo dados objetivos sobre essa dinâmica. Daniel Stern a resume da seguinte maneira:

> *A teoria do apego, do modo como se desenvolveu a partir de suas origens na psicanálise e na etologia, para incluir os métodos e perspectivas da psicologia do desenvolvimento veio a abarcar muitos níveis do fenômeno. Em vários níveis, o apego é um conjunto de comportamentos do bebê, um sistema motivacional, um relacionamento entre mãe e bebê, uma construção teórica e uma experiência subjetiva para o bebê na forma de "modelos funcionais".*[56]

56 Stern 1985/1992, p. 19.

Apesar das críticas feitas a Bowlby por muitos psicanalistas, a importância social das suas contribuições jamais foi negada por eles, seja no que se refere a chamar a atenção para a importância da relação inicial mãe-bebê, seja na avaliação da delinquência como um comportamento que tem origem na quebra da relação da criança com sua figura de apego central (em geral, a mãe). Dijken comenta:

> *As teorias de Bowlby inspiraram um grande corpo de pesquisa – variando [da compreensão das relações de apego entre os] bebês e suas mães aos efeitos do luto e da ruptura dos laços sociais na vida adulta. Suas ideias inspiraram pesquisas e estudos não apenas no campo psiquiátrico e psicológico, mas também nos campos etológico, transcultural antropológico e sociológico.*[57]

A teoria do apego tem sido, assim, desenvolvida em diversas direções, dentro e fora da psicanálise. Na psicanálise atual, temos uma série de desenvolvimentos teóricos e clínicos que procuram reintegrar as propostas de Bowlby no seu quadro teórico e clínico, sobretudo nas propostas de Peter Fonagy;[58] mantendo-nos delimitados ao quadro estrito do sistema semântico-teórico da teoria do apego, temos livros dedicados à clínica, como *Attachment in Psychotherapy*[59] e *L'attachement: approche clinique et thérapeutique*,[60] mostrando a amplitude da aplicabilidade; e fora desses quadros, articulando a teoria do apego com outras perspectivas, temos, por exemplo, as propostas de Daniel Stern e seus estudos sobre o desenvolvimento do *self*,[61] Beatrice Beebe e a continuidade desses estudos de Stern, dedicando-se

57 Dijken 1998, p. 2.

58 Fonagy 2005/2007; Fonagy, Gergely & Jurist 2002; Wallin 2007b.

59 Wallin 2007a.

60 Guédeney & Guédeney 2016.

61 Stern 1985/1992; 1977/2002; 2004. Stern & Bruschweiler-Stern 1988.

à análise da própria origem do apego[62] Luis Alvarez e Bernard Golse com a proposta de uma *psicopatologia perinatal.*[63] Esse amplo leque de influências e presenças no cenário atual da psicologia tem sido até mesmo considerado por alguns como um novo paradigma para o campo das teorias do desenvolvimento:

> *Esses pesquisadores [Bowlby e Ainsworth] trouxeram um rigor empírico ao estudo dos vínculos humanos mais íntimos, gerando uma riqueza de conhecimento sobre as relações entre pais e filhos, sobre o mundo interno e a psicopatologia, que fizeram da teoria do apego o paradigma dominante da psicologia desenvolvimentista contemporânea. Nenhuma outra estrutura baseada em pesquisa nos diz mais sobre como nos tornamos quem somos.*[64]

O *Handbook of Attachment: Theory, Research, and Clinical Applications*[65] apresenta catorze capítulos distribuídos em mais de

---

62 Beebe, Knoblauch, Rustin & Sorter 2005; Beebe & Lachmann 2002; 2014.

63 A psicopatologia perinatal é um certo desenvolvimento da *psiquiatria perinatal*, que corresponde a uma disciplina relativamente recente – "A primeira cadeira de PPN foi fundada na Inglaterra nos anos 1980, primeiramente ocupada por R. C. Kumar, tendo seu primeiro colóquio internacional em Mônaco, em 1996, por iniciativa de Ph. Mazet e S. Lebovici" (Golse 2014, p. 255, Cap. 6. La Psychiatrie périnatale) –, ocupando-se do período que vai da origem até aproximadamente o terceiro ano de vida e considerando que a teoria do apego (e não a psicanálise) seria a abordagem adequada para compreensão e intervenção. Golse e Alvarez, por sua vez, com a *psicopatologia perinatal*, procuram mostrar que a teoria psicanalítica e a teoria do apego são complementares (cf. Alvarez & Golse 2008; Golse 2014). Ver também Missonnier *et al.* 2012; Missonnier 2009.

Isso será retomado no Apêndice do livro, que faz uma análise do desenvolvimento da teoria do apego e sua relação com as teorias psicanalíticas.

64 Wallin 2007a, p. xii.

65 Cassidy & Shaver 2008.

mil páginas de estudos e pesquisas atuais dedicadas à compreensão e ao uso dessa perspectiva, colocando em evidência sua amplitude e sua atualidade.

Referências

Ainsworth, M. D. S., Blehar, M., Waters, E. & Wall, S. (1978). *Patterns of attachment: psychological study of the strange situation*. New Jersey: Lawrence Eribaum.

Allen, J., Fonagy, P. & Bateman, A. (2008). *Handbook of mentalisation in clinical practice*. Washington, DC: American Psychiatric Press.

Alvarez, L. & Golse, B. (2008). *La psychiatrie du bébé*. Paris: PUF.

Beebe, B., Knoblauch, S., Rustin, J. & Sorter, D. (2005). *Forms of Intersubjectivity in Infant Research and Adult Treatment*. New York: Other Press.

Beebe, B. & Lachmann, F. M. (2002). *Infant Research and Adult Treatment. Co-Constructing Interactions*. New York; London: The Analytic Press.

Beebe, B. & Lachmann, F. M. (2014). *The Origins of Attachment: Infant Research and Adult Treatment*. New York; London: Routledge.

Bernardi, R. (2017). A common ground in clinical discussion groups: Intersubjective resonance and implicit operational theories. *International Journal of Psychoanalysis, 98*, 1291-1309. doi:10.1111/1745-8315.12633

Bohleber, W., Fonagy, P., Jiménez, J. P., Scarfone, D., Varvin, S. & Zysman, S. (2013). Towards a better use of psychoanalytic concepts: A model illustrated using the concept of enactment. *The International Journal of Psychoanalysis, 94*(3), 501-530.

Bowlby, J. (1944). Forty-four juvenile thieves: their characters and home-life. *The International Journal of Psycho-Analysis*, 25(19-53; 107-128).

Bowlby, J. (1969). *Attachment and Loss*. (Vol. 1, Attachment). New York: Basic Books.

Bowlby, J. (1977, 19 October). *Interview with Dr. John Bowlby in London, England/Interviewer: M. J. E. Seenn*. Unpublished.

Bowlby, J. (1979). *The making and breaking of affectional bonds*. London: Tavistock Publishers.

Bowlby, J. (1973/1984). *Apego e Perda*. (Vol. 2, Separação, angústia e raiva). São Paulo: Martins Fontes.

Bowlby, J. (1986). Interview. In J. M. Munichs, B. (Ed.), *Attachment, life-span and age*. Deventer: Van Loghun Slaterus.

Bowlby, J. (1988). *A Securate Base: Parent-Child Attachment and Healthy Human Developpment*. London: BasicBooks.

Bowlby, J. (1990a). *Charles Darwin: A new biography*. London: Hutchinson.

Bowlby, J. (1990b) *Interview with John Bowlby/Interviewer: V. Hunter*. Archives Tavistock Joint Library.

Bowlby, J. (1991). The role of the psychotherapist's personal resources in the treatment situation. *Papers on John Bowlby based on those printed in the British Psycho-Analytical Society Bulletin*, *27*(11), 11-16. London: Mansfield House (archives of the Tavistock Joint Library also published in Tavistock Gazette [autumn]).

Boyd, D. & Bee, H. (2011). *A criança em crescimento*. Porto Alegre: Artes Médicas.

Bretherton, I. & Ridgeway, D. (1990). An Attachment Story Completion Task to assess young children's internal working models of child and parents in the attachment relationship. In M. T. Greenberg, D. Cicchetti & E. M. Cummings (Eds.), *Attachment in the preschool years: Theory, research, and intervention* (pp. 300-308). Chicago: Chicago.

Bretherton, I. (1992). The origins of attachment theory: John Bowlby and Mary Ainsworth. *Developmental Psychology*, *28*, 759-775.

Bretherton, I. & Munholland, K. A. (2008). Internal Working Models in Attachment Relationships. Elaborating a Central Construct in Attachment Theory (chapter 5). In J. Cassidy & P. R. Shaver (Eds.), *Handbook of Attachment. theory, Research, and clinical Applications* (pp. 102-127). New York; London: The Guilford Press.

Cassidy, J. & Shaver, P. R. (2008). *Handbook of Attachment: Theory, Research, and Clinical Applications*. New York; London: The Guilford Press.

Dijken, S. V. (1998). *John Bowlby: His Early Life. A biographical Journey into the Roots of Attachment Theory*. London; New York: Free Association Books.

Dugravier, R. & Barbey-Mintz, A.-S. (2015). Origines et concepts de la théorie de l'attachement. *Enfances & PSY*, (66), 14-22.

Dugravier, R., Faure-Fillastre, O. & Barbey-Mintz, A.-S. (2015). *Théorie de l'attachement: de la dépendance à l'autonomie...* Paris: Érès.

Ellenberger, H. F. (1970). *The Discovery of the Unconscious: The History and Evolution of Dynamic Psychiatry*. New York: Basic Books. [em português: Ellenberger, H. F. (2024). *A descoberta do inconsciente. História e evolução da psiquiatria dinâmica*. São Paulo: Perspectiva]

Esquerro, A. (2017). *Encounters With John Bowlby: Tales of Attachment*. London; New York: Routledge.

Fairbairn, W. R. D. (1941). *Psychoanalytic Studies of the Personality*. New York: Routledge.

Fonagy, P. (2007/2005). Teoria psicanalítica do desenvolvimento. In E. S. Person, A. M. Cooper & G. O. Gabbard (Eds.), *Compêndio de Psicanálise*. Porto Alegre: Artes Médicas. pp. 143-156.

Fonagy, P., Gergely, G. & Jurist, E. L. (2002). *Affect Regulation, Mentalization, and the Development of Self*. New York: Other Press.

Freud, S. (1933a). New Introductory Lectures On Psycho-Analysis. In *The Standard Edition of the Complete Psychological Works of Sigmund Freud* (Vol. 22, pp. 3-182).

Fulgencio, L. (2003). As especulações metapsicológicas de Freud. *Revista de Filosofia e Psicanálise Natureza Humana*, 5(1), 127-164.

Fulgencio, L. (2005). Freud's metapsychological speculations. *International Journal of Psychoanalysis*, *86*(1), 99-123.

Fulgencio, L. (2007). Winnicott's rejection of the basic concepts of Freud's metapsychology. *International Journal of Psychoanalysis*, *88*(2), 443-461.

Fulgencio, L. (2008). *O método especulativo em Freud*. São Paulo: EDUC.

Fulgencio, L. (2015). Discussion of the place of metapsychology in Winnicott's work. *The International Journal of Psychoanalysis, 96*(5), 1235-1259. https://www.tandfonline.com/doi/full/10.1111/1745-8315.12313

Fulgencio, L. (Org.). (2018). *A bruxa metapsicologia e seus destinos*. São Paulo: Blucher.

Fulgencio, L. (2020). Incommensurability between paradigms, revolutions and common ground in the development of psychoanalysis. *The International Journal of Psychoanalysis, 101*(01), 13-41. doi:10.1080/00207578.2019.1686389

Fulgencio, L. (2021). Incomensurabilidade entre paradigmas, revoluções e common ground no desenvolvimento da psicanálise. In *Ensaios Sobre a constituição epistemológica do pensamento de Freud* (pp. 213-258). São Paulo: Edições Concern.

Golse, B. (1998). Attachement modèles opérants internes et métapsychologie ou comment ne pas jeter l'eau du bain avec le bébé? In A. Braconnier & J. Sipos (Eds.), *Le bébé et les interactions précoces* (pp. 149-165). Paris: PUF.

Golse, B. (2004). La pulsion d'attachement. *La Psychiatrie de l'Enfant, 47*(1), 5-25.

Golse, B. & Moro, M. R. (2014). *Le développement psychique précoce. De la conception au langage.* Paris: Elsevier Masson.

Guédeney, N. & Guédeney, A. (2016). *L'attachement: approche clinique et thérapeutique*. Issy-lesMoulineaux: Elsevier Masson.

Holmes, J. (1993/2014). *John Bowlby and Attachment Theory*. London; New York: Routledge.

Horst, F. C. P. van der. (2011). *John Bowlby – From psychoanalysis to Ethology*. Croydon: Wiley-Blsckwell.

Issroff, J. (2005). Bowlby and Winnicott: differences, ideas, influences. In *Donald Winnicott and John Bowlby*. London: Karnac. pp. 115-178.

Karen, R. (1994). *Becoming attached: first relationships and how they shape our capacity to love*. New York: Oxford University Press.

Klagsbrun, M. & Bowlby, J. (1976). Responses to separa- tion from parents: A clinical test for young children. *British Journal of Projective Psychology, 21*, 7-21.

Lerner, R. M. (1976/2002). *Concepts and Theories of Human Development*. New York; London: Lawrence Erlbaum Associates.

Main, M. (1999). Mary D. Salter Ainsworth: tribute and portrait. *Psychoanalytic Inquiry*, *19*(5), 882-937.

Main, M., Kaplan, N. & Cassidy, J. (1985). Security in infancy, childhood, and adulthood: a move to the level of representation. *Child Development. Monographs of the Society for Research*, *50*(1-2), 66-104.

Main, M. & Solomon, J. (1986). Discovery of an insecure-disoriented attachment pattern. In T. B. Brazelton, & M. W. Yogman (Eds.), *Affective development in infancy*. Norwood: Ablex. pp. 95-124.

Marrone, M. (2014). *Attachment and interaction: from Bowlby to Current Clinical Theory and Practice*. London: Jessica Kingsley.

Miller, P. H. (1989). *Theories of Developmental Psychology* (5 ed.). New York: Worth Publishers, 2011.

Missonnier, S. (2009). *Devenir parent, naître humain*. Paris: PUF.

Missonnier, S., Blazy, M., Boige, N., Presme, N. & Tagawa, O. (Eds.). (2012). *Manuel de psychologie clinique de la périnatalité*. Paris: Elsevier Masson.

Mooney, C. G. (2010). *Theories of Attachment: An Introduction to Boerber, Brazelton, Kennel & Klauss* (2a ed.). St. Paul: Redleaft Press.

Palombo, J., Bendicsen, H. K. & Koch, B. J. (2010a). Chapter 15. John Bowlby (1907-1990). In *Guide to Psychoanalytic Developmental Theories*. New York: Springer. pp. 287-302.

Palombo, J., Bendicsen, H. K. & Koch, B. J. (2010b). Chapter 16. Mary Salter Ainsworth (1913-1999). In *Guide to Psychoanalytic Developmental Theories*. New York: Springer. pp. 303-314.

Papalia, D. E. & Feldman, R. D. (2012/2015). *Desenvolvimento Humano* (12. ed.). Porto Alegre: McGrawHill; Artmed.

Parke, R. D. (2004). The Society of Research in child Development at 70: Progress and promise. *Child Development*, *75*, 1-24.

Phillips, A. (1988/2007). *Winnicott*. São Paulo: Ideias & Letras.

Riolo, F. (Ed.) (2022). Psychoanalytic theories compared. An axiomatic investigation. *The Italian Psychoanalytic Annual, Special Issue 2022*.

Salkind, N. J. (2004). *An Introduction to Theories of Human Development*. Thousand Oaks; London; New Delhi: SAGE Publications.

Squires, C. (2000). Attachement et sexualité infantile. In *Sexualité infantile et attachement*. Paris: PUF. pp. 197-243.

Stern, D. N. (1977/2002). *The First Relationship: Infant and Mother, With a New Introduction*. Cambridge: Harvard University Press.

Stern, D. N. (1985/1992). *O mundo interpessoal do bebê*. Porto Alegre: Artes Médicas.

Stern, D. N. (1997/1995). *A Constelação da Maternidade*. Porto Alegre: Artes Médicas.

Stern, D. N. (2004). *The Present Moment in Psychotherapy and Everyday Life*. London: W. W. Norton & Company.

Stern, D. N. & Bruschweiler-Stern, N. (Eds.). (1998). *The Birth of a Mother: How the Motherhood Experience Can Change You Forever*. New York: Basic Books.

Thomas, R. M. (2005). *Comparing Theories of Child Development*. USA: Thomson Wadsworth.

Wallin, D. J. (2007a). *Attachment in Psychotherapy*. New York: The Guilford Press.

Wallin, D. J. (2007b). Fonagy and Forward. In *Attachment in Psychotherapy*. New York: The Guilford Press. pp. 43-58.

Wallin, D. J. (2007c). The Foundations of Attachment Theory. In *Attachment in Psychotherapy*. New York: The Guilford Press. pp. 11-24.

Wallin, D. J. (2007d). Mary Main: Mental Representations, Metacognition, and the Adult Attachment Interview. In *Attachment in Psychotherapy*. New York: The Guilford Press. pp. 25-42.

Widlöcher, D. *et al.* (2000). *Sexualité infantile et attachement*. Paris: PUF.

Winnicott, D. W. (1953f). Resenha de Maternal Care and Mental Health de John Bowlby. In *Explorações Psicanalíticas: D. W. Winnicott*. Porto Alegre: Artes Médicas. pp. 323-325.

Winnicott, D. W. (1971va). Os Elementos Masculinos e Femininos Ex-cindidos [*split- off*] Encontrados em Homens e Mulheres. In *Explorações Psicanalíticas: D. W. Winnicott*. Porto Alegre: Artes Médicas. pp. 134-144.

Winnicott, D. W. (1989xe). Debate de Grief and Mournig in Infancy (parte II do cap. 51 – John Bowlby). In *Explorações Psicanalíticas: D. W. Winnicott*. Porto Alegre: Artes Médicas. pp. 326- 330.

2. Winnicott e a teoria da dependência como uma teoria do desenvolvimento do ser

Neste capítulo apresento a teoria do desenvolvimento emocional do ponto de vista de Winnicott, colocando em destaque as relações de dependência e o próprio desenvolvimento dos modos de ser-estar-no-mundo do ser humano, seja em relação a si mesmo, seja na sua relação com o outro.

Aspectos gerais da proposta de Donald Winnicott

Considerando que a obra de Winnicott pode ser avaliada como *a realização, no campo da ciência, da psicologia científica esperada e projetada pelos fenomenólogos, pelo existencialismo moderno e pela analítica existencial,*[1] procuro colocar em destaque teórico e descritivo a sua perspectiva do desenvolvimento emocional do ser humano, seja na análise dos seus fundamentos, seja na descrição de suas fases.

O método, em Winnicott, para apreensão dos dados, a partir dos quais a teoria é elaborada e a descrição dos fenômenos é feita, é eminentemente clínico (uma clínica realizada do ponto de vista da

1 Cf. Fulgencio 2020b, para uma análise mais detalhada dessa afirmação.

psicanálise). Trata-se, pois, de um método que se apoia na subjetividade do paciente e do analista.

Sabemos que grande parte das teorias atuais do desenvolvimento constroem suas propostas assentadas e fundamentadas em métodos de apreensão objetiva dos fatos. Nem sempre as contribuições advindas da clínica (subjetivas) e as advindas das informações objetivamente apreendidas são colocadas em comunhão, podendo contribuir para o desenvolvimento do campo das ciências do desenvolvimento. Na comunhão dos conhecimentos advindos, basicamente, de dois métodos diferentes (o que apreende *objetivamente* os dados, seja a partir de experimentos construídos ou de observação de acontecimentos naturais, mas ambos padronizados e controlados na sua apreensão e avaliação; e o que apreende *subjetivamente* os dados, a partir da relação psicoterapêutica ou de uma relação com objetivos clínicos) encontramos potências e limites definindo e caracterizando os dois caminhos.

Como comentou Daniel Stern, a apreensão objetiva dos fatos não consegue fornecer uma compreensão global sistêmica do desenvolvimento, enquanto a apreensão subjetiva não conseguiria fornecer as realidades descritivas mais objetivas dos fatos, o que exigiria algum tipo de comunhão entre essas perspectivas: "Situações experimentais não serviriam, não sozinhas. Elas capturam uma fatia muito pequena da vida e não possuem o contexto necessário para uma compreensão completa. Antes dos experimentos, precisávamos (e precisamos) de observações descritivas";[2] ou, ainda, "o infante da clínica sopra vida subjetiva na criança observada".[3]

Na apresentação da teoria do desenvolvimento emocional, pela perspectiva de Winnicott – a teoria do desenvolvimento das relações de dependência ou teoria do desenvolvimento dos modos de

2 Stern 1977/2002, p. 1.

3 Stern 1985/1992, p. 11.

ser-no-mundo –, encontramos, talvez, a mais ampla e detalhada descrição psicanalítica desse processo, apreendida do ponto de vista clínico. Winnicott não fez um único experimento de observação padronizado, uma única observação em que não estivesse presente a subjetividade do observador, dos pais ou de outros envolvidos nessa tarefa; toda a sua apreensão é, por assim dizer, subjetiva, e nem por isso menos real, menos referida aos fatos do desenvolvimento.

***

A compreensão que Winnicott tem da *natureza humana* e de seu processo de desenvolvimento emocional tem uma especificidade que a difere profundamente das outras propostas psicanalíticas desenvolvimentistas, configurando-a noutro universo epistemológico e filosófico. Com Freud, a psicanálise foi elaborada no quadro da perspectiva de construção de uma psicologia científica inserida no grupo das ciências naturais, com um modelo ontológico e com a consideração de um tipo de causalidade naturalista. As contribuições pós-freudianas de Karl Abraham, Sándor Ferenczi, Melanie Klein, Anna Freud, René Spitz, Margaret Mahler se mantêm claramente no quadro da metapsicologia freudiana; as de Ronald Fairbairn e John Bowlby – ainda que descentrem certos fundamentos da psicanálise freudiana, colocando o *impulso para o outro* (a libido, em Fairbairn; o apego, em Bowlby) como mais primário do que as pulsões e o prazer – não mudam esse contexto; as de Jacques Lacan e Donald Winnicott, no entanto, rejeitam esse naturalismo, na consideração de que o homem deve ser colocado noutro quadro epistemológico (em Lacan, numa perspectiva estruturalista, e em Winnicott, numa perspectiva fenomenológica-existencialista). Como Lacan não se coloca como um pensador que defende uma perspectiva desenvolvimental, ocupo-me apenas de Winnicott.

A análise da obra de Winnicott como realização da psicologia científica construída no campo epistemológico-filosófico que coloca o homem como um ente que difere no seu modo de ser-estar e nas suas determinações (causais) dos outros entes da natureza[4] já foi analisada e defendida noutros lugares,[5] e não se trata, agora, de retomar esse conjunto de análises histórico-analítico-críticas, na defesa dessa hipótese, mas de apresentar, teórica e descritivamente, a sua teoria do desenvolvimento emocional a partir de uma *matriz* de análise que explicita sua compreensão de forma sistêmica e organizada, dando ênfase aos fenômenos que ela torna possível apreender e sobre os quais pode agir.

O próprio Winnicott se coloca como um desenvolvimentista: "Vocês já devem ter percebido que, por natureza, treinamento e prática, sou uma pessoa que pensa de modo desenvolvimental".[6] Isso significa, para ele, uma preocupação com uma história emocional que, pouco a pouco, fase a fase, constrói a própria organização psicoafetiva do ser humano, tanto em termos da constituição e organização dinâmica dos indivíduos quanto em termos da relação destes com os outros, com o ambiente, do mundo e da vida cultural:

> *Quando vejo um menino ou uma menina numa carteira escolar, somando ou subtraindo e lutando com a tabuada de multiplicação, vejo uma pessoa que já tem uma longa história em termos de processo desenvolvimental, e sei que pode haver deficiências, distorções no desenvolvimento ou distorções organizadas para lidar com deficiências que têm*

4 Como fica evidentemente enunciado no campo filosófico da fenomenologia, da analítica existencial e do existencialismo, como também no campo das práticas *psi* assim constituídas, como pode-se apreender nas perspectivas da psiquiatria fenomenológica, na psicologia existencialista e na *daseinsanálise*.

5 Especialmente em Fulgencio 2016; 2017; 2018.

6 Winnicott 1984h, p. 63.

de ser aceitas, ou que deve haver uma certa precariedade no que tange ao desenvolvimento que parece ter sido conseguido. Vejo o desenvolvimento como indo em direção à independência e a significados sempre novos para o conceito de totalidade, que pode ou não se tornar um fato no futuro daquela criança, caso ela esteja e continue viva. Também tenho plena consciência do quanto se depende do meio ambiente, e do modo como esse meio, inicialmente importantíssimo, continua a ter significado e vai ter significado mesmo quando o indivíduo atinge a independência, por meio de uma identificação com características ambientais, como quando uma criança cresce, se casa e cria uma nova geração de filhos, ou começa a participar da vida social e da manutenção da estrutura social.[7]

Ao caracterizar o desenvolvimento, em termos descritivos mais gerais, ele pontua alguns dos principais acontecimentos:

Seria lógico descrever o desenvolvimento do ser humano desde a concepção, gradualmente prosseguindo através da vida intrauterina, o nascimento, passando em revista o bebê que aprende a andar e a criança em fase de latência, e depois o adolescente, e mais tarde alcança o adulto maduro, pronto para ocupar um lugar no mundo, e que depois envelhece e, afinal, morre.[8]

André Green, um dos grandes nomes da psicanálise na segunda metade do século XX, reiterou esse caráter desenvolvimentista da obra de Winnicott, afirmando: "Winnicott foi para mim o autor com uma concepção do desenvolvimento que ultrapassa as de

7 Winnicott 1984h, p. 63.

8 Winnicott 1988, p. 53.

Freud e de Klein, acreditável e suficientemente imaginativa para se fazer aceitar".[9]

Podemos retomar quais seriam as características de uma *teoria do desenvolvimento* diferenciando-a de outras compreensões psicológicas (outros tipos de teorias) sobre a natureza humana, apoiando-nos nesta caracterização dada por Cobliner:

> *Uma teoria do desenvolvimento está interessada na maneira pela qual o comportamento evolui como uma entidade, e não nas funções, órgãos ou capacidades isoladamente consideradas. Afirma que esse desenvolvimento atravessa estágios distintos, que levam a comportamentos sempre mais complexos; consequentemente, a ontogênese é contínua quando atravessa um estágio, e descontínua quando passa de um estágio para o seguinte, mais elevado. Portanto, o efeito da experiência da vida passada permanece a ponto de determinar o presente e o futuro.*[10]

Também, no próprio campo da psicologia do desenvolvimento, há um certo consenso ao considerar que uma teoria desse tipo corresponde a um sistema teórico (um modelo) que visa explicar como ocorrem transformações *sucessivas* e *ordenadas* num determinado *sistema*, ou seja, nos desenvolvimentos e encadeamentos complexos dos modos de ser-estar e se relacionar dos seres humanos, considerando-os desde sua origem até a sua maturidade e morte. A compreensão desse processo tem como objetivo não só descrever e explicar, mas também prever e mesmo intervir, seja no seu curso saudável, seja em suas perturbações e seus modos patológicos.[11]

---

9 Green 2010a, p. 69.

10 Cobliner 1965, p. 265.

11 Cf. Boyd & Bee 2011, p. 27; Lerner 1976/2002, p. 16; Papalia & Feldman 2012/2015, p. 36.

A questão que se coloca ao confrontar o modo como uma teoria do desenvolvimento é feita[12] é que a maioria dessas teorias procuram dados e métodos *objetivos* (advindos de dados apreendidos por experimentos ou por observação controlada de situações naturais), enquanto a psicanálise, como perspectiva, tem nas *apreensões subjetivas* dos dados o seu fundamento empírico. Por *apreensão* subjetiva pode-se entender, aqui, os significados singulares dados aos acontecimentos existenciais por cada indivíduo ou seu observador. Assim, por exemplo, uma sala pode estar *objetivamente* a 22° C, mas cada uma das pessoas na sala vai experienciar e dar um sentido específico e diferenciado, *subjetivo*, para a temperatura de 22° C.[13]

A relação entre os dados *objetivos* e *subjetivos* parece que ainda não encontrou uma solução de consenso. O comentário de Ronald Laing, feito há quase cinquenta anos, parece, ainda, ter sua atualidade:

> *Traduzir a relação daquilo que é objetivo e daquilo que não é um problema objetivo é impossível. Seria necessário objetivar o que não é objetivo, e depois confrontar duas objetividades. Mas, na realidade, os termos de comparação são uma subjetividade e uma objetividade. Por isso não consigo ver como seja possível comparar subjetividade e objetividade com os métodos da pura subjetividade ou da pura objetividade. Talvez haja uma perspectiva do gênero, mas confesso que me escapa. E, que eu saiba, ninguém conseguiu resolver o problema de maneira realmente satisfatória.*

---

12 Ou seja, o método utilizado para apreensão, distinção, agrupamento e relacionamento dos fatos e das suas determinações, que são, então, agrupados e sistematizados num sistema teórico.

13 Note-se que nenhuma máquina cibernética (um ar-condicionado, por exemplo) tem a capacidade de regular a temperatura da sala em função das singularidades subjetivas pessoais, talvez nem mesmo se se tentasse fornecer uma máquina para cada pessoa isso seria possível, dado que a apreensão do que são 22° C para uma mesma pessoa varia conforme dia, situação, humor etc.

> *E dizer que o problema é misterioso parece-me inútil. Resolve-se dizendo que não pode ser expressado adequadamente em uma fórmula. Provavelmente existem coisas às quais devemos resignar-nos. Mas não estou certo de que nesse caso se trate de uma impossibilidade absoluta, em vez de de uma impossibilidade condicional contingente, ligada aos imprescindíveis limites históricos das nossas metacategorias. Quando dizemos uma experiência verdadeira ou falsa, implicitamente trazemos à baila um problema de tipo lógico e arriscamos uma possível confusão entre os diversos usos das palavras "verdadeiro" e "falso". Suponhamos que alguém sentado nesta sala sinta-se sufocado ou esmagado. Fisicamente não está sufocando e ninguém o está esmagando. Esse alguém poderia, aliás, ir além e declarar que está realmente esmagado, e não só na sensação ou no sentido metafórico. Todos nós não fazemos outra coisa que não seja metaforizar os nossos sentimentos e ações. Somos todos obrigados a dar uma expressão linguística aos nossos sentimentos recorrendo a metáforas físicas.*[14]

Winnicott, partindo de tudo que a psicanálise já havia descoberto e descrito sobre o desenvolvimento e o funcionamento da vida psíquica (com Sigmund Freud, Anna Freud, René Spitz, Erik Erikson, Melanie Klein, Margaret Mahler e John Bowlby, citando aqui só as referências principais) e de suas próprias descobertas clínicas, formulou (teórica e fenomenologicamente) a sua teoria do desenvolvimento emocional do ser humano.

O que pretendo, agora, é apresentar essa teoria no quadro de uma matriz analítico-crítica que estrutura as informações e torna possível, uma vez assim procedido, não só ter uma clara apreensão do

---

14 Laing 1979/1982, p. 28.

conjunto, teórica e descritiva, como também fazer paralelos teóricos e descritivos entre as diversas teorias do desenvolvimento. É nesse sentido que proponho apresentar como variáveis dessa matriz: 1. qual é o seu problema empírico inicial que serviu de base e problema a ser explicado pelo autor; 2. qual a perspectiva mais universal derivada do problema singular inicial que se amplia na compreensão dos problemas que esse autor procura abordar; 3. quais as variáveis e/ou os parâmetros que são utilizados para descrição, compreensão e explicação dos fenômenos nessa perspectiva (o que implica, por um lado, na explicitação das variáveis teórico-operativas da perspectiva e, por outro, na caracterização do modelo ontológico de homem considerado, bem como num *telos* do desenvolvimento, que em Winnicott pode ser enunciado como um modelo descritivo da saúde); 4. fazer uma descrição sintética das fases do desenvolvimento, suas dinâmicas, tarefas, conquistas, inclusive datada em termos cronológicos; 5. explicitar qual é o método usado nessa perspectiva, para observação, pesquisa, descrição, agrupamento e sistematização dos fenômenos do desenvolvimento; e, por fim, 6. caracterizar qual a utilidade prática dessa perspectiva.

O problema empírico de base

Winnicott foi o primeiro pediatra homem a tornar-se também psicanalista, tendo permanecido como pediatra-psicanalista praticante por toda a sua vida. Foi nesse campo empírico que surgiram, inicialmente, muitos problemas que não eram bem enunciados, não eram bem resolvidos pela teoria psicanalítica de sua época. Ele percebeu que bebês podiam ficar psiquicamente doentes muito cedo, bem antes de terem desenvolvido a capacidade (cognitiva e emocional) de poderem perceber e apreender que havia uma realidade externa distinta deles mesmos, bem antes de poderem distinguir eu e outro como sendo dois, bem antes de poderem estabelecer relações triangulares (nas quais haveria a necessidade de perceber a si mesmo como parte de um triângulo, como ocorreria em num cenário de relações de tonalidade edípica):

> *por ser um pediatra com talento para conseguir que as mães contassem sobre seus filhos e sobre a história precoce dos distúrbios de suas crianças, fiquei logo em posição de ficar impressionado tanto pelo insight que a psicanálise dava das vidas das crianças como por uma certa deficiência na teoria psicanalítica que descreverei oportunamente. Ao mesmo tempo, nos anos 1920, tudo tinha o complexo de Édipo em seu âmago. A análise das neuroses conduzia o analista repetitivamente às ansiedades pertencentes à vida instintiva do período dos 4 a 5 anos do relacionamento da criança com seus pais. Dificuldades anteriores que vinham à tona eram tratadas em análise como regressão a pontos de fixação pré-genitais, mas a dinâmica vinha do complexo de Édipo e início do período de lactência. Então, inumeráveis histórias clínicas me mostravam que crianças que se tornaram doentes, seja neuróticos, psicóticos, psicossomáticos ou antissociais, revelavam dificuldades no seu desenvolvimento emocional na infância, mesmo enquanto bebês. Crianças hipersensíveis paranoides podiam até ter começado a ficar assim nas primeiras semanas ou mesmo dias de vida. Algo estava errado em algum lugar. Quando vim a tratar crianças pela psicanálise pude confirmar a origem das neuroses no complexo de Édipo, mas mesmo assim sabia que as dificuldades começavam antes.*[15]

15 Winnicott 1965va, p. 220.

Winnicott não tratava apenas de bebês e suas mães ou famílias, também se ocupou intensamente do tratamento de pacientes psicóticos e *borderlines*, percebendo que também para a compreensão e os cuidados desses pacientes havia uma deficiência na teoria psicanalítica tradicional, fazendo-o, por exemplo, afirmar que era necessário "abandonar inteiramente a ideia de que a esquizofrenia e a paranoia surgem por regressão do complexo de Édipo".[16] Mais ainda, ele mesmo se viu surpreendido ao afirmar que a esquizofrenia advinha de falhas ambientais na primeira infância: "Em meu trabalho 'Psicose e cuidado infantil', que apresentei em 1952, surpreendi a mim mesmo dizendo que a esquizofrenia é uma doença de deficiência ambiental, isto é, uma enfermidade que depende mais que a psiconeurose de certas anormalidades ambientais".[17,18] A psicanálise havia chamado a atenção para o mundo interno dos pacientes, mostrando que a vida

16 Winnicott 1989xa, p. 191.

17 Winnicott 1989vk, p. 96.

18 Noutros momentos, encontramos: "Existe grande resistência, especialmente entre psiquiatras que não são psicanaliticamente orientados, à ideia da esquizofrenia como sendo psicológica, isto é, pelo menos teoricamente capaz de prevenção ou cura" (Winnicott 1989vk, p. 95); "Em outras palavras, a psicose tem a ver com distorções ocorridas durante a fase da formação do padrão da personalidade, enquanto a psiconeurose pertence às dificuldades que são experienciadas por indivíduos cujos padrões de personalidade podem ser tomados como evidentes, no sentido de serem suficientemente formados e sadios. . . . Tem-se de conceder, contudo, que, muito grosseiramente falando, existem dois tipos de seres humanos, quais sejam, aqueles que não têm consigo uma experiência significante de colapso mental na primeiríssima infância e aqueles que a têm, e que, portanto, dela precisam fugir, flertar com ela, temê-la, e, até certo ponto, estar sempre preocupados com sua ameaça" (Winnicott 1989vk, p. 96); "precisamos chegar a uma teoria do desenvolvimento normal para podermos ser capazes de compreender as doenças e as várias imaturidades, uma vez que já não nos damos mais por satisfeitos a menos que possamos preveni-las e curá-las. Não aceitamos esquizofrenia infantil mais do que aceitamos poliomielite ou a condição da criança espástica. Tentamos prevenir, e esperamos ser capazes de conduzir à cura onde quer que haja anormalidade que signifique sofrimento para alguém" (Winnicott 1965vc, p. 83).

psíquica interna era um tipo de realidade determinante na constituição dos modos de ser e dos modos de se relacionar com os outros; e Melanie Klein acentuou seu foco de atenção e trabalho psicoterápico no mundo interno dos indivíduos, na maneira como eles representavam o mundo externo. Winnicott, sem deixar de reconhecer a grande conquista feita por Freud e Klein no reconhecimento da importância da realidade interna, avaliava, no entanto, como necessário considerar a realidade externa, o ambiente real externo, os pais reais etc.

Esses fatos ou problemas clínicos (adoecimento precoce dos bebês, a importância do ambiente real e suas falhas, contribuindo para a gênese dos sintomas psicóticos), a sua prática clínica psicanalítica em termos mais gerais, fizeram com que Winnicott se deparasse com uma série de problemas que não estavam bem formulados e, muito menos, bem compreendidos e bem solucionados (tanto teórica quanto praticamente) pelas teorias psicanalíticas freudiana e kleiniana, levando-o, então, a modificar a maneira como se entendia o que ocorria nas fases primitivas do desenvolvimento – mais ainda, levou-o a dar um outro lugar para a vida instintual-sexual[19] e para o complexo de

---

19 Diz Winnicott: "Muitos erros de interpretação se originaram da lentidão de alguns em entender que as necessidades de um lactente não estão confinadas às tensões instintivas, não importa quão importantes possam ser" (1965r, p. 109); "é necessário enxergar através do 'mito psicanalítico' (agora felizmente desaparecendo) de que o período inicial da infância é uma questão de satisfações relativas à erotogeneidade oral" (1968a, pp. 195-196); "Desejo dizer que o elemento que estou chamando de 'masculino' transita em termos de um relacionamento ativo ou passivo, cada um deles apoiado pelo instinto. É no desenvolvimento dessa ideia que falamos de impulso instintivo na relação do bebê com o seio e com o amamentar, e, subsequentemente, em relação a todas as experiências que envolvem as principais zonas erógenas e a impulsos e satisfações subsidiárias. Em contraste, o elemento feminino puro relaciona-se com o seio (ou com a mãe) no sentido de que *o bebê torna-se o seio (ou a mãe), no sentido de que o objeto é o sujeito*. Não consigo ver impulso instintivo nisso" (1971g, p. 131, grifo do original); "Deve-se também recordar o emprego da palavra instinto, que se origina da etologia; contudo, duvido muito de que o conceito de *imprinting* afete de algum modo o bebê

Édipo[20] e a recolocar a importância do ambiente real[21] no processo de desenvolvimento emocional.

---

humano recém-nascido. Direi, aqui e agora, que acredito que toda e qualquer referência a *imprinting* é irrelevante para o estudo da primitiva relação de objeto de bebês humanos, e decerto nada tem a ver com o trauma da separação aos dois anos, ocasião em que foi suposta sua importância primordial" (1971g, p. 131).

20 "Acredito que alguma coisa se perde quando o termo 'Complexo de Édipo' é aplicado às etapas anteriores, em que só estão envolvidas duas pessoas, e a terceira pessoa ou o objeto parcial está internalizado, é um fenômeno da realidade interna. Não posso ver nenhum valor na utilização do termo 'Complexo de Édipo' quando um ou mais de um dos três que formam o triângulo é um objeto parcial. No Complexo de Édipo, ao menos do meu ponto de vista, cada um dos componentes do triângulo é uma pessoa total, não apenas para o observador, mas especialmente para a própria criança" (1988, p. 75).

21 "É sempre estranho quando um psicanalista enfatiza o fator ambiental. Dentre todas as pessoas, foram os psicanalistas que chamaram a atenção para o conflito no indivíduo que forma a base da psiconeurose e da doença mental. Tem sido imensamente valiosa a contribuição da psicanálise que capacitou pessoas adequadamente qualificadas a tratar dos indivíduos, em vez de permanecerem culpando o ambiente. Os indivíduos gostam de sentir que a doença pertence a eles e ficam aliviados quando veem o analista tentando buscar as raízes de sua doença neles mesmos. Numa extensão variável, essa busca é bem-sucedida. É importante, no entanto, que o analista que esteja promovendo tal tratamento seja selecionado de modo correto e também seja treinado para usar a técnica; ajuda muito o fato de ele ou ela terem experiência no trabalho. Em nenhum caso, portanto, se elimina totalmente o fator ambiental. Na busca da etiologia da doença, os próprios psicanalistas descobriram que é necessário recuar as questões da interação entre o bebê ou a criancinha e o meio ambiente" (Winnicott 1984e, p. 245); "Aquilo que Heinz Hartmann chamou de 'ambiente esperado em média' eu chamei de 'mãe devotada comum', e outros têm se utilizado de termos parecidos para descrever um ambiente facilitador que precisa ter determinadas qualidades para o processo maturacional na criança pequena ser efetivo e a criança se tornar uma pessoa real, no sentido de se sentir real num mundo real. Sem descartar a tremenda importância de se descobrirem as origens do desconforto de alguém nele mesmo, em sua história pregressa e em sua realidade interna, acabou sendo necessário admitir ou reivindicar que, em questões de etiologia, em última análise, o importante é o ambiente" (Winnicott 1984e, p. 282).

Foi no cuidado e no tratamento de crianças que ele também reconheceu a existência de um fenômeno da existência humana até então não apreendido, apesar da sua importância: os objetos e fenômenos transicionais. O *ursinho* amado pela criança, ao qual ela dá vida, com o qual conversa e que acaricia – como no quadrinho *Calvin e Haroldo* –, corresponde, para ele, a um objeto que não faz parte do mundo interno nem do externo, é e não é a criança, é e não é a mãe; na verdade, é chamado objeto transicional porque está entre os mundos subjetivo e objetivo da criança; mais que a descoberta de objetos especiais, trata-se de ter descoberto um determinado modo de relação com a realidade. Esse modo, essência dos fenômenos transicionais, corresponde também à essência da atividade de brincar que, por sua vez, corresponde ao impulso ou à dinâmica fundamental que leva o ser humano para a vida social e cultural, leva ao encontro com o outro, que, da mesma forma, também realiza o encontro consigo mesmo.

Esse conjunto de problemas e fenômenos está na base das preocupações clínicas de Winnicott. A sua tentativa de compreendê-los o levará não só a outras descobertas, mas também a integrá-las numa redescrição das linhas do desenvolvimento do ponto de vista da psicanálise.

Do problema singular ao problema universal

Nós poderíamos afirmar que a preocupação em compreender e descrever os fenômenos clínicos levou Winnicott a propor modificações de grande magnitude na psicanálise, como: uma redescrição do valor e do lugar dados à sexualidade, ao complexo de Édipo, ao complexo de castração e à cena primária; a consideração de que o bebê é imaturo para reconhecer a si mesmo como diferente dos objetos com que se relaciona, que ele é, pois, extremamente imaturo cognitiva e afetivamente; o explicitar que o ambiente real deve não só ser considerado, mas que é o fundamento para a organização e a integração da criança (a mãe--ambiente e sua sustentação adequada a cada bebê, o que ele chamou de "mãe suficientemente boa"); a compreensão de que a ação de brincar está na base do encontro humano, da cultura e da realização e do encontro de si mesmo e do outro; e a avaliação de que a sexualidade corresponde a uma conquista do desenvolvimento, e não propriamente um ponto de partida, e, mais ainda, de que há fenômenos e problemas que não são redutíveis àquilo que adviria das pressões instintuais.

Ao fazer algumas distinções entre Winnicott e Freud, Adam Phillips evidencia um conjunto de diferenças significativas que podem nos fornecer um tipo de posicionamento de Winnicott na história da psicanálise:

> *Enquanto Freud se preocupava com as enredadas possibilidades de satisfação pessoal de cada indivíduo, para Winnicott essa satisfação seria apenas parte do panorama mais amplo das possibilidades para a autenticidade pessoal do indivíduo, o que ele chamará de "sentir-se real". Na escrita de Winnicott, a cultura pode facilitar o crescimento, assim como o pode a mãe; para Freud, o homem é dividido e compelido, pelas contradições de seu desejo, na direção de um envolvimento frustrante com os outros. Em Winnicott, o homem só pode encontrar a si-mesmo em sua relação com os outros, e na independência conseguida através do reconhecimento da dependência. Para Freud, em resumo, o homem era o animal ambivalente; para Winnicott, ele seria o animal dependente, para quem o desenvolvimento – a única "certeza" de sua existência – era a tentativa de se tornar "separado sem estar isolado". Anterior à sexualidade como inaceitável, havia o desamparo. Dependência era a primeira coisa, antes do bem e do mal.*[22]

22 Phillips 1988/2007, p. 29.

Todas essas descobertas de Winnicott foram colocadas no quadro da sua teoria desenvolvimentista. Enquanto em Sigmund Freud, Anna Freud, René Spitz, Melanie Klein e em diversos outros psicanalistas o desenvolvimento fora pensado em termos das relações de objeto impulsionadas pelas pressões instintuais (pulsionais), pelos investimentos libidinais, Winnicott mudou o foco de sua atenção para pensar os relacionamentos inter-humanos em função de outras dinâmicas, as da dependência, tomando-as como seu critério para pensar o desenvolvimento e suas fases. Para ele, a sua perspectiva é a única que pensa o desenvolvimento focado na questão da relação de dependência que o ser humano tem com o seu ambiente, a única que a considera como um fato central da existência humana, sobre a qual se organiza a vida emocional: "Possuímos a única formulação realmente útil que existe da maneira pela qual o ser humano psicologicamente se desenvolve de um ser completamente dependente e imaturo para um estado maduro relativamente independente".[23]

Acrescente-se, ainda, que Winnicott pode reconhecer problemas existenciais que não eram redutíveis aos que advinham das pressões instintuais e diziam respeito aos modos de ser-estar no mundo. Isso levou-o a considerar a noção de ser, da experiência de ser e de continuar a ser, bem como as experiências (ou perigos) de aniquilação como sendo determinantes, ontologicamente determinantes, como um impulso constituinte da própria natureza humana. René Roussillon percebeu a magnitude dessa transformação quando afirmou que Winnicott realizou uma ruptura epistemológica ao introduzir a noção de ser na psicanálise, estabelecendo, com isso, um verdadeiro canteiro de obras para o desenvolvimento desta.[24]

Phillips, apontando para um fato clínico condutor do pensamento de Winnicott, comenta como cada teórico da psicanálise parece

---

23 Winnicott 1989vk, p. 94.

24 Roussillon 2009, p. 123.

ter se baseado num tipo de problema específico, que tomou como referência para elaborar seu sistema de pensamento:

> *Cada teórico da psicanálise, poder-se-ia dizer, organiza sua teoria em volta do que poderia ser chamado de uma catástrofe essencial, para Freud era a castração; para Klein, o triunfo da pulsão de morte; e para Winnicott era a aniquilação do self central pela intrusão, como falha no ambiente de sustentação.*[25]

Essa aniquilação corresponde, para Winnicott, a uma quebra na continuidade da linha do ser. Note-se que com a introdução da questão do ser, da necessidade da continuidade de ser como fundamento da existência do *self*, temos a proposta de uma nova ontologia na teoria psicanalítica como ponto de partida do desenvolvimento. Do outro lado, por sua vez, teríamos também um *telos* para o desenvolvimento, que Winnicott caracterizará com a proposta de uma noção de saúde.

Como fenômeno que compõe o início do processo de desenvolvimento, temos o problema da afirmação do *self* – ao que ele se refere como sendo o *gesto criativo*, a *criatividade originária*, a *continuidade de ser* –; em contrapartida, no outro extremo do processo de desenvolvimento ele também tem uma noção de saúde que, de uma maneira ou de outra, trata justamente de o indivíduo conquistar a possibilidade de poder viver a partir de si mesmo, adaptando-se ao mundo sem perda em demasia da própria espontaneidade. Nessa direção, Winnicott descreverá ou redescreverá a situação inicial mãe-bebê, a passagem da relação subjetiva com o mundo para a objetiva (com a experiência dos objetos e fenômenos transicionais entre um mundo e outro), o momento de conquista da unidade do sujeito psicológico na experiência de um EU SOU (ainda no campo das relações a dois corpos, do ponto de vista da criança), e, nessa

---

25 Phillips 1988/2007, p. 209.

direção, a chegada na integração como *pessoa inteira* (que tem, então, a tarefa de administrar a vida instintual no campo das relações interpessoais, relações a três corpos), continuando, então, com uma compreensão do que ocorre na fase da adolescência, na maturidade e, nessa continuidade, até a morte (a última das experiências).

Vejamos, então, como Winnicott caracteriza: seu modelo de homem (sua ontologia); seu *telos* para o desenvolvimento (seu modelo de saúde); um conjunto de instrumentos semântico-teóricos que ele precisou criar para descrever esse desenvolvimento; bem como quais são as linhas gerais (de onde, para onde) desse processo.

Fundamentos da teoria da dependência

Toda teoria do desenvolvimento tem como referência um ponto de partida (seu modelo de homem ou ontologia, especificando os impulsos básicos que o constituem) e um ponto de chegada ou *telos* (um modelo de saúde que indica o que seria o desenvolvimento pleno), bem como um conjunto de instrumentos teórico-descritivos (uma semântica), que lhe servirá para descrever e explicar todos os fenômenos, processos, dinâmicas, conquistas e perturbações do desenvolvimento. Dado esse quadro geral, podemos caracterizar quais são as linhas gerais de sua teoria do desenvolvimento, ressaltando *de onde* e *para onde* o desenvolvimento ocorre ou deveria ocorrer.

Ontologia e impulsos estruturais da natureza humana

O objeto de estudo ao qual Winnicott se dedica é a *natureza humana*.[26] Esta corresponde ao modo de ser-estar do ser humano ao longo da sua existência: "a natureza humana é tudo o que possuímos e o ser

---

26 Diz Winnicott: "a psicologia não é outra coisa que o estudo da natureza humana; é uma ciência, exatamente como a física, a fisiologia e a biologia. Esta é a minha opinião, e o trabalho de toda minha vida está fundado nessa convicção" (1945h, pp. 29-30).

humano é uma amostra temporal dessa natureza".[27] Tal afirmação tem correspondências epistemológicas e factuais com a enunciação dos existencialistas afirmando que *a existência precede a essência*, o que já me levou a afirmar que a psicanálise redescrita por Winnicott corresponde a uma das realizações possíveis e bem-sucedidas (com valores heurístico e prático reais, reconhecíveis empiricamente) da proposta de construção de uma psicologia científica como se esperava do ponto de vista da fenomenologia (Husserl) e da analítica existencial de Heidegger.[28]

A natureza humana, para Winnicott, tem um princípio que a define e a impulsiona, centrada na noção de ser:

> *Gostaria de postular um estado de ser que é um fato no bebê normal, antes do nascimento e logo depois. Esse estado de ser pertence ao bebê, e não ao observador. A continuidade do ser significa saúde. Se tomarmos como analogia uma bolha, podemos dizer que quando a pressão externa está adaptada à pressão interna, a bolha pode seguir existindo. Se estivéssemos falando de um bebê humano, diríamos "sendo". Se, por outro lado, a pressão no exterior da bolha for maior ou menor do que aquela em seu interior, a bolha passará a reagir à intrusão. Ela se modifica como reação a uma mudança no ambiente, e não a partir de um impulso próprio. Em termos do animal humano, isso significa uma interrupção no ser, e o lugar do ser é substituído pela reação à intrusão.*[29]

---

27 Winnicott 1988, p. 13.

28 Cf. Bibring 1953; Fulgencio 2014b; 2015; 2016; 2017.

29 Winnicott 1988, p. 182.

No seu artigo "Teoria do relacionamento paterno-infantil", ele toma as noções de *ser* e de *continuidade de ser a partir de si mesmo*,[30] de *tendência inata à integração*[31] e de *força do ego*[32] praticamente como sinônimos, caracterizando a estrutura ontológica da natureza humana, dando a essas noções um valor epistemológico análogo ao que Freud deu ao conceito de pulsão. Mais ainda, procurando colocar em destaque quais seriam os principais motores estruturais e ontológicos que impulsionariam constantemente a existência do ser humano, além desses destacados, ele acrescentou o *impulso amoroso primitivo* e a *elaboração imaginativa*.[33]

---

30 Cf. em Fulgencio 2014b uma análise da importância e do lugar da noção de ser na obra de Winnicott.

31 Diz Winnicott: "De forma oculta se inicia no lactente e continua na criança uma tendência inata para a integração da personalidade, tendendo a palavra integração a ter um significado cada vez mais complexo à medida que o tempo passa e a criança se torna mais velha" (1963d, p. 120).

32 Winnicott usa a noção de ego com dois significados distintos: como uma tendência para dar significado aos acontecimentos existenciais e como o resultado de processos de integração que levam à apreensão de si mesmo como uma unidade que reúne (como num conceito, o conceito pessoal do que é o eu) suas diversas maneiras de ser ou manifestar-se como um sujeito. Cf. em Fulgencio 2014a uma análise do sentido da noção de ego na obra de Winnicott. No que se refere à força do ego, basta aqui indicar esta passagem de Winnicott, que reitera a determinação do ambiente: "Então surge a *segunda pergunta*: o ego é forte ou fraco? A resposta a essa pergunta depende da mãe real e de sua capacidade de satisfazer a dependência absoluta da criança no começo, no estágio anterior à separação entre a mãe e o *self*" (1965n, p. 71, grifo do original).

33 O *impulso amoroso primitivo* é, para Winnicott, sinônimo, inicialmente, de motilidade e vitalidade; sempre presente durante toda a existência, sua realização pode "danificar" ou modificar o mundo sem que tenha, no entanto, a intensão de destruir ou agredir. A *elaboração imaginativa* corresponde à atividade de dar significado aos acontecimentos existenciais, inicialmente, daquilo que acontece com o corpo, mas que se amplia de diversas maneiras e de formas mais elaboradas (fantasiar, desejar, sonhar, criar, valorizar etc.) ao longo da existência. Ver esses dois verbetes nas análises de Fulgencio 2020.

A estrutura ontológica do ser humano, para ele, poderia ser descrita como caracterizada pela continuidade de ser, a tendência inata à integração, o impulso amoroso primitivo e a elaboração imaginativa. Todos esses determinantes se expressariam, necessariamente, no fato de que o ser humano, na saúde, cria a si mesmo, ao outro e ao mundo em que vive, adaptando-se a um mundo pré-existente, a um outro, sem perda, em demasia da sua espontaneidade.

No seu início, o ser humano é extremamente imaturo, tanto cognitiva quanto afetivamente – não sabendo nada de si mesmo, não tendo, ainda, a possibilidade de apreensão de que exista uma realidade não *self*, incapaz de representar e muito menos de simbolizar –, dependendo da sustentação ambiental para que possa realizar sua natureza humana,[34] para que possa se desenvolver.

Se essas indicações mostram um esboço sobre qual é a situação inicial, cabe, agora, fazer o mesmo para caracterizar qual seria o outro extremo do desenvolvimento, descrevendo o que é o ser humano amadurecido ou saudável.

34 Uma análise da proposta da obra de Winnicott como realização do projeto de psicologia científica enunciado pelo existencialismo moderno (no quadro no qual incluo a fenomenologia, a analítica existencial e a psicologia existencialista) está analisada em Fulgencio 2016; 2018; 2020.

Telos do desenvolvimento emocional: a noção de saúde[35]

Winnicott tem uma noção descritiva da saúde,[36] sem que isso signifique que ele dê um passo atrás (nos avanços dados pela psicanálise)

---

35 Neste item, retomo algumas passagens já publicadas noutro lugar, em que analiso com mais detalhe a noção de saúde proposta por Winnicott (Fulgencio 2011; 2016; 2020).

36 Para Freud, no entanto, a saúde só pode ser descrita metapsicologicamente: "A saúde, justamente, não se deixa descrever de outra maneira que metapsicologicamente, em referência às relações de força entre as instâncias do aparelho da alma que nós reconhecemos ou, se vocês quiserem, supomos, deduzimos" (1937c, p. 226, nota 2). Ele diz, então, sinteticamente, qual seria o objetivo do tratamento psicanalítico: "fortalecer o eu, torná-lo mais independente do super-eu, aumentar seu campo de percepção e expandir sua organização, de maneira que ele possa se apropriar de uma parte do id" (Freud 1933a, p. 80). De maneira mais descritiva, o tratamento psicanalítico busca conquistar a *capacidade de agir e de ter prazer na vida*, em termos gerais, sem grandes restrições (Freud 1912b), e, para isso, deve-se "suprimir as amnésias", "fazer regredir os recalcamentos", "tornar o inconsciente acessível ao consciente, o que ocorre pela vitória sobre as resistências" (Freud 1904a); ou, numa enunciação mais descomplicada, a afirmação de que a psicanálise "torna a vida mais simples . . . ela fornece o fio que conduz a pessoa para fora do labirinto do seu inconsciente" (Freud 1926/1988). Isso não significa, no entanto, a eliminação da neurose e de todos os sintomas, mas tão somente a conquista de uma maior autonomia nas relações interpessoais do paciente (Freud 1912b). Considerando as transformações e os progressos propostos por Melanie Klein, afirma-se que, em última instância, "o objetivo último da psicanálise é a integração da personalidade do paciente. A conclusão de Freud de que 'onde era id, ego será' é um indicador dessa direção" (Klein 1957, p. 263). Em termos descritivos, isso corresponde, por um lado, à integração dos impulsos amorosos e destrutivos que caracterizam a posição depressiva, sempre focada na questão das relações de objeto marcadas pela instintualidade e o cenário edípico, e, por outro, critérios ideais para a saúde, como atingir a capacidade de: amar com potência instintual e heterossexualidade estabelecidas; estabelecer relações de objeto e trabalhar; e integração do ego, que opera em favor da estabilidade mental ligada a defesas adequadas (Klein 1950, pp. 65-67). Foi nesse pano de fundo freudiano e kleiniano que Winnicott formulou suas propostas de desenvolvimento da compreensão da noção de saúde na psicanálise (cf. em Fulgencio 2010 uma análise das principais redescrições que Winnicott fez de conceitos fundamentais da psicanálise, caracterizando tanto continuidades quanto rupturas em relação à psicanálise freudiana).

e reintroduza uma proposta de normatização do ser humano. A caracterização da saúde para Winnicott é apresentada de diversas maneiras, sempre de modo mais descritivo do que metapsicológico.[37] Em primeiro lugar, considerando que Winnicott constrói sua teoria do desenvolvimento impulsionada pela *necessidade de ser* e *continuar sendo*, a saúde corresponderia à possibilidade de existir com base nessa necessidade: "A continuidade do ser significa saúde".[38] Sua maneira de figurar a sustentação básica (do ambiente) para que o indivíduo possa ser corresponde ao desenho de uma bolha dentro de outra. Caso a bolha maior, o ambiente, não puxe nem empurre, o indivíduo, a bolha menor, poderá ser por si mesmo. Qualquer modificação que seja gerada mais pela pressão externa do que pelo impulso próprio "significa uma interrupção no ser, e o lugar do ser é substituído pela reação à intrusão".[39]

O modo de ser que caracteriza a saúde corresponde muito mais a um estado de *riqueza da personalidade* do que ao de ausência de sintomas ou de sofrimento.[40] Segundo Winnicott, a neurose[41] pode ser considerada um sinônimo de saúde, como um modo de ser condizente com as dificuldades que o ser humano encontra nas suas relações interpessoais: "A neurose propriamente dita [*true neurosis*] não é necessariamente uma doença, e deveríamos pensar nela em primeiro

---

37 No livro *A bruxa metapsicologia e seus destinos* (Fulgencio *et al.* 2018), há uma análise detalhada do lugar e da natureza da teorização metapsicológica na teoria psicanalítica e, especificamente, a sua rejeição por Winnicott.

38 Winnicott 1988, p. 182.

39 Winnicott 1988, p. 182.

40 Cf. Winnicott 1965vc; 1971f.

41 A neurose, para Winnicott, é fruto da rigidez dos mecanismos de defesa do ego contra as angústias que surgem das dificuldades que pessoas inteiras encontram na administração dos instintos nas relações interpessoais (Winnicott 1967b). Essas relações são marcadas pelo cenário edípico e pelos conflitos, que surgem da integração dos aspectos amorosos e destrutivos de si mesmo e dos outros com os quais a pessoa se relaciona.

lugar como um tributo ao fato de que a vida é difícil".[42] A neurose, enquanto uma doença, está associada muito mais à rigidez das defesas estabelecidas do que à própria natureza da organização psíquica: "Dizemos que há saúde quando essas defesas não são rígidas etc".[43]

Na saúde, o ser humano pode, então, adaptar-se ao mundo sem perda demasiada do senso de si mesmo e de sua espontaneidade,[44] ou sem perda excessiva de seu impulso pessoal.[45] A adaptação ao mundo corresponde tanto a poder se colocar no lugar do outro como a ter a capacidade de fazer o inverso, realizando aquilo que Winnicott caracterizou como a possibilidade de realizar *identificações cruzadas;*[46] também é possível identificar-se com grupos cada vez mais amplos, sendo que a vida, para ele, "é uma longa sequência de saídas de cercados, riscos e desafios novos e estimulantes".[47] Ou seja, na saúde temos um processo de *socialização*: "o adulto é capaz de satisfazer suas necessidades pessoais sem ser antissocial e, na verdade, sem falhar em assumir alguma responsabilidade pela manutenção ou pela modificação da sociedade em que se encontra".[48]

Referindo-se a modos de ser, em termos descritivos, Winnicott diz qual é a sua concepção de uma pessoa saudável:

> *A vida de um indivíduo são se caracteriza mais por medos, sentimentos conflitantes, dúvidas, frustrações do que por seus aspectos positivos. O essencial é que o homem ou a mulher se sintam vivendo sua própria vida, responsabilizando-se por suas ações ou inações, sentindo-se capazes*

---

42 Winnicott 1958m, p. 521.
43 Winnicott 1967b, p. 159.
44 Winnicott 1965s, p. 242.
45 Winnicott 1986h, p. 31.
46 Winnicott 1986f, p. 138.
47 Winnicott 1965q, p. 71.
48 Winnicott 1965r, p. 105.

> *de atribuírem a si o mérito de um sucesso ou a responsabilidade de um fracasso. Pode-se dizer, em suma, que o indivíduo saiu da dependência para entrar na independência ou autonomia.*[49]

A adaptação saudável à realidade congrega a área dos fenômenos subjetivos com a dos percebidos objetivamente, tanto as mantendo em separado como constituindo também uma terceira área da experiência, nem externa, tampouco interna: a dos fenômenos e objetos transicionais. Essa área de conjunção corresponde também, para Winnicott, à área do brincar, em que o mundo é, ao mesmo tempo, criado e encontrado, constituindo o cerne da existência e da experiência humana: "É com base no brincar, que se constrói a totalidade da existência experiencial do homem".[50] A *capacidade de brincar* corresponde, pois, a um atributo que caracteriza a saúde, entendendo-se esse brincar como uma atividade criativa e expressiva em que o indivíduo compartilha o mundo com os outros, criando-o e encontrando-o. Na saúde, esse brincar se expressa na participação da vida em grupo e na riqueza da vida cultural. É justamente nesse lugar em que compartilhamos o mundo interno e o mundo externo, nesse lugar intermediário entre esses dois mundos que Winnicott reconhece estar o lugar em que vivemos uma vida que vale a pena ser vivida.

Instrumentos teórico-descritivos: a semântica de Winnicott

A necessidade de novos conceitos e novos termos só se justifica se tivermos realmente coisas novas no campo da realidade. Diz Kant, nesse sentido, sobre a necessidade de ser respeitada uma ética da terminologia, e não se propor termos novos para coisas velhas:

---

49 Winnicott 1971f, p. 29.

50 Winnicott 1971r, p. 107.

> *Apesar da grande riqueza das nossas línguas, muitas vezes o pensador vê-se em apuros para encontrar a expressão rigorosamente adequada ao seu conceito, sem a qual não pode fazer-se compreender bem, nem pelos outros nem por si mesmo. Forjar palavras novas é pretender legislar sobre as línguas, o que raramente é bem-sucedido e, antes de recorrermos a esse meio extremo, é aconselhável tentar encontrar esse conceito numa língua morta e erudita e, simultaneamente, a sua expressão adequada; e, se o antigo uso da tal expressão se tornou incerto, por descuido dos seus autores, é preferível consolidar o significado que lhe era próprio (embora persista a dúvida quanto ao sentido que, em rigor, se lhe atribuía) a prejudicar o nosso propósito, tornando-os incompreensíveis. Por essa razão, se para certo conceito se encontrasse uma única palavra, a qual, num sentido já usado, correspondesse rigorosamente a esse conceito, cuja distinção de outros conceitos afins fosse de grande importância, seria prudente não abusar dela nem empregá-la como sinônimo de outras só para variar a expressão, mas conservar-lhe cuidadosamente o significado particular; de outro modo, se a expressão não ferir particularmente a atenção e se se perder no meio de outros termos de significado bem diferente, facilmente se poderá também perder o pensamento que só ela deveria ter preservado.*[51]

Os novos termos propostos por Winnicot correspondem, então, a novos fenômenos e novas dinâmicas assim designadas por esses novos nomes ou conceitos. Uma rápida apreensão ou indicação desses termos sugere uma ampla modificação da teoria psicanalítica. Retomemos alguns deles, apenas para indicar essas especificidades

51 Kant 1787/1997, B 369.

conceituais-terminológicas-fenomenológicas: *verdadeiro e falso* self, *objetos e fenômenos transicionais, a ação de brincar e de espaço potencial, o paradoxo de criar e encontrar o objeto, preocupação materna primária, invasão e falha ambiental, a dependência absoluta e relativa, ilusão de onipotência, objeto subjetivo, elaboração imaginativa, ser, continuidade de ser, tendência inata à integração, elemento feminino e masculino puros, criatividade originária, solidão essencial, capacidade para ficar só, capacidade para ter fé em..., diferença entre necessidade e desejo, deprivação e tendência antissocial, comunicação profunda, comunicação silenciosa, núcleo sagrado do* self, *trauma como quebra na linha do ser, congelamento da situação traumática, distinção entre psique-soma-mente, sobrevivência do analista, mãe-objeto e mãe-ambiente, vida que vale a pena ser vivida, sentir-se real, uso do objeto, angústias impensáveis, lugar em que vivemos, espontaneidade.*

Todos esses termos e conceitos estão, pois, reunidos na teoria do desenvolvimento, que, por sua vez, apresenta uma série de teorias sobre temas específicos, a saber: do desenvolvimento dos modos de relação com a vida instintual; do desenvolvimento da unidade ou integração do sujeito psicológico, com a conquista de um eu e com a construção de uma identidade; da situação (capacidades e incapacidades) do bebê, afirmando a sua imaturidade; do ambiente e como este deve se comportar para que o desenvolvimento ocorra; da maneira como o homem entra e se sustenta no mundo da cultura; da origem e da constituição do símbolo e do pensamento simbólico; da origem da agressividade no ser humano; dos modos de organização psicopatológicos, tanto em termos descritivos quanto genéticos (ou seja, que explica a gênese de determinadas psicopatologias), abarcando tanto o quadro clássico das neuroses, psicoses e depressões quanto incluindo uma compreensão dos *borderlines*, bem como de sintomas psicossomáticos e atitude antissocial; da constituição da lei moral; da adolescência, seus problemas, suas dinâmicas, seus conflitos; dos diversos modos de relação com a realidade (subjetivo, transicional, objetivo); do modo de teorização objetiva sobre a natureza humana (explicitada em termos epistemológicos e metodológicos); do lugar e do desenvolvimento da vida instintual do ser humano, o que implica uma compreensão do lugar a ser dado à sexualidade, ao complexo de Édipo e à fase na qual o indivíduo integra seus impulsos amorosos e destrutivos (que Klein denominou posição depressiva); da forma como o homem atinge e sustenta a sua possibilidade de ser si mesmo, adaptando-se ao mundo sem perda em demasia de sua espontaneidade; das condições emocionais para que uma sociedade democrática possa existir; e até mesmo sobre a última das experiências, a morte, e quais são as representações que o ser humano pode ter sobre ela.

Certamente não é o caso de detalhar cada uma dessas teorias, mas de poder reconhecer a sua existência, afirmar a sua utilidade prática (tanto profilática como curativa) nos campos da psicoterapia, da educação, das práticas de cuidado social etc., colocando-as num quadro geral em que se possa especificar e descrever as linhas gerais do desenvolvimento, especificando de onde parte e para onde vai.

Os vetores do desenvolvimento: de onde e para onde

Podemos dizer que Winnicott considera diversos vetores para pensar o desenvolvimento, afirmando, *grosso modo*, que o ser humano vai: do não ser ao ser, do estado de não integração para a conquista de diversos níveis de integração, da situação em que não há apreensão de uma realidade não eu para uma em que o eu e o outro são vividos e apreendidos como distintos (conquistando esse aspecto da vida subjetiva na qual *o eu* e *o outro* são dois, apreendidos e reconhecidos como dois) da situação em que o ser humano não tem consideração pelo outro para uma em que tem (concernimento); do amálgama inicial com a mãe para a entrada na vida cultural sendo e vivendo como um cidadão do mundo etc. Às vezes, ele agrupa todas essas linhas em duas outras mais gerais: a do desenvolvimento dos modos de ser no mundo (ou *do ego*) e a do desenvolvimento da vida instintual (ou *do id*).

Todos esses vetores estão integrados na sua compreensão sobre o que é o desenvolvimento emocional, suas fases, tarefas, conquistas, bem como os problemas que podem surgir quando esse desenvolvimento é perturbado. Indicadas todas essas possibilidades, cabe, então, fazer uma apresentação esquemática sintética sobre como está organizada a sua teoria do desenvolvimento, lembrando que o objetivo deste capítulo é apresentar o quadro geral e fornecer uma visão geral dessa perspectiva, e não propriamente detalhar sua análise.[52]

Fases e dinâmicas do desenvolvimento: dependência absoluta, relativa, independência relativa infantil e adulta

Freud procurou descrever o desenvolvimento emocional focado no problema dos *tipos e modos de relação objetais* que o ser humano tem com o outro (sejam objetos ou pessoas, sejam parciais ou totais, sejam de amor ou de ódio, simbólicas ou não simbólicas etc.), considerando que essas relações são impulsionadas pela vida instintual (pulsional, sexual) num confronto com os princípios do prazer e da realidade (ou, ainda, numa concepção mais tardia, num conflito e numa dinâmica composta entre a pulsão de vida e a de morte) no contexto da vida grupal-social-cultural do ser humano. Anna Freud, René Spitz e Margaret Mahler mantiveram-se dentro dessa perspectiva, fazendo inserções e redescrições significativas, preenchendo muitas lacunas deixadas por Freud. John Bowlby, por sua vez, considerou que haveria um impulso (darwinista) para o apego, superior e ontologicamente mais fundamental do que

52 O leitor encontrará apresentações e análises mais detalhadas em alguns comentadores de Winnicott (Abram 2012; Caldwell & Joyce 2012; Dias 2003; Fulgencio 2016; 2020; Loparic 2012; Phillips 1988/2007; Spelman 2013a; 2013b).

o princípio do prazer ou o princípio da descarga (das excitações, mas ainda centrado na questão das relações de objeto).

Winnicott é um pensador bem formado no campo da psicanálise, conhece as teorias e descrições que Freud e pós-freudianos, entre eles Melanie Klein, fizeram sobre as diversas fases do desenvolvimento e os modos de relação do ser-humano com o mundo (os objetos). No entanto, colocando-se de maneira crítica e lúcida, Winnicott reconheceu que Freud e Klein descobriram e apontaram para muitos fatos importantes da natureza humana (a sexualidade infantil, o complexo de Édipo, as dinâmicas da posição depressiva etc.), mas também que havia certas propostas e hipóteses que lhe pareceram incorretas ou apenas parcialmente corretas (como a redução dos impulsos e problemas existenciais do ser humano à questão da administração da vida instintual nas relações interpessoais, o momento em que o complexo de Édipo pode ocorrer, a sua recusa completa ao conceito de pulsão de morte etc.),[53] como também a sua postura epistemológica e metodológica de recusa das construções auxiliares especulativas da psicanálise, recusa da sua metapsicologia.[54] Foi nesse quadro e com essas modificações que ele também redescreveu as teorias do desenvolvimento (como Freud, Anna Freud, René Spitz, entre outros), redescrevendo o desenvolvimento emocional em função das *relações de dependência* que o ser humano tem com o outro e com o mundo, afirmando que o ser humano não é ontologicamente e empiricamente impulsionado primariamente pela *vida instintual* nem pelo princípio da conservação das espécies (referido a uma teoria do *apego*), mas que é ontologicamente determinado pela sua *necessidade de ser* e continuar sendo a partir de si mesmo, impulsionado por uma tendência inata à integração, por um impulso amoroso primitivo e pelo fato de

53 Para uma análise mais detalhada das continuidades e rupturas que a obra de Freud significa em relação às de Klein e Ferenczi, veja *Winnicott & companhia*, volumes 1 e 2 (Fulgencio 2022a; 2022b).

54 Cf. Fulgencio 2018.

dar significado aos acontecimentos da sua existência (que ele designou como *elaboração imaginativa* dos acontecimentos existenciais).

É dessa teoria que nos ocupamos, agora, de caracterizar, em termos do seu quadro geral, das suas fases, tarefas e conquistas, indicando a maneira como ele descreve esse desenvolvimento, da sua origem ao seu final.

Ao procurar descrever quais são os principais acontecimentos desse desenvolvimento, Winnicott indica o seguinte desenrolar:

> *Optando pela abordagem que estuda o desenvolvimento como a mais capaz de focalizar os diversos pontos de vista, espero deixar claro [como] inicialmente, a partir de uma interação primária do indivíduo com o ambiente, surge um emergente, o indivíduo que procura fazer valer os seus direitos, tornando-se capaz de existir num mundo não desejado; ocorre então o fortalecimento do self como uma entidade, uma continuidade do ser onde, e de onde, o self pode [emergir] como uma unidade, como algo ligado ao corpo e dependente de cuidados físicos; e então advém a consciência (awareness) (e a consciência implica a existência de uma mente) da dependência, e a consciência quanto à confiabilidade da mãe e seu amor, que chega à criança sob a forma de cuidados físicos e adaptação à necessidade; mãe como um outro ser humano, e junto a isso a mudança da ruthlessness em direção ao concern; então há o reconhecimento do terceiro, e do amor complicado pelo ódio, e do conflito emocional; e esse todo é enriquecido pela elaboração imaginativa de cada função, e pelo crescimento da psique juntamente com o do corpo; e também a especialização da capacidade intelectual, que depende da qualidade dos atributos cerebrais; e de novo, em paralelo a isso tudo, surge um desenvolvimento gradual*

> *da independência em relação aos fatores ambientais, levando com o tempo à socialização.*[55]

Noutro momento, tendo já reconhecido que sua maneira de compreender, classificar e descrever o desenvolvimento emocional está guiada pela questão dos modos de ser-estar do ser humano referido a suas relações de dependência do outro, do ambiente, do mundo, Winnicott considera, referindo-se ao *lactente*, que temos três fases do desenvolvimento: a da *dependência absoluta* (da origem até, aproximadamente, o quarto mês de existência); a da *dependência relativa* (do quarto mês até, aproximadamente, 1,5 ano); e a *rumo à independência* (de 1,5 ano adiante).[56]

Na fase da *dependência absoluta*, o lactente depende totalmente da mãe, sem ter noção da dependência. Do ponto de vista do lactente, só há ele e sua necessidade, ainda que, do ponto de vista do observador, seja apreensível um bebê e uma mãe (ou cuidador). O bebê, imaturo cognitiva e afetivamente, quer alguma coisa em algum lugar, sem saber nada de si, de suas necessidades, da distinção dentro e fora, sem a possibilidade de apreensão dos objetos como sendo externos a ele;[57] o ambiente (a mãe-ambiente), em comunicação e proximidade com esse bebê, interpreta adequadamente qual é a sua necessidade e o atende (num delta t de tempo no qual a criança se sente atendida), levando o bebê a experienciar que o que atende a sua necessidade advém da sua própria necessidade (e não pelo ambiente, externo a ele, dado que, para ele, não há maturidade para a apreensão de um ambiente como tendo um significado de algo que é exterior a ele). Esse tipo de cuidado bem-sucedido, repetido de forma confiável (ou seja, previsível), possibilitará uma

---

55 Winnicott 1989vk, pp. 25-26.

56 Winnicott 1960c, pp. 56-57.

57 O objeto que atende a necessidade do bebê é, para ele, advindo da sua própria necessidade, por isso diz-se que é um objeto *subjetivo*: o bebê mama em si mesmo.

série de aquisições fundamentais: noção de temporalidade, de espacialidade, de ter suas necessidades atendidas (base do surgimento da capacidade de ter fé), da reiteração do sentimento de ser e continuar sendo, que são, ao mesmo tempo, as primeiras experiências de ser. Essa fase dura da origem até, aproximadamente, o quarto mês.

Na fase seguinte, a da *dependência relativa*, o lactente começa a apreender que há algo externo a ele, o cuidado materno, que atende às suas necessidades, ainda que não exatamente no momento exato em que as sente. É uma fase na qual ocorrem diversos tipos de acontecimentos que levarão, ao seu final, ao sentimento ou integração eu sou, diferenciando o eu daquilo que é não eu (constituindo um modo de relação a dois corpos, com o mundo). *Grosso modo*, as subfases descritas por Winnicott são: a da *desilusão*, com o início da apreensão de que há algo externo (o ambiente ou a mãe-ambiente) do qual o bebê depende para ter suas necessidades atendidas, bem como do início das atividades mentais (com a repetição da experiência *se..., então*: se tal barulho, então, comida; se tal luz, então, dormir etc.); a da *transicionalidade*, com o surgimento de objetos (paninho, ursinho etc.) que são, do ponto de vista do bebê, paradoxalmente, criados e encontrados, os quais, por sua vez, correspondem ao início da capacidade de brincar e à origem da capacidade de simbolizar (mais tarde haverá sua realização plena); seguindo-se, então, à fase do *uso do objeto*, momento em que, pelo uso que o bebê faz dos objetos (subjetivos e transicionais) estes deixam de ser criados-encontrados, passando a ser externos, constituindo, assim, a apreensão de um eu que é diferente de algo que é externo ao eu (o mundo externo como aquilo que é não eu). Essa fase dura até 1,5 ano, evidentemente como um marco sem rigidez, dada sua grande variabilidade.

Na fase seguinte, *rumo à independência*, com a continuidade do cuidado ambiental ocorrerá uma série de integrações (os objetos do mundo são apreendidos como bons e maus ao mesmo tempo); há, no indivíduo e nos objetos, impulsos amorosos e destrutivos; o indivíduo percebe que modifica, às vezes destrói o mundo e seus objetos, sentindo-se responsável e culpado por isso, reparando, então, suas ações; a própria apreensão de suas excitações instintuais passa a ser apreendida como algo que advém de seu interior, cabendo ao indivíduo administrar esses impulsos nas suas relações interpessoais (o que, por sua vez, gera conflitos). Com esse tipo de amadurecimento, a criança pode realizar todos os tipos de processos projetivos e introjetivos, seja na apreensão do mundo, seja na própria constituição de quem é ele. Acrescente-se, ainda, o amadurecimento da sua capacidade intelectual, sua capacidade de representar e simbolizar, enfim, de pensar.

Alguns comentadores tomam essas fases como fases do desenvolvimento em geral, apesar de Winnicott ter delimitado essa classificação ao que ocorre com o lactente. Além disso, a fase "rumo à independência" é excessivamente longa (iniciando quando o bebê tem 1,5 ano e indo até o momento em que o ser humano chega ao seu fim, às vezes já por volta dos 90 anos), abarcando acontecimentos de natureza e complexidade muito grandes. Nesse sentido, atentando-me à maneira como Winnicott designa as fases, desmembrei e redenominei a terceira fase (rumo à independência) em duas subfases: a da *independência relativa infantil* (1,5 ano até o período de latência); e a da *independência relativa adulta* (da adolescência à maturidade e, por fim, à fase final da existência).

Essa teoria do desenvolvimento é extremamente complexa, e não é o caso, aqui, de seguir uma análise crítico-analítica-descritiva de tudo que ocorre em cada fase, mas podemos fazer uma apresentação geral, na qual: 1. indico os aspectos gerais que caracterizam cada fase; e 2. destaco as principais dinâmicas, tarefas e conquistas aí presentes.

A descrição dos acontecimentos e das dinâmicas, tarefas e conquistas de cada fase tornaria por demais longa essa apresentação, desviando-me do objetivo de apresentar as linhas gerais da teoria winnicottiana do desenvolvimento emocional. Visando fornecer uma apreensão geral da proposta desenvolvimentista de Winnicott, ainda que de forma imperfeita e indicando dados que não serão aqui comentados, retomarei um quadro geral que figura esse desenvolvimento e suas dinâmicas. Nas figuras que pretendem dar uma visão de conjunto, que apresentarei no próximo item, encontramos, inicialmente, alguns dados que caracterizam os aspectos ontológicos do desenvolvimento; em seguida, temos uma para cada fase do desenvolvimento, nas quais são especificados: quais são os diversos modos de ser-estar do ser humano, seja em relação a si mesmo, seja em relação com o outro; o conjunto de experiências e conquistas que caracterizam cada fase; a situação geral das duas grandes linhas do desenvolvimento (a do ego e a do id); os estados de integração ou não integração experienciados; e a caracterização dos principais impulsos presentes ao longo de toda a existência.

Quadro 2.1 Apresentação sintética da matriz analítico-crítica da teoria do desenvolvimento do ser

Matriz	Características
1. O problema empírico básico, como ponto de partida	Adoecimento psíquico de bebês Psicóticos, *borderlines* Atitudes antissociais
2. Do problema singular ao problema universal	Teoria da dependência Teoria do desenvolvimento do ser
3. Fundamentos operativos na construção do desenvolvimento dos modos de ser do *self*	**Ontologia** Necessidade de ser Tendência inata à integração Impulso amoroso primitivo Elaboração imaginativa

(continua)

Quadro 2.1 Apresentação sintética da matriz analítico-crítica da teoria do desenvolvimento do ser (continuação)

Matriz	Características
3. Fundamentos operativos na construção do desenvolvimento dos modos de ser do *self*	**Variáveis operativas** *Verdadeiro e falso* self, *objetos e fenômenos transicionais, a ação de brincar e de espaço potencial, o paradoxo de criar e encontrar o objeto, preocupação materna primária, invasão e falha ambiental, a dependência absoluta e relativa, ilusão de onipotência, objeto subjetivo, elaboração imaginativa, ser, continuidade de ser, tendência inata à integração, elementos feminino e masculino puros, criatividade originária, solidão essencial, capacidade para ficar só, capacidade para ter fé em..., diferença entre necessidade e desejo, deprivação e tendência antissocial, comunicação profunda, comunicação silenciosa, núcleo sagrado do* self, *trauma como quebra na linha do ser, congelamento da situação traumática, distinção entre psique-soma-mente, sobrevivência do analista, mãe-objeto e mãe-ambiente, vida que vale a pena ser vivida, sentir-se real, uso do objeto, angústias impensáveis, lugar em que vivemos, espontaneidade etc.*
4. Fases e dinâmicas do processo de desenvolvimento do apego	Dependência absoluta (0-4º mês) Dependência relativa (4º mês-1,5 ano) Independência relativa infantil (1,5 ano-adolescência) Independência relativa adulta (adolescência-morte)
5. Método utilizado para pesquisar e, depois, organizar sistematicamente os dados observados e apresentá-los descritivamente	Observação clínica de base psicanalítica
6. Utilidade desse tipo de conhecimento	Psicoterapia, pediatria, pedagogia, assistência social Prevenção

Visão de conjunto da teoria do desenvolvimento emocional do ponto de vista de Winnicott

A meu ver, a teoria do desenvolvimento do ser apresentada por Winnicott é a mais ampla, consistente e útil das teorias psicanalíticas do desenvolvimento da atualidade. Seu valor heurístico é inegável, seja em termos clínicos (prevenção e tratamento), seja em termos teóricos, e suas propostas têm sido reconhecidas por promover efetivos instrumentos de pensamento e ação até mesmo fora da área da psicanálise (na pediatria, na assistência social etc.); elas têm, por exemplo, um impacto de destaque no campo da psicologia do desenvolvimento (especialmente nas propostas de Daniel Stern) e no campo da perinatalidade (especialmente nas propostas de Antonio Imbasciati, na Itália, com a psicologia perinatal; e nas propostas de Bernard Golse e Sylvain Missonnier, na França, com a psicopatologia perinatal).

Nesse sentido, procuro indicar e reapresentar essa teoria, dando uma visão geral das suas propostas, bem como, complementando a matriz analítico-crítica apresentada, resolvi retomar uma figuração geral dessa perspectiva, como a que publiquei no meu livro *Psicanálise do ser: a teoria winnicottiana do desenvolvimento emocional como uma psicologia de base fenomenológica*,[58] mesmo que essas pranchas apresentem aspectos que não foram aqui analisados.

Apresento, então, seis pranchas, cada uma dedicada a uma fase ou estrutura do processo de desenvolvimento:

1. A primeira, *Mundo humano pré-existente*, é dedicada à questão da ontologia presente nessa proposta, apresenta algumas características do desenvolvimento emocional que existem anteriores à chegada de um novo indivíduo.

58 Cf. Fulgencio 2020.

2. A segunda, *Vida intrauterina*, refere-se a uma fase pouco descrita, pouco comentada nas teorias do desenvolvimento, e sendo pouco comentada até mesmo na obra de Winnicott.
3. A terceira é dedicada à já reconhecida *Fase da dependência absoluta* (se estende até aproximadamente o 4º ou 5º mês), quando há uma comunhão entre o bebê e a mãe na qual o bebê vive um tipo de dependência extrema.
4. A quarta, *Fase da dependência relativa* (se estende até aproximadamente 1,5 ano), na qual acontecem grandes aquisições, como o surgimento dos processos mentais, a possibilidade de experienciar os fenômenos transicionais, culminando com a experiência integrativa na qual "eu e não eu" são reconhecidos como entidades diferentes.
5. A quinta, *Fase da independência relativa infantil* (vai até o início da adolescência), na qual são feitas integrações fundamentais da existência pessoal e grupal.
6. A sexta é dedicada à *Fase da independência relativa infantil* (da adolescência até o envelhecimento e o acontecimento da morte), na qual são experienciados os mais diversos modos de ser-estar no mundo, tanto em termos individuais quanto culturais.

Da segunda até a sexta prancha, há uma organização que procura destacar sempre os mesmos tipos de acontecimentos, localizados, então, em faixas horizontais, nas quais são colocados em destaque, em cada fase:

a. os modos de ser-estar e de relacionar-se;
b. as experiências e integrações;
c. a distinção entre a linha do desenvolvimento do ser (ou do ego) e a linha do desenvolvimento instintual;
d. os modos de integração ou não integração;
e. e, por fim, os impulsos ontológicos, sempre presentes ao longo de todo o desenvolvimento.

Trata-se de um esboço, ainda a ser aprofundado, analisado e criticado, sendo, então, disponibilizado para esses fins, bem como para seu uso clínico, teórico e pedagógico.

Apresento, a seguir, essas pranchas, elaboradas da forma mais ampla possível, como um material de estudo a ser usado e criticado; há, portanto, muitos aspectos, pontos e elementos que necessitariam ser comentados e esclarecidos. No entanto, isso nos levaria a estender de forma indesejável este capítulo e este livro, ultrapassando seus objetivos iniciais.

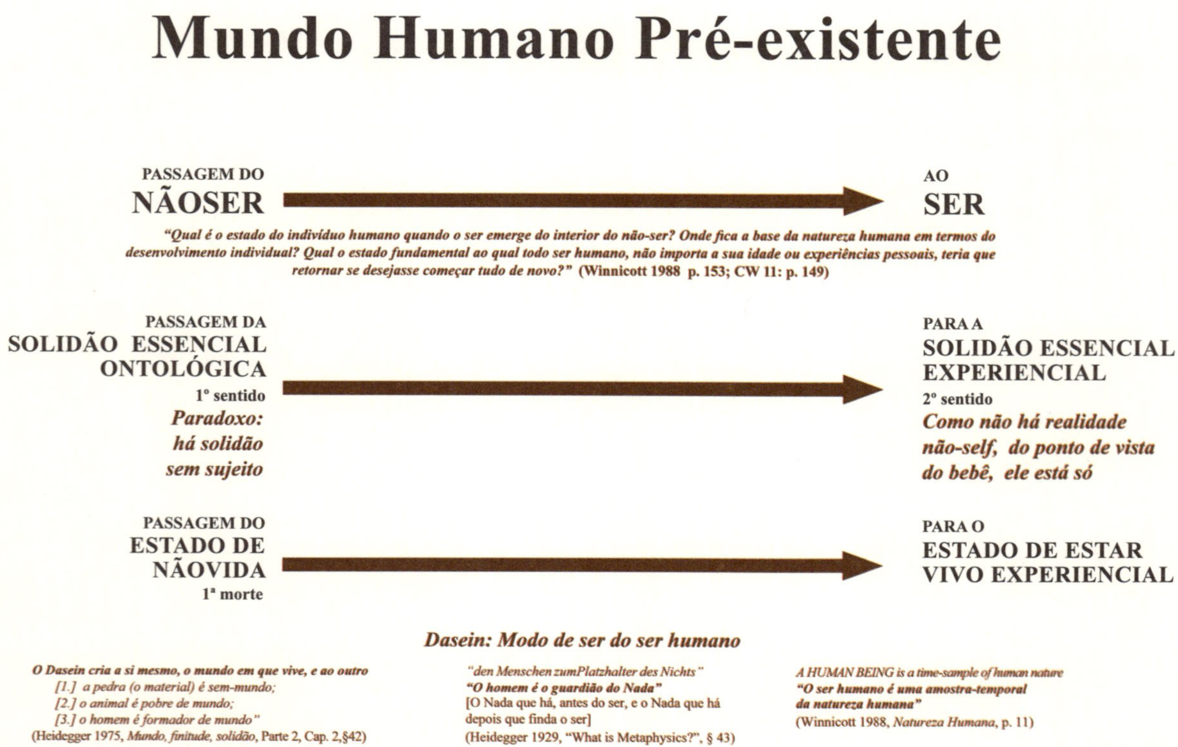

Figura 2.1 Mundo humano preexistente.

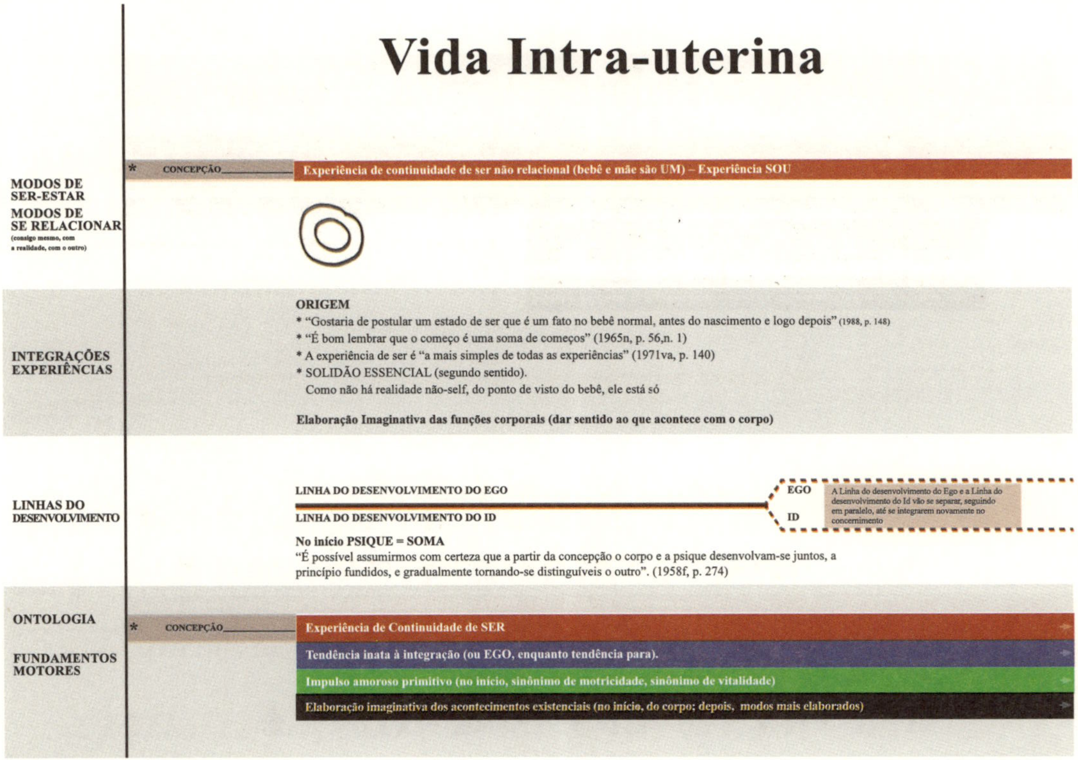

Figura 2.2 Vida intrauterina.

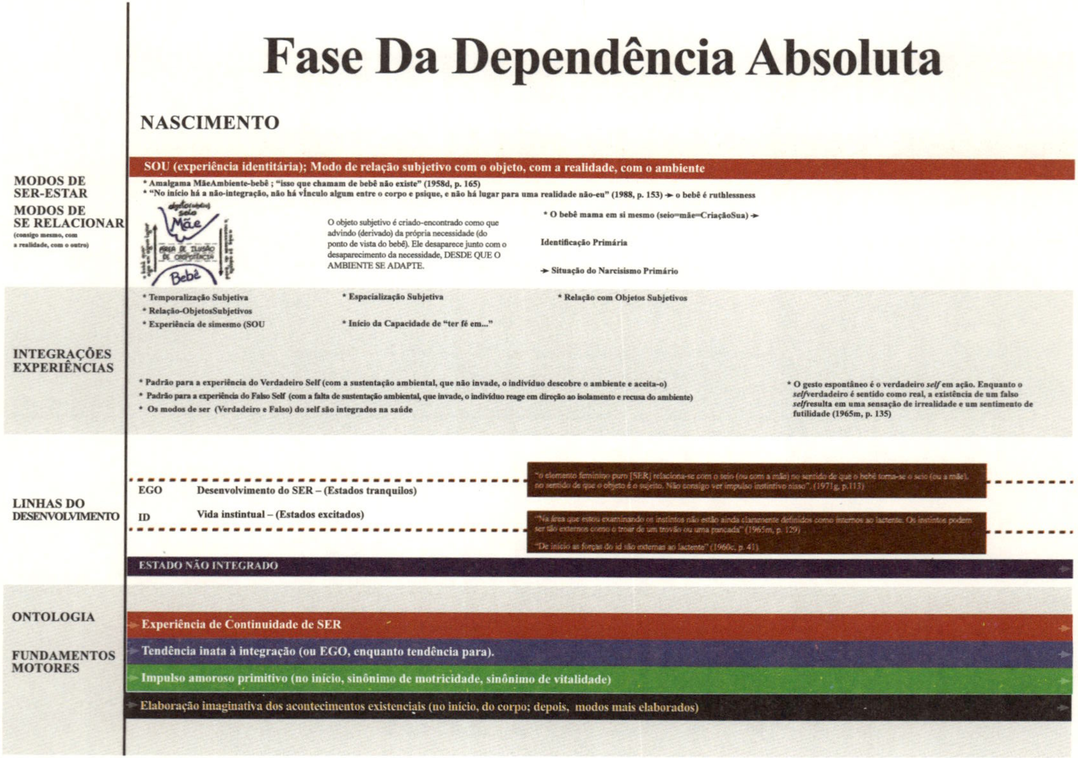

Figura 2.3 Fase da dependência absoluta.

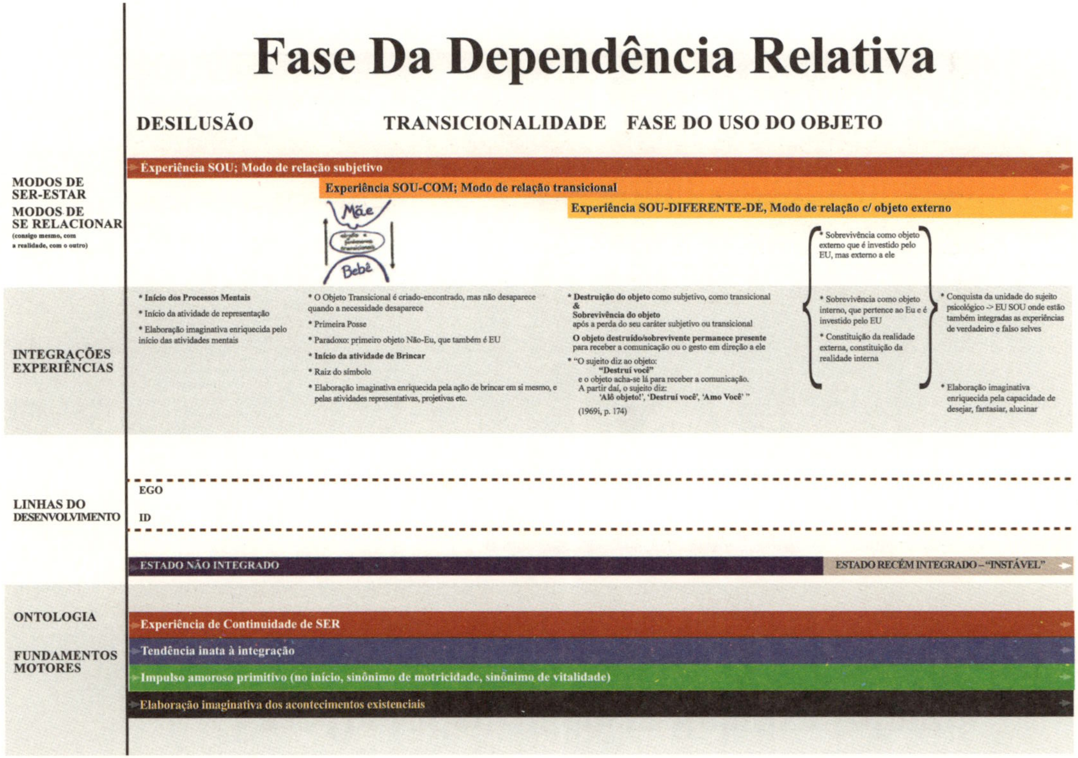

Figura 2.4 Fase da dependência relativa.

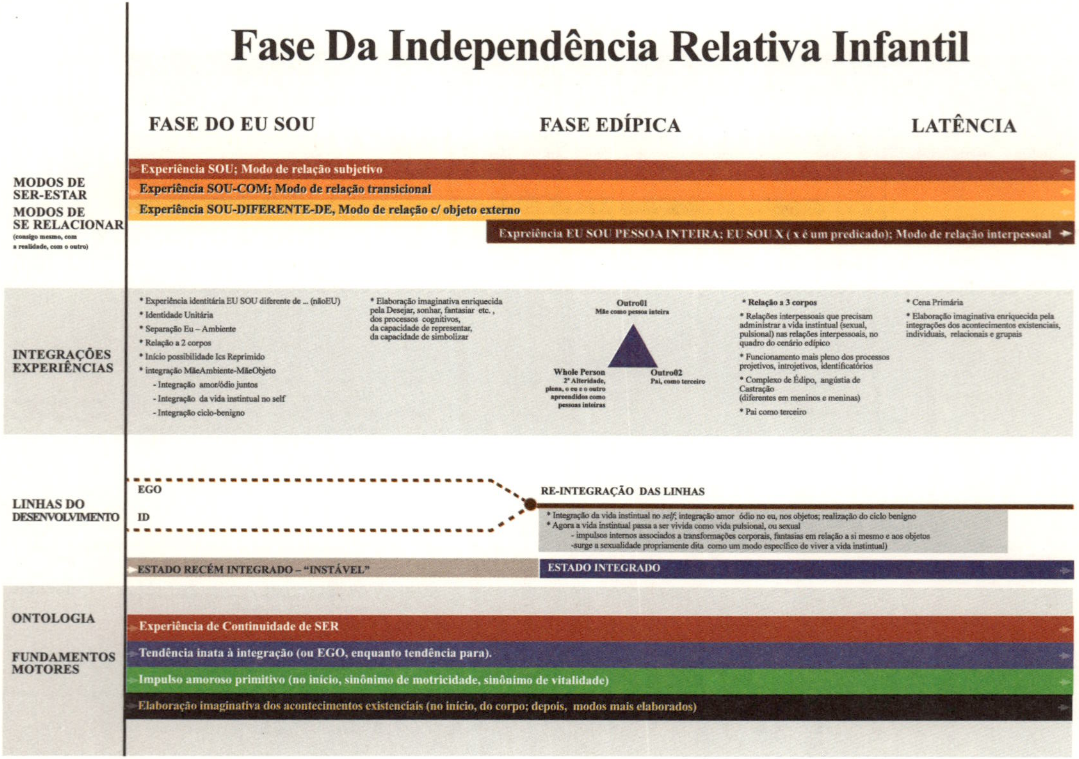

Figura 2.5 Fase da independência relativa infantil.

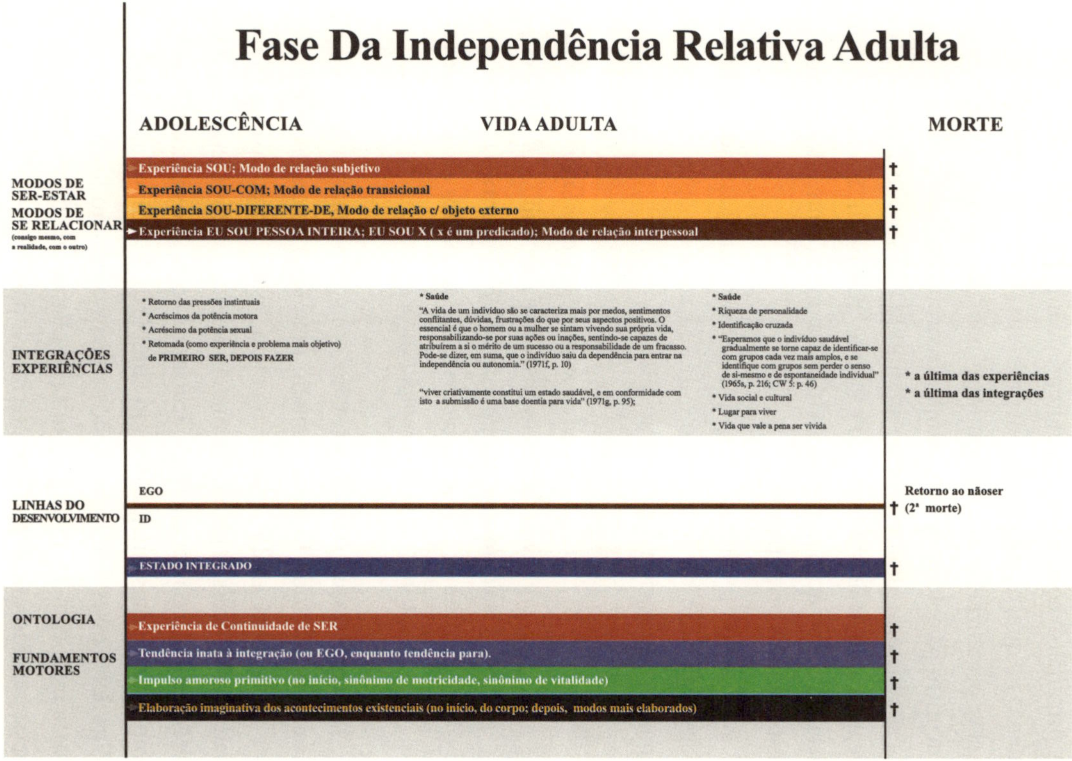

Figura 2.6 Fase da independência relativa adulta.

Método utilizado para a construção dessa teoria do desenvolvimento

A psicanálise corresponde, originariamente, a um método de tratamento no qual os pacientes contam as suas histórias, dão significados a elas, organizam-nas e reorganizam-nas contando com a relação e o encontro psicoterapêutico, numa construção subjetiva de si mesmo, da sua história, dando sentido ao mundo e às suas relações. Trata-se de uma apreensão subjetiva do paciente em conjunção com a do analista, na construção narrativa da história do paciente, inclusive da sua história mais primitiva.

Winnicott reconhece a importância do método criado por Freud para realização do tratamento e desse modo de apreensão da vida emocional-relacional do ser humano:

> *O fato é que Freud começou uma abordagem científica do problema do desenvolvimento humano . . . ele nos deu um método a ser usado e desenvolvido, através do qual poderemos checar as observações dos outros e contribuir com as nossas próprias observações.*[59]

A constatação de inúmeras histórias pessoais por aqueles que usam esse método fornece também uma série de dados que podem ser agrupados, dados que se repetem, assim como a importância dada aos processos psíquicos inconscientes, os fenômenos da transferência e da resistência (para acessar os conteúdos inconscientes), a importância da sexualidade e do complexo de Édipo (ainda que em Winnicott esses fenômenos não tenham o mesmo lugar no processo), a importância do ambiente e das relações de dependência etc. É nesse sentido que Freud caracterizou a psicanálise, ao mesmo tempo, como um método de pesquisa e acesso aos processos psíquicos

59 Winnicott 1965t, p. 45.

inconscientes, de tratamento e uma ciência, construída a partir dos dados advindos desse método.[60]

A construção e consolidação da teoria psicanalítica como fornecedora de informações sobre a constituição e organização emocional-relacional da natureza humana constitui também uma base a partir da qual uma série de outros tipos de observação e apreensão de dados pode ser feita e interpretada (entrevistas dirigidas, testes e atividades projetivas como desenhos e até mesmo a observação de situações chamadas naturais ou espontâneas, ou, ainda, situações artificiais). O fato de não serem dados apreendidos de forma absolutamente objetiva (ou seja, procurando caracterizar os fatos independentemente dos observadores dos fatos) não desqualifica sua validade, mas mostra e reitera um modo de apreensão dos significados individuais dados aos acontecimentos existenciais que, mesmo singulares, podem ser reunidos em grupos com significados universais. Note-se, por exemplo, o complexo de Édipo, que, mesmo com um mesmo enredo estrutural para todos os seres humanos que amadureceram a ponto de viverem relações interpessoais nesse cenário, é realizado de formas singulares, sempre distintas uma das outras (como se fossem representações teatrais diferentes da mesma peça de teatro, para a qual cada pessoa montaria um cenário e figurinos diferentes, com diversas maneiras de caracterizar os personagens de forma singular e dando ênfase a vários modos de representar e viver o Édipo). O fato de termos sempre representações singulares, subjetivas, dado que sempre dependentes de cada sujeito, não retira a sua universalidade.

Utilidade prática desse tipo de conhecimento do desenvolvimento emocional

Além do seu uso evidentemente clínico, como uma referência para realizar tratamentos psicoterápicos, passível de ser aplicado

60 Freud 1923a, p. 235.

a neuróticos, psicóticos, deprimidos e *borderlines*, bem como daqueles que têm sintomas psicossomáticos e de atitudes antissociais (dado que essa teoria fornece a compreensão da sua gênese psicoemocional e da dinâmica ou modo de ser-relacionar-se desses pacientes). Essa teoria do desenvolvimento também pode ser usada para realizar ações profiláticas do desenvolvimento, seja no campo da educação ou da assistência social, seja no da medicina (especialmente no caso da pediatria).

Também é possível reconhecer a sua importância para a compreensão de uma teoria da cultura, da constituição e do funcionamento das massas, no campo de estudo e pesquisa da filosofia, da sociologia, da política, da linguagem etc.

Note-se, por exemplo, o conjunto de consequências para as práticas de cuidado com a saúde mental, curativas ou profiláticas, individuais ou sociais, que podem resultar de uma teoria da origem das psicoses como advinda de falhas no cuidado ambiental na primeira infância; ou, ainda, do cuidado e do tratamento da atitude social, considerando-a como um fruto da falha ambiental que retira do indivíduo aquilo que ele tem (*depriva* é o termo usado por Winnicott, que não temos em português), situação na qual o indivíduo sente que a falha é do ambiente e ataca o ambiente como forma de solicitar que este volte a ser confiável e lhe restitua o que lhe foi retirado! Certamente, poder-se-ia criticar Winnicott por dizer que essas patologias ou sintomas não poderiam ser redutíveis a essas causas; no entanto, mesmo que sejam causas parciais, considerá-las implicaria mudanças nas práticas de cuidado de psicóticos, de delinquentes, bem como implicaria mudanças significativas nos orfanatos e instituições que se dedicam ao cuidado de bebês, crianças e adolescentes.

Trata-se, para saber e avaliar seu valor, de poder verificar se esse tipo de compreensão, esse tipo de prática de cuidado (com essas características e com esses objetivos) é eficiente no trato desses problemas, ou seja, se essa teoria tem valor heurístico, se é útil para resolver esses problemas – tarefa que fica para ser realizada noutro momento.

O que me parece importante destacar com esse tipo de análise e apresentação feitas aqui é poder caracterizar a proposta de Winnicott como uma teoria do desenvolvimento emocional, como valor heurístico e prático no cuidado do ser humano, seja em termos profiláticos, seja em termos curativos, ou seja, ainda, em termos educacionais.

Críticas a Winnicott

Algumas das críticas às propostas feitas por Winnicott são as mesmas dirigidas à psicanálise, dentre elas uma falta de comprovação empírica objetiva de suas descrições e teorias, especialmente quando dirigidas à primeira infância. No entanto, não é esse tipo de crítica que pretendo, aqui, colocar em evidência, mas justamente a enunciação e a compreensão de Winnicott sobre alguns fatos da existência e do desenvolvimento emocional do ser humano, seja na saúde, seja na doença. Winnicott se coloca como um cientista, e nesse sentido sabe, abraçando uma perspectiva epistemológica freudiana, que toda ciência é incompleta, sempre pronta a modificar suas teorias, sempre em diálogo constante com os fatos, fatos e problemas que ela procura explicar e agir sobre, parcialmente bem-sucedida e reconhecendo seu constante desenvolvimento. É nesse sentido que pretendo me referir às posições de Winnicott sobre a imaturidade do bebê, à sua concepção sobre a gênese do autismo, sobre a delinquência e sobre as adicções, para indicar um horizonte de desenvolvimento possível.

Neste final, cabe retomar uma afirmação de René Roussillon,[61] considerando que a inserção da noção de ser na psicanálise, como fez Winnicott, faz uma ruptura epistemológica de um imenso canteiro de obras ainda a ser desenvolvido.

61 Roussillon 2009, p. 123.

A imaturidade do bebê

Winnicott se refere à imaturidade do bebê em diversas ocasiões, designando um estado em que não há, ainda, a capacidade para apreensão de uma realidade não eu [*not-me*],[62] na qual o bebê e a mãe estão amalgamados para criar a situação bem-sucedida do narcisismo primário.[63] Às vezes, isso é interpretado como imaturidade radical, na qual o bebê não saberia nada de si, nada do mundo, sem nenhuma capacidade para diferenciar o que é ele e o que advém do mundo. No entanto, em primeiro lugar, é necessário colocar em evidência que, para Winnicott, mesmo nesse estado de imaturidade, o bebê pode se sentir invadido pelo mundo ou pelo ambiente, o que exigiria, paradoxalmente, um reconhecimento do mundo não eu como invasor; em segundo, há uma série de estudos atuais – especialmente os feitos por Daniel Stern (1985/1992) e outros colegas que ele cita no campo da psicologia do desenvolvimento e no campo das neurociências – que demonstram que o bebê tem capacidade para fazer muitas distinções (por exemplo, diferenciar o cheiro do leite da mãe do de uma outra mulher), o que mostra que o bebê não é radicalmente imaturo. Esse é um ponto a ser, ainda, aprofundado na compreensão da obra de Winnicott, em diálogo com o estado atual da compreensão do bebê.[64]

62 Winnicott 1988, p. 188.

63 Winnicott 1955d, p. 475.

64 Cf. Alvarez & Golse 2008; Beebe, Chen & Lachmann 2016; Beebe & Lachmann 2014; Golse 1999; 2006; 2008; Imbasciati & Cena 2018; Imbasciati, Dabrassi & Cena 2007; 2018; Missonnier 2009; 2012; Missonnier, Blazy, Boige, Presme & Tagawa 2012; Stern 1990/1991; 1985/1992; 1997/2002; 1998.

A consideração de um desenvolvimento saudável (e seus desvios patológicos) demasiadamente lineares, como fixações em determinadas fases ou dinâmicas do desenvolvimento emocional

Em primeiro lugar, a teoria do desenvolvimento emocional de Winnicott apresenta uma relação um tanto linear, relacionando os problemas vividos numa determinada fase ou etapa do desenvolvimento e uma organização ou estrutura psicopatológica (a psicose à fase da dependência absoluta, as adicções a problemas da transicionalidade, as neuroses à fase mais avançada do concernimento, quando já se conquistou o *status* de ser uma pessoa inteira etc.). Essa correspondência linear, que poder-se-ia caracterizar pela noção de fixação numa determinada fase ou dinâmica, como fonte psicogenética, primordial, para explicar fenômenos psicopatológicos, tem sido questionada criticamente. Daniel Stern, por exemplo, avalia que o surgimento de uma patologia ou sintoma não pode ser reduzido e delimitado a uma ou outra fase ou época do desenvolvimento, mas pensado em termos mais gerais que incluam as diversas fases e momentos da existência;[65] numa direção semelhante, Bernard Golse[66] e outros colegas franceses[67] também consideram que os fenômenos existenciais, saudáveis ou patológicos (em termos da sua organização psicoafetiva), são sempre uma questão polifatorialmente determinada, impossibilitando uma lógica do "... então", evitando, inclusive, culpabilizar este ou aquele ator do processo de desenvolvimento emocional pela gênese de uma psicopatologia.

---

65 Stern 1985/1992.

66 Golse 2019.

67 Missonnier, Blazy, Boige, Presme & Tagawa 2012.

A gênese do autismo, das adicções e da atitude antissocial

No que se refere a uma das patologias mais graves do desenvolvimento emocional, o autismo, Winnicott é criticado por ter dado foco excessivo às falhas ambientais, sem considerar os fatos genéticos, hereditários ou mesmo como efeitos corporais de certas patologias, como determinantes para a origem ou gênese do autismo nos seus mais variados graus.[68]

Também, no que se refere às adicções, tendo Winnicott as avaliado como sendo derivadas de problemas na fase da transicionalidade, temos diversos trabalhos (McDougall,[69] Gurfinkel,[70] Humberg[71]) mostrando que há outros fatores psicoafetivos em sua gênese.

O mesmo valeria para o problema da atitude antissocial e da delinquência, que teriam sido simplificadas por Winnicott como tendo sua origem apenas nas deprivações vividas pelas crianças, sendo que haveria outros fatores determinantes na compreensão da agressividade dirigida ao outro e ao ambiente, característica dos delinquentes.

---

68 Atualmente, o autismo tem sido considerado com tendo diversas causas confluentes na sua gênese, dentre elas importantes causas de natureza fisiológica, tanto em termos tópicos como dinâmicos, identificando, por exemplo, determinações circunstanciais, ambientais, genéticas, como podemos encontrar, dentre um amplo de leque de análises, comprovações em produções com evidências empíricas nos seguintes artigos, publicados em revista de autoridade científca mundialmente reconhecida: Zhang *et al.* 2022; Yao X. *et al.* 2021; Yao H. *et al.* 2023. Certamente os fatores subjetivos, o modo como o ambiente reage e age sobre esses cenários e essas condições podem também gerar efeitos bons e maus para o desenvolvimento socioemocional dos pacientes que apresentam sintomas de transtornos de espectro autista (TEA), mas seria também certamente um erro considerar que é o estado emocional da mãe que causa ou gera o autismo (da mesma maneira que seria um erro considerar que é o estado subjetivo da mãe ou do ambiente a causa da síndrome de Down).

69 McDougall 2001.

70 Gurfinkel 1995; 2001; 2011.

71 Humberg 2016.

É nesse sentido que as indicações de Winnicott sobre a origem do autismo (como falha ambiental primitiva, ódio inconsciente da mãe), das adicções (falha na fase da transicionalidade) e da delinquência (deprivação) deveriam ser consideradas como um tipo de intuição a ser desenvolvida, não como a análise descritiva-conceitual desses fenômenos clínicos e seus tratamentos.

A questão da agressividade no ser humano

Diversos psicanalistas, dentre eles André Green,[72] consideram que Winnicott teria evitado ou mesmo recalcado o tema (ou fenômeno) da agressividade como constituinte do ser humano. O problema parece residir no fato de que Winnicott recusa a proposta da existência da pulsão de morte, como fundamento ontológico e empírico da origem da destrutividade no ser humano, avaliando-a como o único erro de Freud, reiterado por Melanie Klein.[73] A meu ver, Winnicott considerou que as ações agressivas do ser humano devem ser diferenciadas entre as que têm a intensão de agredir ou destruir e as que não têm essa intensão, e isso é, para ele, um aspecto ou caráter decisivo para a compreensão desse problema. Winnicott dedicou-se a analisar as raízes da agressividade,[74] associando-a tanto a um efeito secundário da própria vivacidade ou motilidade do ser humano (cuja ação sobre o mundo pode causar dano ao mundo, mas sem essa intensão) quanto ao processo que leva à apreensão da realidade externa como externa (fruto do que ele denomina "uso do objeto", que gera o objeto externo como tal, ao mesmo tempo que gera um eu apreendido e apercebido como diferente dos objetos externos) e, sendo externa, pode frustrar, e frustrando, gerar, como um mecanismo de defesa, uma ação ou um

72 Cf. Green 2010b.

73 Winnicott 1987b, Carta a Money-Kyrle de 1952, p. 37.

74 Winnicott 1958b; 1964d; 1969i.

impulso agressivo intencional. Alguns autores (Samuels,[75] Ogden,[76] Abram[77]) procuraram analisar o texto de Winnicott "O uso de um objeto e o relacionamento através de identificações" considerando que a agressividade teria em sua origem. O problema da agressividade ou da origem da agressividade no ser humano, segue em aberto como tema no campo da psicanálise, permanecendo a crítica a Winnicott por ter menosprezado uma origem constitucional da agressividade no ser humano (seja para a compreensão do desenvolvimento emocional do ser humano, seja para a prática clínica psicanalítica, como tema necessário de ser analisado e integrado pelos pacientes), ainda que alguns autores tenham se debruçado sobre este tema na obra de Winnicott (cf. Abram 2023; Ogden 2016), não temos, até agora, uma posição de consenso.

Referências

Abram, J. (2012). *Donald Winnicott Today*. London; New York: Routledge.

Abram, J. (2013). D.W.W. Notes for the Vienna Congress 1971: a consideration of Winnicott's theory of aggression and an interpretation of the clinical implications. In *Donald Winnicott Today* (pp. 302-330). London; New York: Routledge.

Abram, J. (2023). *O objeto sobrevivente: ensaios clínicos psicanalíticos sobre a sobrevivência psíquica do objeto*. Porto Alegre: Artes Médicas.

Alvarez, L. & Golse, B. (2008). *A Psiquiatria do Bebé*. Mira-Sintra: Gráfica Europam.

Beebe, B. & Lachmann, F. M. (2014). *The Origins of Attachment: Infant Research and Adult Treatment*. New York; London: Routledge.

Beebe, B., Chen, P. & Lachmann, F. M. (2016). *The Mother-Infant Interaction Picture Book: Origins of Attachment*. New York; London: W. W. Norton.

75 Samuels 1996; 2001.
76 Ogden 1986; 2016.
77 Abram 2013; 2023.

Bibring, E. (1953). The Mechanism of Depression. In P. Greenacre (Ed.), *Affective Disorders* (pp. 486-519). New York: Internaional University Press.

Boyd, D. & Bee, H. (2011). *A criança em crescimento*. Porto Alegre: Artes Médicas.

Caldwell, L. & Joyce, A. (2012). Winnicott in his time. In A. Horne & M. Lanyado (Eds.), *Winnicott's Children*. London; New York: Routledge. pp. 1-40.

Cobliner, W. G. (1965). A escola de psicologia genética de Genebra e a psicanálise: paralelos e equivalências In R. A. Spitz (Ed.), *O primeiro ano de vida*. São Paulo: Martins Fontes.

Dias, E. O. (2003). *A teoria do amadurecimento de D. W. Winnicott*. Rio de Janeiro: Imago.

Freud, S. (1904a). Freud's Psycho-Analytic Procedure. In *The Standard Edition of the Complete Psychological Works of Sigmund Freud* (Vol. 7, pp. 248-254).

Freud, S. (1912b). The Dynamics of Transference. In *The Standard Edition of the Complete Psychological Works of Sigmund Freud* (Vol. 12, pp. 98-108).

Freud, S. (1912c). Types of Onset of Neurosis. In *The Standard Edition of the Complete Psychological Works of Sigmund Freud* (Vol. 12, pp. 229-238).

Freud, S. (1920g). Beyond the Pleasure Principle. In *The Standard Edition of the Complete Psychological Works of Sigmund Freud* (Vol. 18, pp. 3-64).

Freud, S. (1923a). Two Encyclopaedia Articles. In *The Standard Edition of the Complete Psychological Works of Sigmund Freud* (Vol. 18, pp. 234-260).

Freud, S. (1933a). New Introductory Lectures On Psycho-Analysis. In *The Standard Edition of the Complete Psychological Works of Sigmund Freud* (Vol. 22, pp. 3-182).

Freud, S. (1937c). Analysis Terminable and Interminable. In *The Standard Edition of the Complete Psychological Works of Sigmund Freud* (Vol. 23, pp. 211-254).

Freud, S. (1926/1988). O valor da vida: uma entrevista rara de Freud. *Ide*, *15*, 54-58.

Fulgencio, L. (2010). Aspectos gerais da resdescrição winnicottiana dos conceitos fundamentais da psicanálise freudiana. *Psicologia USP*, *21*(1), 99-125.

Fulgencio, L. (2011). A ética do cuidado psicanalítico para D. W. Winnicott. *A Peste: Revista de Psicanálise e Sociedade e Filosofia*, *3*(1 e 2), 91-111.

Fulgencio, L. (2014a). Aspectos diferenciais da noção de ego e de self na obra de Winnicott. *Estilos da Clínica*, *19*(1), 183-198.

Fulgencio, L. (2014b). A necessidade de ser como fundamento do modelo ontológico do homem para Winnicott. In *A fabricação do humano*. São Paulo: Zagodoni. pp. 145-159.

Fulgencio, L. (2015). Apontamentos para uma análise da influência do existencialismo moderno na obra de Winnicott. *Ciência e Cultura*, *67*(1), 36-39.

Fulgencio, L. (2016). *Por que Winnicott?* São Paulo: Zagodoni.

Fulgencio, L. (2017). *A psicanálise de Winnicott como uma teoria do desenvolvimento socioemocional do ser.* (Tese de doutorado, Universidade de São Paulo). ReP.

Fulgencio, L. (2018). Pode a psicanálise de Winnicott ser a realização de um projeto de psicologia científica de orientação fenomenológica? *Psicologia USP*, *29*(2), 303-313. https://doi.org/10.1590/0103-656420170048

Fulgencio, L. (Org.). (2018). *A bruxa metapsicologia e seus destinos*. São Paulo: Blucher.

Fulgencio, L. (2020a). *Psicanálise do ser: a teoria winnicottiana do desenvolvimento emocional como uma psicologia de base fenomenológica*. São Paulo: edusp-FAPESP.

Fulgencio, L. (2020b). Incommensurability between paradigms, revolutions and common ground in the development of psychoanalysis. *The International Journal of Psychoanalysis*, *101*(01), 13-41. doi:10.1080/00207578.2019.1686389

Fulgencio, L. (2021). Incomensurabilidade entre paradigmas, revoluções e *common ground* no desenvolvimento da psicanálise. In *Ensaios Sobre a constituição epistemológica do pensamento de Freud* (pp. 213-258). São Paulo: Edições Concern.

Fulgencio, L. (2022a). *Winnicott & companhia: Winnicott, Klein e Ferenczi* (Vol. 2). São Paulo: Blucher.

Fulgencio, L. (2022b). Winnicott e Freud: continuidades, desenvolvimentos e rupturas. In *Winnicott & companhia: Winnicott e Freud* (Vol. 1). São Paulo: Blucher. pp. 205-250.

Golse, B. (1999). *Du corps à la pensée*. Paris: PUF.

Golse, B. (2006). *L'être bébé. La question du bébé à la théorie de l'attachement, à la psychanalyse et à la phénomenologie*. Paris: PUF.

Golse, B. (2019). *Le bébé et ses possibles*. Toulouse: Érès.

Golse, B. (Ed.) (2008). *Le développement affectif et intellectuel de l'enfant: compléments sur l'émergence du langage*. Issy-les-Moulineaux: Elsevier Masson.

Green, A. (2010a). Lacan et Winnicott: la bifurcation de la psychanalyse contemporaine. In *Penser la psychanalyse avec Bion, Lacan, Winnicott, Laplanche, Aulagnier, Rosolato*. Paris: Ithaque.

Green, A. (2010b). Sources and vicissitudes of being in Winnicott's work. *Psychoanalytic Quarterly, 79*(1), 11-35.

Gurfinkel, D. (1995). *A Pulsão e Seu Objeto-droga: Estudo Psicanalítico Sobre a Toxicomania*. Petrópolis: Vozes.

Gurfinkel, D. (2001). *Do sonho ao trauma: psicossoma e adicções*. São Paulo: Casa do Psicólogo.

Gurfinkel, D. (2011). *Adicções: paixão e vício*. São Paulo: Casa do Psicólogo.

Heidegger, M. (1929). Preleção (Que é Metafísica?). In *Heidegger* (pp. 49-63). São Paulo: Nova Cultural, 2000.

Heidegger, M. (2003/1983). *Os conceitos fundamentais da metafísica: mundo, finitude, solidão*. Rio de Janeiro: Forense Universitária.

Humberg, L. V. (2016). *Relacionamentos adictivos: vício e dependência do outro*. São Paulo: CLA Editora.

Imbasciati, A., Dabrassi, F. & Cena, L. (2007). *Psicologia Clinica Perinatale: Vademecum per tutti gli addetti alla nascita (genitori inclusi)*. Padova: Piccin.

Imbasciati, A. & Cena, L. (Eds.). (2018). *Psicologia Clinica Perinatale: Prevenzione e Interventi Precoci. Il Futuro dei Primi Mille Giorni di vita*. Milano: FrancoAngeli.

Imbasciati, A., Debrassi, F. & Cena, L. (Eds.). (2018). *Psicologia Clinica Perinatale per lo Sviluppo del Futuro Individuo: un Uomo Transgernerazionale*. Torino: Espress.

Kant, I. (1787/1997). *Crítica da razão pura*. Lisboa: Fundação Calouste Gulbenkian.

Klein, M. (1950). Sobre os critérios para o término de uma psicanálise. In *Inveja e Gratidão e outros trabalhos (1946-1963)*. Rio de Janeiro: Imago.

Klein, M. (1957). Inveja e Gratidão. In *Inveja e Gratidão e outros ensaios (1946-1963)* (pp. 49-63). Rio de Janeiro: Imago.

Laing, R. D. (1979/1982). *Sobre loucos e sãos: entrevisa a Vincenzo Caretti*. São Paulo: Brasiliense.

Lerner, R. M. (1976/2002). *Concepts and Theories of Human Development*. New York; London: Lawrence Erlbaum Associates.

Loparic, Z. (2012). From Freud to Winnicott: aspects of a paradigm change. In *Donald Winnicott Today*. London; New York: Routledge.

McDougall, J. (2001). L´économie psychique de l´addiction. In *Anorexie, adiction et fragilités narcisiques*. Paris: PUF.

Missonnier, S. (2009). *Devenir parent, naître humain*. Paris: PUF.

Missonnier, S. (2012). Winnicott, le foetus et la naissance. In A. Braconnier, & B. Golse (Eds.), *Winnicott et la création humaine*. Toulouse: Érès. pp. 37-57.

Missonnier, S., Blazy, M., Boige, N., Presme, N. & Tagawa (Eds.). (2012). *Manuel de psychologie clinique de la périnatalité*. Paris: Elsevier Masson.

Ogden, T. H. (1986/2017). *A matriz da mente: relações objetais e o diálogo psicanalítico*. São Paulo: Blucher; Karnac.

Ogden, T. H. (2016). Destruction reconceived: On Winnicott's "The Use of an Object and Relating through Identifications". *International Journal of Psychoanalysis, 97*(5), 1243-1262. doi:10.1111/1745-8315.12554

Papalia, D. E. & Feldman, R. D. (2012/2015). *Desenvolvimento Humano* (12. ed.). Porto Alegre: McGrawHill; Artmed.

Phillips, A. (1988/2007). *Winnicott*. São Paulo: Ideias & Letras.

Roussillon, R. (2009). Transitionnel et réflexivité. *Les Lettres de La Société de Psychanalyse Freudiene, Winnicott, un psychanalyste dans notre temps*, (21), 123-140.

Samuels, L. (1996). A historical analysis of Winnicott's "The use of an object". *Winnicott Studies: The Journal of the Squiggle Foundation, 11*, 41-50.

Samuels, L. (2001). The paradox of destruction and survival in D. W. Winnicott's "The use of an object". *Fort Da, 7*, 38-53.

Spelman, M. B. (2013a). *The Evolution of Winnicott's Thinking: Examining the Growth of Psychoanalytic Thought Over Three Generations*. London: Karnac Books.

Spelman, M. B. (2013b). *Winnicott's Babies and Winnicott's Patients: Psychoanalysis as Transitional Space*. London: Karnac Books.

Stern, D. N. (1977/2002). *The First Relationship: Infant and Mother, With a New Introduction*. Cambridge: Harvard University Press.

Stern, D. N. (1990/1991). *Diário de um bebê*. Porto Alegre: Artes Médicas.

Stern, D. N. (1985/1992). *O mundo interpessoal do bebê*. Porto Alegre: Artes Médicas.

Stern, D. N. (1995/ 1997). *A constelação da maternidade*. Porto Alegre: Artes Médicas.

Stern, D. N. & Bruschweiler-Stern, N. (Eds.). (1998). *The Birth of a Mother: How the Motherhood Experience Can Change You Forever*. New York: Basic Books.

Winnicott, D. W. (1945h). Para um Estudo Objetivo da Natureza Humana. In *Pensando sobre Crianças* (pp. 31-37). Porto Alegre: Artes Médicas, 1997.

Winnicott, D. W. (1955d). Aspectos clínicos e metapsicológicos da regressão no contexto psicanalítico. In *Da Pediatria à Psicanálise* (pp. 462-487). São Paulo: UBU, 2021.

Winnicott, D. W. (1958b). A agressividade em relação ao desenvolvimento emocional. In *Da Pediatria à Psicanálise* (pp. 371-392). São Paulo: UBU, 2021.

Winnicott, D. W. (1958m). Pediatria e neurose da infância. In *Da pediatria à psicanálise* (pp. 417-423). São Paulo: UBU, 2021.

Winnicott, D. W. (1960c). Teoria do relacionamento pais-bebê. In *Processos de amadurecimento e ambiente facilitador* (pp. 44-69). São Paulo: UBU, 2022.

Winnicott, D. W. (1963d). Moral e educação. In *Processos de amadurecimento e ambiente facilitador* (pp. 117-132). São Paulo: UBU, 2022.

Winnicott, D. W. (1964d). As Raízes da Agressividade. In *A Criança e seu Mundo* (pp. 262-270). Rio de Janeiro: Zahar Editores, 1982.

Winnicott, D. W. (1965n). A Integração do ego no desenvolvimento da criança. In *Processo de amadurecimento e ambiente facilitador* (pp. 70-79). São Paulo: UBU, 2022.

Winnicott, D. W. (1965q). A criança de cinco anos. In *Família e desenvolvimeto individual* (pp. 67-77). São Paulo: UBU, 2023.

Winnicott, D. W. (1965r). Da dependência à independência no desenvolvimento do indivíduo. In *Processos de amadurecimento e ambiente facilitador* (pp. 79-87). São Paulo: UBU, 2022.

Winnicott, D. W. (1965s). Influências de Grupo e a Criança Desajustada: o aspecto escolar. In *A Família e o Desenvolvimento Individual* (pp. 241-256). São Paulo: UBU, 2023.

Winnicott, D. W. (1965t). Crescimento e desenvolvimento na fase imatura. In *A Família e o Desenvolvimento Individual* (pp. 45-59). São Paulo: UBU, 2023.

Winnicott, D. W. (1965va). Enfoque Pessoal da Contribuição Kleiniana. In *Processos de Amadurecimento e Ambiente Facilitador* (pp. 218-260). São Paulo: UBU, 2022.

Winnicott, D. W. (1965vc). Provisão para a criança na saúde e na crise. In *Processos de Amadurecimento e Ambiente Facilitador* (pp. 79-90). São Paulo: UBU, 2022.

Winnicott, D. W. (1967b). A localização da experiência cultural. In *O Brincar e a Realidade* (pp. 154-166). São Paulo: UBU, 2019.

Winnicott, D. W. (1969i). O uso de um objeto e a relação por meio de identificações. In *O brincar e a realidade* (pp. 141-153). São Paulo: UBU, 2019.

Winnicott, D. W. (1971f). O Conceito de Indivíduo Saudável. In *Tudo Começa em Casa* (pp. 21-42). São Paulo: UBU, 2021.

Winnicott, D. W. (1971g). A criatividade e suas origens. In *O Brincar e a Realidade* (pp. 108-140). São Paulo: UBU, 2019.

Winnicott, D. W. (1971q). O lugar em que vivemos. In *O Brincar e a Realidade* (pp. 167-176). Rio de Janeiro: UBU, 2019.

Winnicott, D. W. (1971r). O Brincar: atividade criativa e a busca do self. In *O Brincar e a Realidade* (pp. 91-107). São Paulo: UBU, 2019.

Winnicott, D. W. (1984e). Liberdade. In *Tudo Começa em Casa* (pp. 272-283). São Paulo: UBU, 2021.

Winnicott, D. W. (1984h). Sum: Eu Sou. In *Tudo Começa em Casa* (pp. 62-74). São Paulo: UBU, 2021.

Winnicott, D. W. (1986f). Cura: uma conversa com médicos. In *Tudo Começa em Casa* (pp. 131-141). São Paulo: UBU, 2021.

Winnicott, D. W. (1986h). Vivendo criativamente. In *Tudo Começa em Casa* (pp. 43-61). São Paulo: UBU, 2021.

Winnicott, D. W. (1987b). *O Gesto Espontâneo*. São Paulo: Martins Fontes, 1990.

Winnicott, D. W. (1988). *Natureza Humana*. São Paulo: UBU, 2024.

Winnicott, D. W. (1989vk). A Psicologia da Loucura: Uma Contribuição da Psicanálise. In *Explorações Psicanalíticas: D. W. Winnicott* (pp. 94-101). Porto Alegre: Artes Médicas, 1994.

Winnicott, D. W. (1989xa). O Uso do Objeto no Contexto de Moisés e o Monoteísmo (Parte VII do cap. 34). In *Explorações Psicanalíticas: D. W. Winnicott* (pp. 187-191). Porto Alegre: Artes Médicas, 1994.

Yao, X., Glessner, J. T., Li, J., Qi, X., Hou, X., Zhu, C., Li, X., March, M. E., Yang, L., Mentch, F. D., Hain, H. S., Meng, X., Xia, Q., Hakonarson, H. & Li, J. (2021). Integrative analysis of genome-wide association studies identifies novel loci associated with neuropsychiatric disorders. *Transl Psychiatry*, *11*(1), 69. doi: 10.1038/s41398-020-01195-5. PMID: 33479212; PMCID: PMC7820351.

Yao, H., Fu, Y., Weng, X., Zeng, Z., Tan, Y., Wu, X., Zeng, H., Yang, Z., Li, Y., Liang, H., Wu, Y., Wen, L. & Jing, C. (2023). The Association between Prenatal Per- and Polyfluoroalkyl Substances Exposure and Neurobehavioral Problems in Offspring: A Meta-Analysis. *Int J Environ Res Public Health*, *20*(3), 1668. doi: 10.3390/ijerph20031668. PMID: 36767045; PMCID: PMC9914055.

Zhang S., Lin T., Zhang Y., Liu X. & Huang H. (2022). Effects of parental overweight and obesity on offspring's mental health: a meta-analysis of observational studies. PLoS One, 17(12), e0276469. doi: 10.1371/journal.pone.0276469. PMID: 36548252; PMCID: PMC9778529.

3. Daniel Stern e a teoria do desenvolvimento dos sentidos do *self*

Neste capítulo apresento a teoria do desenvolvimento dos sentidos do *self* do ponto de vista de Daniel Stern. No seu livro *O mundo interpessoal do bebê,*[1] ele apresentou essa perspectiva teórica e descritiva do desenvolvimento, fazendo uma síntese na qual agregou conhecimentos advindos da psicanálise e do trabalho clínico (especialmente Freud, Klein e Mahler), da teoria do apego, da epistemologia genética de Jean Piaget, das neurociências e de diversas contribuições do campo das ciências do desenvolvimento (que elaboram, de diversos pontos de vista, teorias com base na observação *objetiva* da realidade).

Aspectos gerais da proposta de Daniel Stern

A proposta de Daniel Stern talvez corresponda à primeira das bem-sucedidas tentativas de integrar os conhecimentos advindos de dois tipos de métodos diferentes, aparentemente em oposição, que são os da apreensão *subjetiva* dos dados, como ocorre no trabalho clínico (ancorado na subjetividade do paciente, do analista, e do que é elaborado a partir desse encontro psicoterápico), e os da observação

---

1 Stern 1985/1992.

objetiva (com procedimentos de controle do que é observado, eliminando os aspectos mais subjetivos da apreensão dos dados). Para Daniel Stern, a apreensão objetiva dos fatos não consegue fornecer uma compreensão global sistêmica do desenvolvimento, enquanto a apreensão subjetiva não conseguiria fornecer as realidades descritivas mais objetivas dos fatos, o que exigiria algum tipo de comunhão entre essas perspectivas: "Situações experimentais não serviriam, não sozinhas. Elas capturam uma fatia muito pequena da vida e não possuem o contexto necessário para uma compreensão completa. Antes dos experimentos, precisávamos (e precisamos) de observações descritivas";[2] ou ainda: "o infante da clínica sopra vida subjetiva na criança observada".[3] Neste capítulo, demonstro como isso foi feito e quais os seus resultados.

Daniel N. Stern (1934-2012) foi um psiquiatra e psicanalista, com formação também em bioquímica e história da arte, que dedicou a vida ao estudo e à pesquisa sobre o desenvolvimento infantil, em especial sobre o que ocorre com o bebê na sua chegada ao mundo e na continuidade da vida nos seus primeiros anos.[4] Stern considera que seu livro *The First Relationship: Infant and Mother*[5] continha quase todas as ideias que nortearam seus trabalhos. Nesse livro, ele propôs observar e analisar uma série de sequências interativas mãe-bebê, tendo como conceito orientador a ideia de "regulação mútua", que ocorria de forma não verbal e podia ser observada considerando algumas ações (um afastamento, uma cabeça que vai para frente ou para trás etc.), como faziam *etólogos* (para compreensão do comportamento animal), *dançarinos* e *coreógrafos* (para compreensão dos movimentos na dança). A observação dessas interações,

2 Stern 1977/2002, p. 1.

3 Stern 1985/1992, p. 11.

4 Cf. uma apresentação da vida e obra de Daniel Stern em Palombo, Bendicsen & Koch 2010.

5 Stern 1977/2002.

nesses termos, foi possível com o uso de câmeras de microfilmagem, oferecendo um material que podia, então, ser visto em câmera lenta, revisto e analisado inúmeras vezes, oferecendo, pois, um novo método para observação, interpretação e explicação dessas interações. Stern também denominou essas ações ou sequências de ações *unidades básicas de comportamento* ou *sequências interativas* que, durante o desenvolvimento, seriam, então, generalizadas para formar Representações de interações que foram generalizadas (*Representations of Interactions that have been Generalized* – RIGS).

Essas RIGS, por sua vez, constituiriam o mundo interno do bebê; daí o título de seu livro *The Interpersonal World of the Infant: a View from Psychoanalysis and Developmental Psychology*,[6] no qual ele propõe a sua compreensão dos sentidos dados e apreendidos pelo *self*, que é apresentado no quadro de uma teoria do desenvolvimento dos sentidos do *self*, com suas fases, dinâmicas e conquistas ao longo do processo de desenvolvimento.

No livro *Diary of a Baby: What Your Child Sees, Feels, and Experience*,[7] Stern tenta descrever como um bebê apreenderia o mundo, usando os mesmos pressupostos e categorias que utilizou anteriormente.

Essa suposição (regulação mútua e seus modos de apreensão) e a consideração tanto das unidades de internalização quanto das RIGS também estão presentes no livro *The Motherhood Constellation: a Unified View of Parent-Infant*[8] na forma de "esquemas-de-estar-com", e envolvem tanto o que ocorre com o bebê quanto o que ocorre com a mãe; mais ainda, seriam modelos internalizados usados para avaliar experiências atuais na vida das pessoas em geral. Esse livro, focado nas relações mãe-bebê, procura também apresentar entendimento sobre as práticas psicoterapêuticas no cuidado de pais e crianças.

---

6 Stern 1985/2000.

7 Stern 1990/1991.

8 Stern 1995/1997.

Ainda nessa direção, Stern publica, junto com sua mulher Nadia Bruschweiler-Stern, um livro dedicado à compreensão das transformações estruturais pelas quais passa uma mulher quando se torna mãe, *The Birth of a Mother: How the Motherhood Experience Can Change You Forever.*[9]

Outros livros de Stern – *The Present Moment in Psychotherapy and Everyday Life* [*O momento presente na psicoterapia e na vida cotidiana*],[10] *Forms of Vitality: Exploring Dynamic Experience in Psychology and the Arts*[11] –, por sua vez, também utilizam esses mesmos princípios e/ou concepções para observar, descrever e explicar os relacionamentos mãe-bebê, o desenvolvimento infantil e, numa perspectiva mais ampla, os modos de ser, modos de estar-com, presentes tanto na relação com o bebê e com a criança quanto na vida adulta, enfim, de uma maneira ampla, em toda relação com os outros.

A esses livros creio que também deva ser acrescentado outro, publicado pelo The Boston Change Process Study Group, do qual foi um dos fundadores, *Change in Psychotherapy: a Unifying Paradigm,*[12] que agrupa pesquisadores e clínicos dedicados a entender e expandir a prática psicoterápica, tomando a questão da interpretação e do que ocorre para além da interpretação, sobretudo no contexto do método de tratamento psicanalítico.[13]

Em todos esses livros e pesquisas, Stern articula conhecimentos advindos da psicanálise, da teoria do apego, do estudo do comportamento animal, das pesquisas sobre o desenvolvimento, das neurociências, da prática clínica com mães e bebês, da psicoterapia infantil etc., apresentando não só um método novo para a pesquisa das interações mãe-bebê, comungando dados *objetivos* com dados *descritivos*

---

9 Stern & Bruschweiler-Stern 1998.

10 Stern 2004/2007.

11 Stern 2010.

12 The Boston Change Process Study Group 2010.

13 Cf. uma análise crítica desse livro no artigo de Labrunetti & Fulgencio 2022.

(ou *subjetivos*), mas também mostrando como essas interações estão presentes nos relacionamentos entre adultos e em diversas formas de psicoterapia.

É no seu livro mais conhecido, *O mundo interpessoal do bebê*,[14] que encontramos, então, uma apresentação teórica e descritiva da sua perspectiva do desenvolvimento socioemocional do ser humano, a teoria do desenvolvimento dos sentidos do *self*, e tomaremos esse livro como objeto central para analisar a sua perspectiva desenvolvimentista.

A proposta de Stern articula os conhecimentos e as ideias de compreensão da vida psíquica advindos tanto das atividades e pesquisas clínicas, constituindo aquilo que por vezes é denominado *bebê clínico* ou *subjetivo*, quanto de conhecimentos e propostas de compreensão da vida psíquica advindos da observação empírica, natural ou experimental, observação programada e estabelecida por um quadro empírico bem estabelecido, previamente conhecido e reproduzível empiricamente, constituindo aquilo que por vezes é denominado *bebê empírico* ou *objetivo*.

Stern integrou o Boston Change Process Study Group, fundado em 1995, com o objetivo de integrar os conhecimentos advindos das pesquisas clínicas psicodinâmicas (dentre elas a psicanálise) e os advindos das pesquisas dos desenvolvimentalistas:

> *A agenda desse grupo foi estudar o processo de mudança, tanto no desenvolvimento normal como nas terapias psicanalíticas (www.changeprocess.org). Além de Daniel Stern, esse grupo incluiu sua esposa Nadia Bruschweiler-Stern, Karlen Lyons-Ruth, Alexander Morgan, Jeremy Nahum, Alexandra Harrison, Edward Tronick e Louis Sander.*[15]

14 Stern 1985/1992.

15 Palombo, Bendicsen & Koch 2010, pp. 244-245.

Mais especificamente, Stern propôs compor num diálogo frutífero para integrar dialeticamente os campos de pesquisa sobre o bebê, articulando o bebê *empírico* com o bebê *clínico*, fazendo dialogar as propostas e construções teóricas da psicanálise (em especial as de Melanie Klein e de Margaret Mahler, construídas com base em pesquisa e apreensão clínica dos dados) com os conhecimentos advindos dos pesquisadores do desenvolvimento (em especial os de Piaget, Vygotsky e outras perspectivas desenvolvimentistas, dentre elas, com ênfase especial, as da teoria do apego), além de considerar os diversos conhecimentos advindos das pesquisas atuais das neurociências.

No site do Grupo de Boston, encontra-se a seguinte descrição do trabalho desenvolvido por Daniel Stern:

> *Há mais de trinta anos trabalhou na interface entre pesquisa e prática; entre psicologia do desenvolvimento e psicoterapia psicodinâmica; entre a observação/experimentação infantil e a reconstrução clínica da experiência inicial; entre as perspectivas interpessoais e intrapsíquicas. Esse trabalho atendeu uma função de integração e integração para promover a compreensão da teoria clínica, prática e desenvolvimento.*[16]

Nesse conjunto de referências teóricas e descritivas, com dados objetivos e subjetivos, Stern postulou como foco empírico para a compreensão e a descrição do desenvolvimento – ou ainda, nas palavras dele, como *princípio organizador primário* – os diversos sentidos (e apreensões) do *self* e do outro ao longo do processo de desenvolvimento socioemocional do ser humano, constituindo e denominando, assim, sua *teoria do desenvolvimento dos sentidos do self*.

16 Boston Change Process Study Group 2010.

Suas contribuições afetaram tanto a área da psicologia do desenvolvimento quanto a dos psicanalistas e psicoterapeutas, transformando e fazendo desenvolver, tanto teórica como prática e clinicamente, esses campos do conhecimento, aumentando as capacidades de enunciar e resolver problemas.

Uma matriz analítico-histórico-crítica para a compreensão da teoria do desenvolvimento dos sentidos do self

Retomando a proposta inicial de análise das teorias psicanalíticas do desenvolvimento, com a utilização de uma matriz que organiza o estudo e a apresentação dessas teorias, enfatizando as mesmas variáveis – 1. problema inicial; 2. problema universal; 3. variáveis teóricas e empíricas; 4. modelo ontológico; 5. método utilizado nesse tipo de pesquisa; 6. fases, dinâmicas, conquistas; 7. valor heurístico –, passo, então, a analisar as características e o processo de constituição da teoria do desenvolvimento dos sentidos do *self*.

Problema inicial

Daniel Stern, no prefácio de *O mundo interpessoal do bebê*, explicita qual foi o problema clínico que o tocou inicialmente:

> *Quando eu fazia residência em psiquiatria e em treinamento psicanalítico, sempre me solicitavam que resumíssemos cada caso com uma formulação psicodinâmica, isto é, um relato histórico explanatório de como o paciente se tornou a pessoa que entrou em nosso consultório.*[17]

17 Stern 1985/1992, p. xi.

Por *formulação dinâmica*, na psiquiatria e na psicanálise, entende-se a consideração da história afetiva, individual e grupal dos indivíduos e, em especial, no caso da psicanálise, a consideração dos determinantes inconscientes que constituem o indivíduo nessa história. A segunda formulação que quero destacar, da citação anterior, é "como o paciente *se tornou* a pessoa que entrou em nosso consultório", ressaltando que há um processo desenvolvimentista a ser considerado, partindo da sua origem (seu nascimento, seu ambiente inicial, sua vida de bebê) até o momento em que, integrado-se como uma *pessoa* (para Stern, num *self*, com toda a sua complexidade), esse indivíduo pode estar precisando de ajuda psicoterapêutica ou psiquiátrica.

Do ponto de vista do desenvolvimento emocional, trata-se, para Stern, de compreender como o ser humano passa da situação inicial na qual o bebê é *dependente* e *inseguro* para conquistar a *autonomia* e a *confiança*[18] existencial. Stern acha, no entanto, que há um modo mais objetivo, mais preciso e mais útil para pensar a linha do desenvolvimento emocional, substituindo, então, esses termos, um tanto vagos, pela questão dos *sentidos do self*, ou, em termos mais descritivos, dos modos como o *self* apreende a si mesmo e o mundo e estabelece suas relações.

Ao procurar reconstruir essa história, no trato clínico investigativo com seus pacientes, Stern se deparava com a necessidade (e a dificuldade) de saber, de forma fidedigna, como foram os anos iniciais, as fases de bebê do paciente, obrigando-se a especular em demasia. Mesmo nas teorias psicodinâmicas, como é a psicanálise, essas fases iniciais eram descritas e teorizadas a partir da memória dos pacientes: "Os primeiros meses e anos da vida ocupavam um lugar firme e

18 Estes são, sem sombra de dúvida, os mesmos utilizados por Erik Erikson na sua teoria do desenvolvimento psicossocial, quando descreve as oito idades do homem.

proeminente nas teorias, mas desempenhavam um papel especulativo e obscuro ao lidarmos com uma pessoa real".[19]

Podemos dizer que é, pois, a situação do bebê o seu problema empírico de base, como ele mesmo enuncia:

> *Qualquer pessoa interessada na natureza humana é levada pela curiosidade a se perguntar sobre a vida subjetiva dos bebês. Como os bebês experienciam a si mesmos e aos outros? Existe um eu, para começar, ou um outro, ou algum amálgama de ambos? Como eles reúnem sons, movimentos, toques, visões e sentimentos separados para formar uma pessoa inteira? Ou o todo é abarcado imediatamente? Como os bebês experienciam os eventos sociais de "estar com" um outro? Como é "estar com" alguém lembrado, ou esquecido, ou representado mentalmente? Como seria a experiência de relacionar-se, na medida em que o desenvolvimento prossegue? Em resumo, que tipo de mundo ou mundos interpessoais o bebê cria?*[20]

Uma primeira alternativa adveio daquilo que os teóricos do desenvolvimento estavam procurando fornecer com base na observação empírica objetiva dos bebês e das crianças. Havia, então, uma diferença, por vezes uma contradição, entre aquilo que se obtinha pelo método clínico pela maneira como os pacientes contavam a sua história (ou seja, eram dados *subjetivos*) e aquilo que os psicólogos do desenvolvimento obtinham pelo método de observação (seja de situações naturais, seja de situações artificialmente construídas para a observação, ou seja, os experimentos a serem observados, solidamente estruturados e padronizados); forneciam, assim, dados *objetivos*.

---

19 Stern 1985/1992, p. x.

20 Stern 1985/1992, p. 1.

A dificuldade de compor esses dados é uma tarefa problemática, como já apontou Ronald Laing:

> *Traduzir a relação daquilo que é objetivo e daquilo que não é um problema objetivo é impossível. Seria necessário objetivar o que não é objetivo e depois confrontar duas objetividades. Mas, na realidade, os termos de comparação são uma subjetividade e uma objetividade. Por isso não consigo ver como seja possível comparar subjetividade e objetividade com os métodos da pura subjetividade ou da pura objetividade.*[21]

Stern, por sua vez, procurou encontrar um modo de fazer essa composição e diálogo entre dados subjetivos e objetivos. Ele formulou esse problema como uma das tarefas e objetivos de suas pesquisas, enunciando sobre o mundo e o desenvolvimento do bebê: "Este livro tenta buscar um diálogo entre o bebê revelado pela abordagem experimental e o reconstruído clinicamente, no intuito de resolver a contradição entre a teoria e a realidade".[22]

A situação do bebê surge para ele como um problema a ser resolvido, principalmente porque uma coisa é o ponto de vista do bebê (o que ele sente, vê, apreende, interpreta etc.) e os modos como lida com o mundo, e outra bem diferente é como o adulto vê o mundo, vê o bebê e procura lidar com ele. Há uma semântica, uma linguagem diferente, se nos colocamos do ponto de vista do bebê ou do ponto de vista do adulto. Como pode o adulto compreender o bebê, se não fala e/ou entende a língua dos bebês? Como ter acesso e esse mundo não verbal?

---

21 Laing 1979/1982, p. 28.

22 Stern 1985/1992, p. x.

Um dos apoios na procura da solução desse dilema advém, para Stern, daquilo que ele encontrou com os etólogos, dado que eles, via estudo do comportamento animal, descreviam e explicavam, cientificamente, os comportamentos não verbais, chegando, então, à possibilidade de compreender o que ocorre com o bebê humano: "E isso me pareceu o complemento necessário para a análise do autorrelato verbal descrito pelas psicologias dinâmicas".[23]

No livro *The First Relationship: Infant and Mother, With a New Introduction* (1977/2002), Stern comenta as três ideias básicas que o orientaram para analisar essas relações de modo natural e com métodos que pudessem apreendê-las empiricamente, a saber:

- *Primeiro, precisávamos ver o bebê e a mãe nas suas interações naturais. Somente ali poderia ser vista a maior gama de capacidades, tanto no bebê quanto na mãe. Os bebês são seres naturalmente sociais, logo é num ambiente social que as suas capacidades se revelam. Da mesma forma, os verdadeiros comportamentos maternos só poderiam ser vistos na presença de um bebê real (e, idealmente, amado) que provocasse esses comportamentos. Situações experimentais não serviriam, não sozinhas. Elas capturam uma fatia muito pequena da vida e não possuem o contexto necessário para uma compreensão completa. Antes dos experimentos, precisávamos (e precisamos) de observações descritivas.*

- *Em segundo lugar, precisávamos de novos métodos para essas observações, métodos reduzidos e ajustados ao mundo não verbal e instantâneo da interação mãe-bebê.*

23 Stern 1985/1992, p. x.

- *Terceiro, um conceito orientador era essencial para uma visão significativa da interação mãe-bebê, tanto do ponto de vista clínico quanto do senso comum. A "regulação mútua" foi esse conceito orientador. Isso capturou a noção de que os comportamentos da mãe e do bebê poderiam ser explicados em grande parte como tentativas mútuas de regular o estado momentâneo do bebê – que pode ser fome, alegria, excitação e assim por diante, dependendo da hora do dia e do contexto específico.*[24]

Note-se, aqui, o comentário de Stern considerando que os dados advindos de observações objetivas, experimentais, são limitados na sua apreensão, dado seu foco e sua incapacidade para apreenderem o contexto sistêmico-histórico mais amplo da história de um indivíduo, referindo-se, então, à necessidade de observações descritivas, ou seja, de observações que pudessem aprender esse contexto da história no decorrer do tempo de vida do bebê, ou seja, uma descrição que pudesse inserir os dados empíricos-objetivos, pontuais, num contexto histórico-dinâmico, só apreensível subjetivamente. Stern tem como objetivo compor aquilo que é possível apreender via observação empírica direta (especialmente com o uso da microfilmagem); com aquilo que advém da observação clínica, Stern quer integrar o bebê observado com o bebê clínico, por assim dizer:

> *Ambas as abordagens são indispensáveis para a presente tarefa de pensar a respeito do desenvolvimento do senso do eu do bebê. O bebê clínico infunde vida subjetiva no bebê observado, enquanto o bebê observado aponta para as teorias gerais sobre as quais podemos construir a vida subjetiva inferida do bebê clínico.*[25]

---

24 Stern 1977/2002, pp. 1-2.

25 Stern 1985/1992, p. 11.

O problema empírico fundamental, para ele, diz respeito, então, aos *bebês* e às suas vidas, como são, o que apreendem do mundo, como sentem o mundo e, fundamental, como se desenvolvem, seja no relacionamento com suas mães, seja na compreensão de como esse período (suas marcas e conquistas) contribui e determina a construção, o desenvolvimento da pessoa (criança, adolescente ou adulto), seja na saúde, seja na doença.

Isso marca tanto o seu ponto de partida empírico, seu problema inicial, como a maneira como esse ponto de partida se amplia, necessariamente, na construção de uma teoria do desenvolvimento.

Problema universal

Do bebê ao homem adulto, quais são os modos de ser do *self*, como eles se desenvolvem, quais seus determinantes, como isso ocorre no início e na maturidade? Essas questões, enunciadas sinteticamente em termos da pergunta sobre os diversos *sentidos do self* ao longo da existência, levaram Stern, então, a procurar diferenciar, descrever e teorizar como o ser humano vive, apreende a si mesmo e o outro, como faz isso antes de adquirir a linguagem e depois de adquiri-la, como o ser humano constrói, realiza e desenvolve sua relação com o outro e com o mundo em que vive. Sua pesquisa e teorização é construída agregando, de forma seletiva e crítica, uma série de conhecimentos advindos tanto daquilo que se depreende do trabalho clínico quanto da observação empírica objetiva, apoiando-se na psicanálise, na psicologia do desenvolvimento (tanto do ponto de vista dos cognitivistas quanto dos etólogos referidos à teoria do apego) e nas diversas descobertas da neuropsicologia.

Com esse conjunto de referências e dados empíricos ele elaborou uma teoria do desenvolvimento socioemocional, teoria da construção da subjetividade ou, noutros termos, dos modos de ser no mundo, construindo a si mesmo e o outro, denomina, então, como *teoria do desenvolvimento do self* ou *dos sentidos do self.*

Focando sua atenção nos bebês, ele especifica, então, o problema e princípio diretor para pensar o desenvolvimento:

> *Por onde nós podemos começar a inventar a experiência subjetiva dos bebês de sua própria vida social? Eu planejo começar colocando o sentido de eu [self] no próprio centro da investigação. O eu [self] e suas fronteiras estão no âmago da especulação filosófica sobre a natureza humana, e o senso do eu [self] e sua contraparte, o senso do outro, são fenômenos universais que influenciam profundamente todas as nossas experiências.*[26]

A tradução do termo *self*, e a caracterização de qual é o seu referente empírico, já enuncia um problema. Em português, o termo foi traduzido para *eu*. Mas, na psicanálise e nas teorias do desenvolvimento, temos uma série de termos – como *si mesmo, eu, ego, pessoa* – que não são propriamente sinônimos nos diversos sistemas semântico-teóricos em que aparecem; mais ainda, em termos empíricos, o sentimento de si mesmo do bebê é muito diferente do sentimento na criança de 7 anos, no adolescente e no adulto.

Também na filosofia esse problema conceitual está presente, por exemplo, quando Kant se refere ao fato de que o ser humano, diferenciando-se dos animais, tem o eu na sua representação, ou ainda referindo-se ao fato de que no início a criança simplesmente *sentia* a si mesma, mas advém o momento maturacional em que ela *pensa* em si mesma:

26 Stern 1985/1992, p. 3.

> *Que o ser humano possa ter o eu em sua representação eleva-o infinitamente acima de todos os demais seres que vivem na terra. . . . é notável que a criança que já sabe falar suficientemente bem comece, no entanto, bastante tarde a falar por meio do eu (talvez bem depois de um ano), tendo até então falado de si na terceira pessoa (Carlos quer comer, andar etc.), e uma luz parece se acender para ela quando começa a falar por meio do eu: a partir desse dia nunca mais volta a falar daquela outra maneira. Antes simplesmente sentia a si mesma, agora pensa em si mesma. A explicação desse fenômeno poderá custar bastante ao antropólogo.*[27]

Assim, há muitos termos pertencentes a diversos sistemas semânticos teóricos que procuram referir-se à unidade do sujeito psicológico, ou, ainda, à experiência que o ser humano tem de si mesmo, seja em relação a si mesmo, seja na sua relação com os outros. Seria necessário apreender cada um dos sistemas para, então, especificar qual o sentido e o referente empírico desses termos, para que estivéssemos seguros de que estaríamos falando sobre as mesmas coisas. No entanto, o recenseamento enciclopédico não forneceria uma síntese ou uma linguagem comum, dado que pertencem, como diz Thomas Kuhn, a paradigmas diversos, e, nesse sentido, os mesmos termos num ou noutro sistema podem estar se referindo a realidades diversas, bem como termos diferentes podem estar se referindo ao mesmo fenômeno.

Abandonado o projeto de fazer uma *síntese* entre as diversas semânticas (dado que não existe, na linguagem nem nas teorias científicas, uma síntese de línguas diferentes) ou, ainda, de colocar-se de um ponto de vista eclético (no qual todas as perspectivas seriam

27 Kant 1798/2006, Livro 1, parágrafo 1.

sobrepostas ou aglutinadas), opto por um outro caminho,[28] mais plausível e que surge mesmo como uma necessidade: o de procurar especificar, com a maior precisão possível, quais são os termos e os referentes deles usados por Stern, seguindo suas próprias referências e influências.

Em primeiro lugar, trata-se de constatar que Stern usa o termo *self*, ou ainda *sens of self*, como termo ou expressão idiomática, referindo-se tanto à experiência de si mesmo, factual e particular, quanto à própria unidade do sujeito psicológico, o *eu* como uma unidade diferente do mundo ou do outro, o *eu* como um conceito de si mesmo. Dada a impossibilidade de tradução, abarcando todos esses sentidos, optei por manter os termos que ele usa em inglês, reconhecendo como ele os utiliza no quadro do seu pensamento: nesse contexto, o termo *self* se refere à experiência e ao sentido dado à apreensão experiencial de si mesmo, empírica, factual e singular, nos seus modos pré-verbais como também nos verbais-simbólicos e em termos mais gerais, de uma apreensão de si mesmo como uma unidade ou totalidade, tal o conceito de eu, ou ainda a apreensão do eu como congregando um conjunto de experiências factuais e simbólicas. Diz Stern:

> *Embora ninguém possa chegar a um acordo sobre o que exatamente é o eu [self], como adultos nós ainda temos um senso de eu [self] muito real que permeia a experiência social cotidiana. Ele surge de muitas formas. Existe o senso de um eu [self] que é um corpo único, distinto, integrado; há o agente das ações, o experienciador dos sentimentos, o realizador das intenções, o arquiteto dos planos, o transpositor da experiência em linguagem, o comunicador e compartilhador do conhecimento pessoal.*

---

28 Cf. em Fulgencio 2020a uma análise epistemológica e metodológica mais detalhada desse tipo de escolha.

> *Na maioria das vezes, esses sentidos de eu estão fora de nossa consciência, como o respirar, mas eles podem ser trazidos e mantidos em nível consciente. Nós processamos instintivamente nossas experiências de uma forma tal que elas parecem pertencer a um tipo de organização subjetiva única, que comumente chamamos de senso de eu [self]. Ainda que a natureza do eu possa escapar sempre das ciências comportamentais, o senso do eu permanece como uma realidade subjetiva importante, um fenômeno confiável, evidente, que as ciências não podem descartar. O modo como experienciamos a nós mesmos em relação aos outros oferece uma perspectiva organizadora básica para todos os eventos interpessoais.*[29]

Na continuidade desse trabalho de compreensão e apresentação do modo como Stern apreende a realidade fenomênica de que trata (o mundo do bebê, o *self*), descrevendo e elaborando uma teoria do desenvolvimento do *self*, devemos também colocar em evidência os componentes teóricos que constituíram seu pensamento.

Sabemos, como fato explicitado pela epistemologia das ciências, que a realidade é apreendida e descrita com base nas teorias, que não há observação que não seja conduzida por determinados elementos teóricos, suposições e concepções que dizem o que observar, salientar, distinguir, separar e agrupar. De outra maneira, a realidade é também construída com base em elementos que nos informam e orientam sobre como ela deve ser enunciada, ou seja, os fenômenos e os problemas de uma ciência são produzidos a partir de um conjunto de referências conceituais, agrupadas e descritas por Thomas Kuhn como partes que compõem uma matriz paradigmática, a partir da qual a realidade é apreendida, descrita e explicada.

29 Stern 1985/1992, p. 3.

Assim, cabe agora retomar, apoiado no próprio Daniel Stern, a explicitação de suas principais referências conceituais, do conjunto de seus formadores e de seus parceiros de pesquisa, mostrando o que ele selecionou (de forma crítica) de cada uma das suas fontes, agrupando-as à sua maneira, não de maneira exaustiva, mas com o objetivo de estabelecer um quadro geral sobre a sua teoria do desenvolvimento do *self*.

Na introdução de *O mundo interpessoal do bebê*, Stern afirma que o livro foi composto por sua convivência e pesquisa com três grupos: psicanalistas dedicados ao estudo do desenvolvimento (Margaret Mahler, Annamarie Weil, John McDevitt e Anni Bergman); psicólogos do desenvolvimento, preocupados com o desenvolvimento pré-verbal, centrados na observação dos cuidados de bebês (Katherine Nelson, Jerome Bruner, John Dore, Carol Feldman e Rita Watson); e psicólogos dedicados ao estudo da psicopatologia do desenvolvimento (especialmente Robert Emde e Arnold Sameroff, no Center for Advanced Study in the Behavioral Sciences, mas também Alan Sroufe, Arnold Sameroff, Robert Emde, Tom Anders, Hawley Parmelee e Herb Leiderman).

Podemos renunciar a essas influências ou componentes do seu pensamento, referindo-nos à presença da *psiquiatria e da psicologia dinâmicas*, em especial a *psicanálise*, por um lado, e, por outro, à *psicologia do desenvolvimento* em geral, bem como às contribuições dos cognitivistas e dos *etologistas*. No entanto, essas referências são amplas demais, dado que cada uma delas pode referir-se a mais de um tipo de teoria que as compõem.

Influência da psicologia dinâmica ou da psicanálise

No que se refere à psiquiatria e à psicologia *dinâmicas*, devemos considerar todos aqueles que pensam o desenvolvimento como determinado pela história pessoal, familiar e social dos indivíduos, mais ainda, aqueles que pensam que esse desenvolvimento tem determinantes inconscientes. Somos referidos, assim, à formação que Stern teve em psicanálise e, dentre os psicanalistas, às propostas desenvolvimentistas de Margaret Malher, com a teoria da individuação-separação, e a outros psicanalistas, como Anna Freud, René Spitz, Erik Erikson, Melanie Klein e Robert Emde.

Stern considera, pois, que a psicanálise corresponde a uma perspectiva de entendimento que fornece uma compreensão importante para a compreensão do desenvolvimento. Podemos, de início, retomar alguns conceitos dessa perspectiva que são um tipo de *common ground*[30] compartilhado por todos os psicanalisas, ainda que possam haver divergências quanto ao sentido e à referência desses conceitos, a saber: o reconhecimento de que existem determinantes inconscientes, de que há um mecanismo psíquico responsável por dar aos elementos psíquicos o caráter ou a qualidade de serem conscientes ou inconscientes (o recalque), o reconhecimento da importância da sexualidade infantil e do complexo de Édipo, bem como de que há dois fatos importantes (apreendidos no processo psicoterapêutico psicanalítico, mas presentes na vida cotidiana), que são a transferência e a resistência.

Acrescentando a esses elementos fundamentais, Stern se refere a outras contribuições: as de René Spitz, mostrando como o bebê depende do contato humano para desenvolver-se, tendo no sorriso (no terceiro mês), no estranhamento do outro (com a chamada angústia no oitavo mês) e na aquisição da possibilidade de dizer não alguns marcos fundamentais do processo de integração de si mesmo e da possibilidade de reconhecimento-investimento dos objetos do mundo como de valor afetivo; e as de Erikson, que ampliam as determinações do desenvolvimento para considerações; as pressões e

30 Cf. Fulgencio 2020a.

determinações culturais também são importantes porque remetem Stern a questões como a de confiança no outro.

A psicanálise, a partir da sua observação clínica, procurou reconstruir o processo de desenvolvimento dos modos como o ser humano se relaciona, tendo na noção de relação de objeto sua referência, seja em termos dos tipos de objeto (em Freud: autoerótico, narcísico, homossexual e heterossexual), seja em termos das dinâmicas (oral, anal, genital infantil ou fálica e genital adulta) que caracterizam essas relações; relações essas impulsionadas pela vida instintual. Stern retoma as linhas gerais do desenvolvimento traçadas pelos psicanalistas que lhe são caros:

> *A psicologia do desenvolvimento vê a maturação das novas capacidades (como coordenação mão-olho, memória de evocação e autoconsciência) e sua reorganização como o tema em questão apropriado das mudanças do desenvolvimento. Para fins de utilidade clínica e de uma explicação subjetiva, a psicanálise precisou dar um passo adiante e definir as progressivas reorganizações em termos de princípios organizadores mais amplos do desenvolvimento ou da vida mental. A progressão no desenvolvimento em Freud, do estágio oral para o anal e para o genital, foi vista como a reorganização sequencial do impulso, ou da natureza do id. A progressão que ocorre no desenvolvimento de Erikson, da confiança para a autonomia e para a atividade, foi vista como a reorganização sequencial do ego e das estruturas de caráter. Da mesma forma, a progressão de Spitz, dos princípios organizadores, referia-se a uma reestruturação dos precursores do ego. A progressão no desenvolvimento de Mahler, do autismo normal para a simbiose normal e para a separação-individuação, referia-se a uma reestruturação do ego e do id, mas nos*

> *termos da experiência de eu e outro do bebê. A progressão desenvolvimental de Klein (posições depressiva, paranoide e esquizoide) também se referia à reestruturação da experiência de eu e outro, mas de modo muito diferente.*[31]

Para ele, a teoria kleiniana dos modos como se dão as relações com o mundo (posições esquizoparanoide e depressiva) e a teoria da individuação-separação de Margaret Mahler fornecem o quadro geral de referência sobre o qual Stern pensara o desenvolvimento dos modos de ser do *self* ou dos sentidos do *self*:

> *A explicação para o desenvolvimento descrita neste livro, na qual os novos sentidos do eu servem como os princípios organizadores do desenvolvimento, está mais próxima das explicações de Mahler e Klein, pois sua preocupação central, da mesma forma, é com a experiência de eu e de outro do bebê.*[32]

Isso não significa, no entanto, uma adesão e aplicação das concepções de Mahler, mas uma avaliação e um aproveitamento crítico das suas propostas, em que, por um lado, Stein reconhece a direção descrita por Mahler como uma linha a ser considerada (a linha que leva o indivíduo como separado do outro), em contrapartida, a crítica e a recusa da ideia de que, no início, o bebê vive um tipo de autismo primário, o que estaria em desacordo com uma série de observações e experiências que mostram que o bebê já tem a possibilidade de fazer distinções entre o seu *self* e o que não é ele, o que é o outro ou o mundo (o bebê pode, por exemplo, distinguir entre o leite da mãe e o leite de uma outra mulher). Para Stern, com base em diversas observações e comprovações empíricas, os bebês têm habilidade para

31 Stern 1985/1992, pp. 4-5.

32 Stern 1985/1992, p. 15.

se relacionar e têm, já desde o início, um sentimento emergente de si mesmos. Palombo resume alguns aspectos dessa crítica e oposição a algumas concepções supostas pela psicanálise:

> *Stern começou por desafiar a afirmação de Mahler de que os bebês nascem em um estado indiferenciado do qual eles emergem através do processo de separação-individuação. A pesquisa infantil levou-o a concluir que a relação com o homem começa no nascimento. Para Stern, o senso de si próprio do bebê está presente no nascimento como uma unidade única, distinta e integrada, permitindo que o bebê seja um agente de ação capaz de experimentar sentimentos. As competências infantis incluem a busca de estímulos, a preferência inata e a capacidade de ordenar suas experiências e de manter a autorregulação. Essa visão se afastou da ideia de Freud de uma "barreira de estímulo" que protege o bebê da estimulação externa (Freud 1920g) e da ideia de Mahler de crianças nascerem em um estado de autismo normal, não relacionado a outros (Mahler, Pine & Bergman 1975).*
>
> *De um modo geral, ao caracterizar suas diferenças com Mahler e Klein, ele diz: "As diferenças [entre ele e os psicanalistas] estão naquilo que se considera ser a natureza dessa experiência, na ordem da sequência de desenvolvimento e no meu foco sobre o desenvolvimento do senso de eu, não dificultado ou confundido pelas questões do desenvolvimento do ego ou do id"* (Stern 1985/1922, p. 15).[33]

Essa forma de uso e apreensão das teorias psicanalíticas, das teorias cognitivistas (Piaget e Vygotsky), dos adeptos da teoria do apego

---

33 Palombo, Bendicsen & Koch 2010, p. 246.

e dos estudos e experiências dos psicólogos do desenvolvimento em geral e dos neuropsicólogos corresponde a um tipo de uso visando à compreensão do seu princípio organizador do desenvolvimento: os sentidos do *self*.

Stern critica, ainda, o fato de que os psicanalistas pensam o desenvolvimento num sentido contrário ao da história, partindo do adulto e de suas manifestações clínicas patológicas para, então, supor o que ocorreu no passado do bebê e da criança, em vez de se dedicarem ao estudo do bebê no seu desenvolvimento saudável. Diz Stern: "a abordagem assumida aqui é normativa, em vez de patomórfica, e prospectiva, em vez de retrospectiva".[34] Para ele, esses modos de compreender o processo de desenvolvimento acabam por falsear e obscurecer, às vezes de forma especulativa e inadequada, os fenômenos que tentam descrever. É nesse sentido que pressuposições que consideram o bebê mais maduro do que ele é – como supõe Melanie Klein (1952), considerando que desde o momento pós-natal o bebê já pode estabelecer relações de objetos, amar e odiar, projetar e introjetar – ou mais indiferenciado do que ele é – ou como supõe Mahler, considerando que no início o bebê vive um tipo de autismo originário – são propostas que não se sustentam diante de provas e experimentos empíricos fornecidos pela observação objetiva dos bebês.

Isso não significa, para Stern, que tudo aquilo que a psicanálise pode dizer sobre o desenvolvimento e a infância, e sobre a própria natureza humana e seu desenvolvimento emocional, deva ser recusado, mas reavaliado, numa avaliação crítica e no confronto com os dados empíricos. É nessa direção que ele afirma que há uma fragilidade da psicanálise para a compreensão dos bebês e do período inicial, mas também uma certa potência da psicanálise para a compreensão de fases mais tardias do desenvolvimento:

34 Stern 1985/1992, p. 15.

> *De modo mais geral, muitos dos princípios da psicanálise parecem descrever bem melhor o desenvolvimento depois que termina o período de bebê e começa a infância, isto é, quando existe a fala. Essa observação não pretende ser uma desconfirmação da teoria psicanalítica; é uma sugestão de que a teoria psicanalítica tem sido mal aplicada a esse período mais inicial da vida, o qual ela não descreve bem.*[35]

No entanto, há muitas afirmações dos psicanalistas sobre o que ocorre com o bebê, sobre o processo que leva à constituição da distinção eu-outro, ao amadurecimento cognitivo e emocional do ser humano, que se mostra plausível empiricamente, sem que seja possível, no entanto, objetivá-las ou dar precisão empírica a elas, mais ainda, os diversos sistemas semântico-teóricos da psicanálise parecem descrevê-las de formas diferentes. Note-se, por exemplo, o comentário de Stern sobre como alguns psicanalistas analisam os fenômenos da conquista da autonomia e da independência do ser humano:

> *Como identificar os eventos cruciais que poderiam definir uma fase que é específica para as questões de autonomia e independência? Tanto Erikson (1950) quanto Freud (1905d) situaram o encontro decisivo para essa questão clínica em torno do controle do funcionamento esfincteriano, por volta dos 24 meses. Spitz (1957) situou o encontro decisivo na capacidade de dizer "não", ao redor dos 15 meses. Mahler (1968, 1975) considerou como o evento decisivo para a autonomia e independência a capacidade dos bebês de caminhar, de afastar-se da mãe pela própria iniciativa, começando por volta dos 12 meses. O momento desses três encontros decisivos discorda em um ano inteiro, a metade da vida da criança de dois*

35 Stern 1985/1992, p. 8.

> *anos. Essa é uma grande discordância. Qual dos autores está certo? Todos eles estão certos, e isso é tanto o problema quanto o ponto.*[36]

Assim, pode-se afirmar que há algumas concepções dos psicanalistas que não sobrevivem às provas empíricas (a da existência de um autismo originário, por exemplo), mas há também uma série de outras que, sendo plausíveis, ajudam a compreender o processo (elas têm valor heurístico), obtendo indícios mais ou menos diretos tanto da observação empírica quanto da clínica.

Stern ainda ressalta um outro problema, presente na psicanálise, mas também noutros modos de compreender o desenvolvimento (seja emocional, seja cognitivo): o fato de pensá-lo em termos de fases que se complexificam e são ultrapassadas. Porém, Stern se opõe a tal modo de pensar o desenvolvimento, afirmando que o que temos no processo são dinâmicas, modos de ser, que acabam por estar presentes por toda a vida. A própria concepção de que as patologias ou os sintomas advêm de fixação ou traumas em determinadas fases (sendo a patologia pensada em termos de fixações a determinadas fases, a determinadas dinâmicas) não seria uma hipótese defensável na sua totalidade, não há evidências empíricas que a sustentem: "Danos e traumas psicológicos em uma idade ou fase específica devem resultar mais tarde em tipos específicos predizíveis de problemas clínicos. Não existe tal evidência".[37] Stern comenta:

> *Um dos problemas com as predições implícitas ou explícitas, que a teoria psicanalítica tem feito sobre a ontogenia da patologia, é que elas talvez sejam específicas demais. O pensamento recente sobre a psicopatologia do desenvolvimento (Cicchetti & Schnieder-Rosen 1985; Sroufe &*

36 Stern 1985/1992, p. 16.
37 Stern 1985/1992, p. 15.

> *Rutter 1984) enfatiza que as manifestações de patologia podem ser muito diferentes em idades diferentes. Atualmente se pensa que as questões do desenvolvimento mais normais sofrem uma considerável transformação na manifestação através das idades. Essa tem sido uma impressão crescente a respeito do paradoxo da descontinuidade do desenvolvimento dentro da continuidade (Garmenzy & Rutter 1983; Hindle & Batenson 1984; Kagan, Kearsley & Zelazo 1978; McCall 1979; Sameroff & Chandler 1975; Waddington 1940).*[38]

O desenvolvimento do ser humano é, necessariamente, um processo que precisa ser considerado na sua história no tempo, dependendo de uma compreensão sistêmica geral para que os dados singulares particulares possam ser significados: o todo determina as partes, que, por sua vez, determinam o todo, como na perspectiva hermenêutica de compreensão de um texto ou de uma realidade. Daí a sua formulação sintética, agrupando necessariamente os dados do bebê observado com o bebê clínico, os dados objetivos com os subjetivos: "O bebê clínico infunde vida subjetiva no bebê observado, enquanto o bebê observado aponta para as teorias gerais sobre as quais podemos construir a vida subjetiva inferida do bebê clínico".[39]

Influência da psicologia do desenvolvimento

No que se refere à *psicologia do desenvolvimento*, Stern tem em mente um campo da psicologia mais associado à observação direta objetiva (em situações criadas experimentalmente para isso, ou em situação natural) do bebê e da criança (ou, ainda, da díade mãe-bebê e dos relacionamentos interpessoais), seja no que se refere aos cognitivistas

---

38 Stern 1985/1992, p. 29.

39 Stern 1985/1992, p. 11.

(como Piaget e Vygotsky),[40] seja noutras perspectivas (como as de Sander [1962], Greenspan [1981a, 1981b] e todo o campo da teoria do apego). *Grosso modo*, nessa perspectiva, considera-se que o desenvolvimento ocorre em termos das tarefas adaptativas (na interação mãe-bebê ou da criança, do adolescente, do adulto com o mundo), centradas numa construção teórica e descritiva do desenvolvimento que segue uma linha evolutiva (não retrospectiva, como fazem os psicanalistas, indo do adulto e suas memórias para a infância). Há, nessas perspectivas a concepção e a procura de uma teoria e uma descrição do processo evolutivo-desenvolvimentista na saúde (ou normalidade, opondo-se, pois, mais uma vez, ao ponto de vista patomórfico dos psicanalistas).

Como exemplo, dentre diversos, basta citar que Stern se refere muitas vezes a Piaget – reconhecendo a importância da noção de *esquema* (modos de conhecer o mundo) e dos mecanismos de *assimilação*, *acomodação* e *equilibração* (fornecem dinâmicas de desenvolvimento e ampliação desses esquemas) –, como também a Vygotsky, especialmente quando usa a noção de *zona proximal*, aplicando-a, por

---

40 Stern tem em mente todo o trabalho de Piaget explicando como se desenvolve empiricamente a nossa faculdade de conhecer (a conquista da percepção do objeto permanente [mesmo fora da visão da criança], a diferenciação eu-outro, a noção de tempo, espaço, causalidade, a aquisição do pensamento lógico simbólico etc.), denominada epistemologia genética, construída via observação empírica objetiva da criança, e dos experimentos que tornam possível interrogá-la; bem como as propostas de Vygotsky, reconhecendo a influência dos modos de produção na constituição das subjetividades, defendendo uma comunhão entre determinantes biológicos e sociológicos, referindo-se, por exemplo, à zona proximal (zonas na qual a aprendizagem tem as condições de possibilidade de ocorrer). Não se trata, nesse tipo de influência, de permanecer apenas no que Piaget e Vygotsky propuseram, mas a todo o campo da psicologia do desenvolvimento cognitivo e educacional, reconhecendo as diversas descobertas do campo das neurociências, como os neurônios espelhos, como fundamentos dos processos de imitação e incorporação do comportamento do outro nas relações inter-humanas (Stern 1985/1992, p. 8).

exemplo, a estímulos dirigidos ao bebê (quando uma mãe age apresentando um objeto ao bebê, estimulando-o ["você tinha percebido que esse velho chocalho podia ser tão fascinante"]), Stern avalia afirmando "[Isso] não é nada mais do que trabalhar na zona do desenvolvimento (afetivo) próxima do bebê, o lugar logo além de onde ele está e em cuja direção está se desenvolvendo".[41] Muitos exemplos poderiam ser acrescidos para mostrar essa influência, mas nosso objetivo é compreender o contexto geral da proposta de Stern, deixando as minúcias para outro tipo de estudo analítico-crítico.

Influência do ponto de vista dos etólogos, com a teoria do apego

A teoria do apego nasceu dos interesses de John Bowlby para explicar os efeitos da deprivação infantil precoce e seus efeitos na produção de sujeitos delinquentes ou antissociais. Bowlby, com uma sólida formação psicanalítica na Sociedade de Psicanálise Britânica – com forte influência e referência na obra de Melanie Klein (em especial, a sua defesa de que o ser humano, desde o seu nascimento, pode estabelecer relações de amor e ódio) –, mas criticando alguns pressupostos fundamentais da psicanálise (como a sua teoria das pulsões, que as toma como o impulso primário que leva o indivíduo a relacionar-se, seja em função da busca do prazer, seja em função da busca pela descarga da excitação), supôs existir outro motor básico estrutural como impulso fundamental: o apego como princípio advindo da própria história da espécie, num pensamento neodarwinista, no qual o ser humano busca apegar-se a um outro porque isso é mais eficiente para a sobrevivência da espécie. Bowlby ainda fundamentou suas concepções numa série de observações controladas (em especial, com os protocolos de observação experimental desenvolvidos e realizados por Mary Ainsworth), levando-a a classificar os tipos de apego que vão se estabelecendo durante o desenvolvimento (seguro, inseguro,

---

41 Stern 1985/1992, p. 174.

instável etc.). Essa perspectiva ofereceu ao campo das pesquisas do desenvolvimento uma compreensão da maneira como se dão as relações mãe-bebê, seja no seu início, seja como diversos dos seus desenvolvimentos futuros.

Por um lado, o termo apego serve para designar as relações humanas e os padrões que acabam por ser desenvolvidos nessas relações, dando ênfase e importância central nas relações iniciais do ser humano com seu cuidador principal (ou cuidadores); e, por outro, refere-se também à um impulso básico, de origem biológica (visando à sobrevivência da espécie, constituído no homem como fruto da própria lei da sobrevivência no quadro de um pensamento neodarwiniano). São duas coisas diferentes: uma, as efetivas relações inter-humanas, fenomenologicamente reconhecidas; outra, o impulso referido à ontologia e à consideração desse impulso de natureza biológica, caracterizando a natureza humana. Quando pensamos as relações inter-humanas em Freud, vemos que ele usa o termo relações de objeto e as coloca como impulsionadas pelas pulsões (o impulso básico).

Stern corresponde a um dos pensadores que utilizou a compreensão desenvolvimentista do apego, tanto em termos fenomenológicos como ontológicos, para aplicá-la na sua compreensão dos diversos sentidos do *self*. Diz Stern, nesse sentido:

> *A teoria do apego, do modo como se desenvolveu a partir de suas origens na psicanálise e na etologia (Bowlby 1969, 1973, 1980) para incluir os métodos e perspectivas da psicologia do desenvolvimento (Ainsworth, Blehar, Waters & Wall 1978; Ainsworth & Wittig 1969), veio a abarcar muitos níveis do fenômeno. Em vários níveis, o apego é um conjunto de comportamentos do bebê, um sistema motivacional, um relacionamento entre mãe e bebê, uma construção teórica e uma experiência subjetiva para o bebê na forma de "modelos funcionais". Alguns*

> *níveis do apego, como os padrões de comportamento que mudam para manter o apego em diferentes idades, podem prontamente ser vistos como fases sequenciais do desenvolvimento, enquanto outros, como a qualidade do relacionamento mãe-bebê, são questões para toda a vida (Bretherton & Waters 1985; Hinde 1982; Sroufe 1979; Sroufe & Waters 1977).*[42]

Um dos aspectos importantes da teoria do apego, em contraposição à perspectiva psicanalítica, é que as pulsões (e, como consequência, a própria sexualidade) deixam de ter o lugar de princípio e impulso fundamental da constituição e organização da vida psíquica – ou vida emocional –, o que implica dizer que há problemas existenciais (do bebê, da criança, do adolescente e do adulto) que não são redutíveis ao problema da administração da vida pulsional ou instintual nas relações inter-humanas. Isso tem consequências teórico-clínicas de grande relevância, dado que, por exemplo, o cuidado psicoterápico com uma mãe com recém-nascido exige um *setting* e uma intervenção que não pode ser reduzida ou referida aos problemas da sexualidade.

Ao usar a teoria do apego, Stern também não se ocupa da questão da incompatibilidade entre um modelo de homem pensado em termos da teoria das pulsões (análogo a um aparelho movido por forças e energias, como qualquer outro sistema da natureza) e um pensado em termos da teoria do apego (uma espécie regida pela lei da sobrevivência, como todas as espécies animais da natureza). Supõe-se que ele não vê contradição entre elas (da mesma maneira que muitos autores da atualidade têm tentado demonstrar, como Peter Fonagy[43] e Bernard Golse[44]). Retomarei isso mais à frente

---

42 Stern 1985/1992, p. 19.

43 Fonagy 2017.

44 Alvarez & Golse 2008; Golse 2004; 2006b; 2019; Golse & Moro 2014.

quando me ocupar da questão da ontologia considerada por Stern na sua compreensão do desenvolvimento.

O ponto que parece fundamental a Stern é o fato de que a observação empírica fornece os dados objetivos, mas não os dados subjetivos, a maneira como a experiência e o encontro relacional são vividos e significados, ainda que ele considere que isso estaria começando a ser considerado pelos defensores da teoria do apego:

> *A maioria dos teóricos do apego, talvez em virtude de sua fundamentação na psicologia acadêmica, tem sido lenta para assimilar a noção de Bowlby de que embora o apego seja uma perspectiva em relação à evolução, à espécie e à díade individual, ele é também uma perspectiva em relação à experiência subjetiva do bebê na forma do seu modelo funcional de mãe. Só recentemente os pesquisadores voltaram sua atenção para a noção de Bowlby sobre o modelo funcional da mãe na mente do bebê.*[45]

A ênfase de Stern ao valorizar essas perspectivas desenvolvimentistas refere-se tanto ao seu valor descritivo-fenomenológico (que pode dar informações pontuais, mas não pode dar a perspectiva geral, subjetiva, dos sentidos dados pelo bebê a suas experiências) quanto ao fato de que elas podem, então, fornecer sustentação para a compreensão do que é o mundo do bebê, ou, ainda, eu diria, do que é o mundo semântico existencial para o ser humano (bebê, criança, adulto ou adolescente). A importância da compreensão desse mundo subjetivo, por assim dizer, refere-se a sua utilidade clínica, dado que é justamente pela compreensão da experiência vivida, e pelo modo como é vivida e significada, que agimos clinicamente. Ao enfatizar

45 Stern 1985/1992, pp. 19-20.

essa relação ou procura pelo bebê subjetivo, com base no bebê empírico, Stern afirma:

> *Embora vários detalhes desses sistemas descritivos [da psicologia desenvolvimentista] sejam discutíveis, os sistemas são clinicamente úteis para se avaliar e tratar díades progenitor-bebê em situação difícil. O ponto central aqui não é a validade dessas descrições, mas a natureza da perspectiva tornada por elas. Elas veem a díade como a unidade do foco e a veem em termos de tarefas adaptativas. Isso está a uma grande distância de qualquer consideração da provável experiência subjetiva do bebê. Os bebês lidam com seu negócio de crescer e desenvolver-se, e entidades abstratas como homeostase, regulação recíproca e assim por diante não são uma parte concebivelmente significativa de sua experiência social subjetiva. E, no entanto, é exatamente com a experiência subjetiva do bebê que nós nos preocupamos mais nesta investigação.*[46]

A teoria do apego corresponde, para Stern, a uma teoria sobre como ocorre e como são impulsionadas as relações mãe-bebê ao longo do seu desenvolvimento. Ao filmar inúmeras duplas mães-bebês (do nascimento aos 3 anos), seguindo-as ao longo do tempo, Stern pôde observar como evidente o estabelecimento de relações interpessoais, reconhecendo determinados padrões sem perder suas singularidades:

> *Os problemas de encontrar continuidade de padrão e relacioná-lo à patologia potencial são muito reais. Esses problemas são maravilhosamente exemplificados na história da pesquisa sobre o apego. Inicialmente, o apego era visto como uma tarefa específica do desenvolvimento de uma*

46 Stern 1985/1992, p. 19.

> *fase particular da vida (Bowlby 1958; 1960; Ainsworth 1969). Tornou-se claro que a "qualidade do relacionar-se" – isto é, o apego – vai além do vínculo inicial mãe/bebê e se desenvolve por toda a infância, aplicando-se aos iguais assim como à mãe. De fato, é uma questão para toda a vida.*[47]

Stern considerou, então, que as observações e classificações sobre os tipos de apego – *seguro, ansioso/evitante, ansioso/resistente*[48] – são descrições adequadas e úteis para a compreensão dos modos de ser do *self*, reiterando a teoria do apego não só como fornecedora de padrões para a compreensão do desenvolvimento das relações interpessoais, mas porque essa perspectiva também fornece um princípio ontológico que dá uma direção e um objetivo para o desenvolvimento (centrado na questão da sobrevivência da espécie), como comentarei um pouco mais à frente.

Comentários gerais, conceituais e epistemológicos da proposta de uma teoria do desenvolvimento dos sentidos do self

Não se trata, aqui, de descrever e analisar os detalhes e as especificidades do pensamento e das descrições do desenvolvimento do *self* de Stern, mas de dar o contexto conceitual que caracteriza e torna possível seus enunciados e suas descrições.

Note-se, ainda, que Stern está, primeiro, preocupado em descrever o desenvolvimento do *self* referindo-se aos seus processos e conquistas considerados saudáveis (ou normais), deixando para o segundo momento a compreensão dos processos patológicos. O foco de sua atenção, como já mencionado, são os modos de apreensão,

47 Stern 1985/1992, p. 168.

48 Cf. Ainsworth, Blehar, Waters & Wall 1978.

experimentação do *self*, os sentidos do *self*, que é acompanhado do desenvolvimento dos sentidos do outro (percepção e relação): "O senso de eu [*self*] serve como a perspectiva subjetiva primária que organiza a experiência social, e por essa razão assume agora um papel central como fenômeno que domina o desenvolvimento social inicial".[49]

Para completar a compreensão desse contexto geral, antes de retomar as fases do desenvolvimento do *self*, suas dinâmicas e conquistas, é necessário explicitar, por um lado, qual é o modelo de homem pressuposto, ou seja, como Stern vai caracterizar a própria natureza humana, e, por outro, quais são seus principais conceitos operativos para observação, compreensão e explicação do desenvolvimento.

Modelo ontológico

Para Stern, o ser humano deve ser pensado como uma das espécies cujos *princípio de sobrevivência* devem ser considerados como o impulso teleológico, ontológico, que subjaz toda espécie animal:

> *Falando teleologicamente, suponho que a natureza, no curso da evolução, criou várias maneiras de assegurar a sobrevivência através de associações grupais em espécies sociais. A etologia e a teoria do apego nos informaram sobre os padrões de comportamento que servem para assegurar os entrelaçamentos físicos e psicológicos dos indivíduos que aumentam a sobrevivência.*[50]

Essa sobrevivência se expressa, para ele, em termos da afirmação, da realização e do desenvolvimento do *self*, dos modos de ser do *self*, tomando-o, pois, como sua referência para pensar o desenvolvimento.

---

49 Stern 1985/1992, pp. 7-8.

50 Stern 1985/1992, p. 121.

A sobrevivência do *self*, nos seus mais diversos modos de ser ao longo da existência, também seria motivada por um tipo de impulso motivacional, o de ordenar a existência: "Primeiro de tudo, a motivação intrínseca para ordenar o universo da pessoa é um imperativo da vida mental".[51] Essa ordenação da existência também se expressa em termos do que ele caracteriza como a *apreciação afetiva* (fome, sede, conforto físico, prazeroso e desprazeroso, algo a ser buscado ou evitado, doce ou amargo) de um tipo diferente das que se referem a necessidades ou apreensões fisiológicas: as necessidades de organização social e de organização do *self*,[52] às quais Stern acrescentaria a necessidade de organizar as percepções para que possam resultar num sentimento do *self* como um núcleo, agente, coeso, com apreensões afetivas e sentindo-se em continuidade.[53] Tudo isso poderia, então, ser creditado a um impulso ontológico para a organização, ainda que esses diversos tipos de organização e integração não estejam garantidos *a priori* e dependam das relações entre o *self* e o outro.

A teoria do apego é pensada por Stern tanto supondo a sobrevivência como um fundamento ontológico da espécie humana (como em todas as outras espécies vivas) quanto descrevendo padrões de modos de ser do *self* na relação com o outro.

Compondo seu pensamento apoiado em diversos sistemas teórico-semânticos e em diversas informações-conhecimentos advindas tanto da observação direta objetiva de bebês e crianças quanto das observações subjetivas (advindas da clínica) – ou seja, os conhecimentos advindos da psicanálise, dos construtivistas cognitivistas, do campo da psicologia do desenvolvimento e, especificamente, da teoria do apego, dentro de outras propostas próximas a essas, como indicado anteriormente –, Stern agrupa todas em função de compreender como o *self* se apreende e se

51 Stern 1985/1992, p. 67.

52 Como propusera Bowlby 1969.

53 Stern 1985/1992, p. 181.

organizada ao longo da existência, pois esse operador (ou fenômeno constante da existência) pode agregar um conjunto significativo de descobertas empíricas e propostas teóricas numa única direção.

Os modos de ser do *self*, ou os sentidos do *self*, são o *operador objetivo orientador* da sua pesquisa, mas também a maneira de caracterizar o que é essencial na concepção de natureza humana que se desenvolve, do bebê ao adulto. Ele mesmo explicita que o *self* é o organizador do seu pensamento e da sua observação ao colocar-se na sua relação com as propostas dos psicanalistas:

> *Certamente, Mahler e Klein e a escola das relações objetais focaram a experiência do eu-e-outro, mas principalmente como o resultado do desenvolvimento libidinal ou do ego, ou secundário a ele. Essas teorias nunca consideram o senso do eu como o princípio organizador primário.*[54]

Mas, o que é o *self*? De modo geral, trata-se se uma maneira de referir-se ao sujeito psicológico que tem experiências, percebe, sente, age, relaciona-se, tendo ou não a percepção de si mesmo, tendo ou não consciência de que é ele que experimenta-percebe-sente-age, ou seja, percebendo-se (conscientemente ou inconscientemente) como uma unidade que o diferencia do outro e do mundo (com maior ou menor intensidade de diferenciação e integração). No início, para Stern, temos um *self* emergente, que já tem possibilidades, ainda que limitadas, de diferenciação e percepção eu-outro, eu-mundo; na outra ponta do desenvolvimento, um *self* que é, por assim dizer, um eu diferenciado do outro, em posse de capacidades simbólicas e narrativas, sendo e relacionando-se com o outro, o mundo, o pensamento, a cultura. Entre um extremo e outro, os diversos modos ou sentidos do *self*.

---

54 Stern 1985/1992, p. 20.

Existe uma discussão na psicanálise e para além dela sobre a questão da presença ou construção do *self* no processo de desenvolvimento, se ele é dado logo no início ou se ele emerge progressivamente. Para Stern, como ressalta Golse:

> *o bebê recém-nascido está imediatamente apto a perceber, representar, memorizar e a se sentir como agente de suas próprias ações (processo de agenciamento dos cognitivistas), e que, isso dado, não se trata de recorrer ao dogma de uma indiferenciação psíquica inicial, tão cara aos psicanalistas (sejam quais forem suas referências teóricas, ou quase), dogma que, notemos de passagem, faz inevitavelmente apelo a um certo ponto de vista fenomenológico.*[55]

O *self* é tomado por Stern como um princípio organizador (um foco objetivado em termos teóricos e fenomenológicos) para pensar todo o desenvolvimento – cognitivo, emocional e neuropsicológico –, considerando que esse *self* tem, por um lado, que administrar as excitações (estímulos internos e externos) às quais está sujeito (não sozinho, mas contando com o outro, o ambiente, a vida social, para regular e se proteger, seja do excesso, seja da falta desses estímulos ou excitações), ou seja, trata-se da administração da vida instintual (como supõem os psicanalistas, considerando as pulsões o conceituo fundamental, impulso fundamental, e as relações de objeto os modos de lidar com as pulsões); e, por outro lado, esse *self* também corresponde àquilo que corre o risco de não sobreviver, logo, está imbuído do que Stern considera um impulso básico das espécies, num pensamento neodarwinniano, a sobrevivência (como supõe a teoria do

55 Golse 2010/2019, pp. 23-24.

apego). Nesse sentido, temos em Stern uma *ontologia naturalista*[56] (as pulsões e a sobrevivência) estabelecendo o *telos* da existência e da própria natureza humana: administrar-regular-organizar as excitações e os modos de ser do *self* em função da *sobrevivência* (num sentido amplo, da espécie; num sentido estrito, do próprio *self*).

Variáveis teóricas e empíricas

Pode-se listar o conjunto de termos utilizados por Stern para descrever o desenvolvimento, procurando caracterizar o sentido referente de cada um deles. Em primeiro lugar, o próprio termo *self* e *sentidos do self*, que nada mais são do que os modos de o *self* experienciar-ser-estar-relacionar-se ao longo da existência; esses modos são agrupados em determinados *domínios,* que, por sua vez, substituem a noção de fase do desenvolvimento (por demais estáticas) por uma concepção dinâmica, tipos de dinâmicas existenciais do *self* que existirão ao longo de toda a vida do indivíduo, ainda que possam ter seu início em determinados momentos do desenvolvimento. Palombo comenta essa perspectiva desenvolvimentista de Stern:

> *De preferência aos termos "estágio" ou "fase", que denotam uma época específica que atinge a ascendência e depois recuam para a história da vida, Stern escolheu o termo "domínio" para descrever eras de desenvolvimento.*

56 Em Freud, Anna Freud, René Spitz, Margaret Mahler e John Bowlby, nos mantemos no quadro dessa ontologia naturalista. Em Erik Erikson, com a inserção das determinações sociais e com a introdução de um vocabulário mais humanista, parece que somos impulsionados para uma maneira de pensar o homem que parece sair dessa ontologia. Com Winnicott, no entanto, somos colocados (com sua inserção da noção de ser como fundamento da natureza humana), somos inseridos noutra ontologia (cf. Fulgencio 2020b). No campo da psicanálise caberia, ainda, reconhecer que Lacan procurou colocar a psicanálise, com sua concepção estruturalista, também noutro campo ontológico.

> *Cada domínio emerge durante um período específico da vida da criança; continua e permanece totalmente funcional ao longo da vida. Os domínios representam as tarefas adaptativas que o bebê deve negociar em um determinado momento. Eles aparecem em uma sucessão temporal ordenada e são elaborados à medida que a criança amadurece. Problemas clínicos básicos são questões para a vida, em vez de questões de uma fase de desenvolvimento particular.*[57]

Stern caracteriza, então, cinco *domínios* ou modos de ser do *self*, referindo-se tanto a sua cronologia quanto à caracterização do modo geral como o *self* experimenta a si mesmo e ao outro nesse desenvolvimento: *emergente* (do nascimento até o segundo mês), *nuclear* (do terceiro ao sexto mês), *subjetivo* (do sétimo ao décimo quinto mês), *verbal* (do décimo quinto mês ao terceiro ano) e *narrativo* (do terceiro ano em diante).

Para abordar-descrever todo o processo de desenvolvimento do *self*, que tem uma ampla ancoragem na apresentação e na descrição de fatos e fenômenos apreensíveis pela observação (seja objetiva, seja clínica), Stern também utiliza um conjunto de termos (e/ou conceitos) que acabam por constituir uma semântica própria, como: *modos-de-ser-com-o-outro, inatividade alerta, percepção amodal, afetos de vitalidade, ilhas de consistência, agência [ou autoria da ação], autocoerência, autoafetividade, auto-história, companheiro evocado, relacionar-se intersubjetivo, harmonização ou acordo afetivo, Estrutura de Eventos Generalizados* (EEG), *Representações de Interações que foram Generalizadas* (RIGS), *momento presente* (unidade do processo de experiência subjetiva, referido também ao encontro que gera transformações nas relações psicoterapêuticas), *vitalidade*, dentre outros. Não se trata, aqui, de explicitar os sentidos e referentes específicos desses termos, mas, como é meu objetivo, mostrar o quadro e os conteúdos gerais dessa

57 Palombo, Bendicsen & Koch 2010, p. 247.

perspectiva, ou seja, caracterizar a sua moldura para entender seu propósito e sua utilidade. Todos esses termos foram construídos nessa interseção das diversas influências e referências, tanto teóricas como empíricas, visando a uma descrição ampla e fidedigna do processo de desenvolvimento.

No desenvolvimento de suas pesquisas, para colocar em evidência uma expressão proposta por Stern tanto como um conceito quanto como um fenômeno ou conjunto de fenômenos, temos o que ele caracterizou como a *constelação materna*. Na segunda edição de *O mundo interpessoal do bebê*, numa nova introdução, ele explicita sua descoberta e teorização:

> *mães criam uma nova organização mental/psíquica ao se tornarem mães – um fenômeno que chamo de constelação materna. Essa constelação era uma organização mental única, independente e fundamental, e não, como muitas pessoas defendiam, uma versão derivada ou nova de velhos complexos, ou uma coloração adicionada a uma organização prévia operativa na vida da mãe. O livro resultado desta reflexão (Diary of a Baby) fez com uma análise dessa constelação.*[58]

Método utilizado nesse tipo de pesquisa

Stern, com seu objetivo de compor dados objetivos com os subjetivos – especialmente aqueles advindos da observação empírica direta, natural ou experimental, com os advindos da observação subjetiva, decorrente da prática clínica –, necessariamente, compõe um método de apreensão empírica, objetiva e controlada experimentalmente, com o método de pesquisa e observação clínica, advinda da prática

58 Stern 1985/2000, p. xxxiv.

psicoterápica psicanalítica: "a abordagem adotada por mim toma emprestados métodos e achados da psicologia do desenvolvimento e *insights* da prática clínica".[59]

Isso não se faz sem reconhecer e enfrentar problemas epistemológicos. Por um lado, o problema de saber se os dados obtidos objetivamente têm o mesmo referente que os obtidos clinicamente (subjetivamente). Considera-se que, na verdade, não estamos no mesmo campo fenomenológico quando nos referimos a um campo ou outro, a um autor ou outro:

> *No estado atual do conhecimento, não há acordo sobre a teoria do desenvolvimento. A criança observada por Spitz, Margaret Mahler, Daniel Stem, Esther Bick, Lebovici, Emde ou Winnicott não é a mesma criança, e os resultados são significativamente diferentes de um pesquisador para outro.*[60]

Por outro, trata-se também de saber como seria possível compor dados objetivos com subjetivos, dados que são de naturezas diferentes:

> *Traduzir a relação daquilo que é objetivo e daquilo que não é um problema objetivo, é impossível. Seria necessário objetivar o que não é objetivo, e depois confrontar duas objetividades. Mas, na realidade, os termos de comparação são uma subjetividade e uma objetividade. Por isso não consigo ver como seja possível comparar subjetividade e objetividade com os métodos da pura subjetividade ou da pura objetividade.*[61]

---

59 Stern 1985/1992, p. 10.

60 Green 2003, p. 42.

61 Laing 1979/1982, p. 28.

Stern tem também dois conjuntos de dados de natureza diferentes (os advindos de apreensões empíricas, objetivas, e os advindos da prática clínica) que procura compor. Assim, por um lado, ele tem os dados advindos da observação dos comportamentos do bebê, feitos pela psicologia do desenvolvimento (seja de situações naturais, seja das construídas experimentalmente para isso), e seus próprios dados advindos de um conjunto de observações acompanhadas de filmagens da relação mãe-bebê (iniciadas já na década de 1970): *o bebê observado*, como o caracteriza Stern. Por outro lado, ele tem o suposto bebê construído pela pesquisa clínica psicoterápica como uma elaboração narrativa do par paciente-terapeuta, logo, um bebê subjetivo: *o bebê clínico*, como o caracteriza Stern.

Se os *dados objetivos* não podem fornecer a apreensão do conjunto sistêmico e intrapsíquico da vida do bebê e seu desenvolvimento, os *dados clínicos* carecem da comprovação efetiva, objetiva, que lhes daria fidedignidade e referência fenomenológica.

Nessa perspectiva de apreensão e composição dos dados objetivos e clínicos, ele desenvolveu, então, além da sua prática de microfilmagem da relação mãe-bebê (que, depois, era decupada quadro a quadro em videotape, nos seus microssegundos, na apreensão-observação de acontecimentos relacionais não muito visíveis a olho nu, mas que eram apreendidas ao rever a gravação do encontro mãe-bebê em câmera lenta e ampliada, vendo-a como que se colocada num microscópio), um outro procedimento de apreensão de dados, ou objetivação, da experiência vivida: *a entrevista microanalítica.*[62] Esta consiste numa entrevista na qual o sujeito da experiência conta, primeiro apenas descritivamente, o que ocorreu numa situação (por exemplo, o café da manhã) para, depois, retomar um fragmento desse acontecimento, focar num fragmento e retomá-lo, procurando explicitar o que foi que ele viveu, mais detalhadamente, naquele fragmento: "a exploração

62 Cf. Stern 2007, pp. 257-269.

entrevista microanalítica é um experimento-piloto que concerne à narração pós-fato sobre o que é vivido conscientemente".[63] Stern tem como objetivo produzir uma descrição que procura apreender aquilo que foi uma experiência subjetiva. Dessa forma, pretende fazer uma aproximação mais consistente entre aquilo que é possível observar objetivamente e aquilo que é vivido (ou apreendido subjetivamente, também apreensível na experiência clínica).

Para Stern, a composição desses conjuntos de dados é uma tarefa necessária que amplia o conhecimento nas duas áreas de apreensão da vida do bebê, mais ainda, é a partir dessa junção que ele elaborou a sua teoria do desenvolvimento dos sentidos do *self*. Trata-se, para ele, de um método ou caminho de articulação do conhecimento *necessário*, no qual as singularidades objetivas dos fatos (apreendidos objetivamente, independente do dispositivo, instrumento ou experimento) devem ser colocadas no quadro sistêmico da história que conjuga a vida de uma pessoa e dá sentido aos acontecimentos singulares, um quadro que só pode ser apreendido de forma subjetiva. Já citei dois momentos em que Stern afirma essa perspectiva, defendendo a necessidade de *observações descritivas*,[64] ou seja, que considerem a história contínua e geral do indivíduo, dando contexto (subjetivo e sistêmico) para as singularidades da criança observada.[65]

Isso fornece o quadro e a direção dos caminhos ou metodologias utilizados por Stern, mas não descreve como ele resolveu impasses e problemas epistemológicos desse método: como conjugar uma teoria que serve de base para uma observação empírica objetiva com uma que serve de base para a observação clínica? Como transformar uma observação objetiva numa subjetiva e vice-versa? Como construir uma descrição e uma teorização do bebê, seus comportamentos, suas

63 Stern 2007, p. 257.

64 Stern 1977/2002.

65 Stern 1985/1992.

relações, numa linguagem comum? Como fazer para que o bebê observado possa contribuir para o desenvolvimento das práticas psicoterápicas e, noutra direção, como o bebê subjetivo pode contribuir para aprimorar as observações empíricas? etc. O quadro de minha análise, já longa, trata-se de fornecer uma visão geral sistêmica e passível de ser comparada com outras perspectivas desenvolvimentais da psicanálise, deixando a explicação da maneira como Stern contornou ou resolveu esses problemas para aqueles que, efetivamente, pretendem desenvolver pesquisas no enquadre estabelecido por ele.

Domínios, dinâmicas, modos de ser do self

Stern toma, pois, como princípio básico diretor e organizador do processo de desenvolvimento os *modos de ser do self*, seja consigo mesmo, seja com o outro, o que ele caracteriza como os *sentidos do self*. Opondo-se à ideia de fase do desenvolvimento, ele considera que essas diversas maneiras de ser do *self* correspondem a dinâmicas existenciais que, ainda que tenham um início cronológico específico, se estabelecem por toda a vida.

Para ele, há uma direção que caracteriza o desenvolvimento dos sentidos do *self*, estabelecendo modos de ser-estar-relacionar-se que se complexificam e se alternam ao longo do tempo:

> *Na medida em que emergem os novos comportamentos e capacidades [no tempo], eles [os sentidos do self] são reorganizados para formarem perspectivas subjetivas organizadoras em relação ao eu e ao outro. O resultado é a emergência, em saltos importantes, de diferentes sentidos do eu.*[66]

Essa perspectiva desenvolvimentista não deixa de nos fazer lembrar a proposta de Piaget, considerando que os modos de

66 Stern 1985/1992, pp. 20-21.

conhecer o mundo correspondem a estruturas e/ou esquemas que vão se complexificando na linha direcional dinâmica que ele caracteriza como impulsionadas pelas ações conjugadas de *assimilação, acomodação* e *equilibração.* A maneira como Stern pensa o desenvolvimento do *sentidos do self* não está longe disso – talvez com uma menor linearidade e considerando que ocorrem saltos –, dado que ele os concebe como modos organizacionais e relacionais que se realizam como modos existenciais do *self*, ainda que Stern se oponha à noção de fase (como algo dado no tempo e que é ultrapassado), mas considere que os sentidos do *self* (nas diversas maneiras de se organizar) permanecem presentes e atuantes ao longo de toda a existência.

Eu questiono toda a noção de fases do desenvolvimento dedicadas a questões clínicas específicas, como oralidade, apego, autonomia, independência e confiança. Questões clínicas que foram consideradas tarefas do desenvolvimento de épocas específicas da fase de bebê são vistas aqui como questões para toda a vida, e não como fases no desenvolvimento da vida, operando essencialmente nos mesmos níveis em todos os pontos do desenvolvimento.

Em vez de referir-se às fases, ele prefere caracterizar e descrever os modos de ser-estar do *self* como *domínios* ou modos como o *self* experiencia, vive e realiza a si mesmo e o outro; segundo Stern, *domínios da autoexperiência e do relacionamento social do self*: uma vez formados, cada um desses domínios ou dinâmicas existenciais-relacionais do *self* "permanece totalmente funcionando e ativo durante toda a vida. Todos continuam a crescer e a coexistir".[67]

67 Stern 1985/1992, p. 8.

Teríamos, assim, em termos de uma teoria do desenvolvimento, quatro domínios,[68] acrescentando, posteriormente,[69] um quinto. Temos, assim, os domínios:

1. de um *self emergente*, que se forma do nascimento aos 2 meses;
2. de um *self nuclear*, que ser forma entre as idades de 2 a 6 meses;
3. de um *self subjetivo*, que se forma entre 7 e 15 meses;
4. de um *self verbal*, que se forma entre o 15º mês e os 3 anos de idade;
5. e o de um *self narrativo*, do terceiro ano em diante.

Retomemos, em linhas muito gerais, a descrição dessas dinâmicas ou domínios.

Domínio do *self* emergente (0 a 2 meses)

No início da existência, logo após o nascimento, o bebê não se apreende como um ente organizado, integrado, diferente do mundo, das pessoas e dos objetos que o cercam, que o sustentam, que cuidam dele. Não obstante, também não está num estado comparável ao autismo (ao qual Mahler denominou autismo primário), mas já consegue fazer uma série de distinções e apreensões da mãe, do outro, do mundo, ainda que esteja num estado pré-organizado, pré-cognitivo e pré-social: o bebê não é maduro para apreender a si mesmo e ao mundo, mas também não é radicalmente imaturo; ele tem uma série de capacidades perceptivas, cognitivas e afetivas, como virar a cabeça (desde que apoiada), sugar, olhar, reconhecer o cheiro do leite de sua própria mãe, distinguir sons humanos de outros sons, fazer certas distinções visuais (como apreender simetrias horizontais e verticais), modos de apreensão próprios do tempo e do espaço (conjugados ou não), percepções de estados afetivos

68 Stern 1985/1992, p. 8.

69 Em 1990, no livro *Diary of a Baby*.

categóricos (felicidade, tristeza, raiva, desgosto, surpresa, interesse e, talvez, vergonha)[70] e de afetos ou sentimentos de vitalidade (surgindo, desaparecendo, passando rapidamente, explosivo, crescendo, decrescendo, explodindo, prolongado etc.). Do momento inicial, no exercício dessas capacidades e na interação com o ambiente e os outros, até a chegada no segundo mês de vida, ocorre uma quantidade significativa de acontecimentos e integrações emocionais e cognitivas de grande importância, num processo contínuo de *emergência do self*:

> *Por volta de oito semanas, os bebês passam por uma mudança qualitativa: eles começam a fazer um contato direto olho-a-olho. Logo depois, começam a sorrir mais frequentemente, e também em resposta e de forma contagiante. Eles começam a vocalizar. De fato, muito mais acontece durante essa mudança no desenvolvimento do que aquilo que é refletido pelo aumento dos comportamentos sociais manifestos. A maior parte da aprendizagem é mais rápida e mais inclusiva. As estratégias para prestar atenção ao mundo mudam em termos dos padrões de exploração visual alterados. Os padrões motores amadurecem. A inteligência sensório-motora atinge um nível mais alto, como Piaget descreveu. Os eletroencefalogramas revelam mudanças maiores. O meio hormonal diurno se estabiliza, junto com os ciclos de sono e atividade. Quase tudo muda. Todos os observadores de bebês, incluindo os pais, concordam com isso (Brazelton, Yogman, Als & Tronick 1979; Bronson*

70 Estes seriam afetos reconhecíveis pela espécie, inatos, como já indicado por Darwin (1872, *The expression of the emotions in man and animals* [*A expressão das emoções no homem e nos animais*]).

> *1982; Emde, Gaensbauer & Harmon 1976; Greenspan & Lourie 1981; Haith 1980; Piaget 1952; Sander 1962; Spitz 1965).*[71]

O domínio do *self* emergente caracteriza, pois, um conjunto de atividades, experiências e modos de ser-estar relacionais que impulsionam ou fornecessem experiências ou vivências que levam a uma experiência de si mesmo, ainda que não constituam a experiência de ser diferente do mundo, ser diferente do outro, ainda que não constituam uma unidade do sujeito psicológico. Nesta compreensão e descrição deste domínio do *self*, como em todos os outros, Stern está apoiado em um conjunto de dados objetivos, fornecidos pela observação experimental objetivo, e por dados advindos das neurociências – uma série de dinâmicas-acontecimentos que caracterizam e fazem desenvolver (organizar-integrar) o *self* e as suas relações-apreensões do mundo.

Trata-se, nesse ponto, de conseguir descrever e caracterizar com mais precisão qual é o estado inicial do bebê, explicitando o que ele pode fazer, o que faz e o que ainda não teria maturidade para fazer. Uma das capacidades mais interessantes e complexas descobertas corresponde ao fato de que os bebês – apoiados nas capacidades de distinção (tendo suas preferências) – podem avaliar e fazer hipóteses (Isto é diferente daquilo? Tal coisa encontrada é igual ou diferente do que se esperava? etc.).[72]

Não se trata apenas do reconhecimento de certas capacidades cognitivas, mas de poder afirmar que o bebê tem a possibilidade

71 Stern 1985/1992, p. 33.

72 Bernard Golse enuncia, no desenvolvimento de sua compreensão sobre o bebê e suas possibilidades, uma análise sobre "Como o bebê apreende o mundo", considerando que o bebê tem três grandes questões dirigidas à mãe (ou ao cuidador principal): 1. "Será que ela é tão bela fora como dentro?" 2. "Ela é como costuma ser? O que esse espaço que não é nem-eu-nem-ela?" (Golse 2019, p. 34).

de distinguir afetos e, principalmente, experienciar e tratar tanto do mundo cognitivo quanto do afetivo como o mesmo mundo: os processos cognitivos e os afetivos não podem ser separados. Mais do que isso, os bebês não podem distinguir e memorizar, com maior ou menor intensidades, percepções e afetos (a apreensão de rostos, por exemplo), como também interagem e agem ativamente com os outros (ainda que não tenham a percepção global, representativa e simbólica dos outros e de si mesmos como absolutamente distintos): "há muita pouca dúvida de que os bebês realmente constroem relacionamentos assim como os percebem diretamente".[73]

É um fato comprovado pela experiência das mais diversas maneiras que os bebês já podem perceber o mundo, interagir com ele, ter memória (perceptiva e emocional) e relacionar essas diversas percepções cognitivas e afetivas, como também não resta dúvida de que os bebês não apreendem a si mesmos e aos outros como unidades totalmente distintas, representáveis como tais e, ainda mais, que os bebês não têm capacidade simbólica (ou seja, não podem substituir uma coisa por outra). Não há, pois, dúvida quanto a uma certa maturidade do bebê que, pouco a pouco, experiencia a si mesmo e o mundo e os seus relacionamentos, associando-os; como também, não há dúvida que o processo de desenvolvimento cognitivo e emocional se apoia nas experiências vividas, realizando, pouco a pouco, associações integradoras dessas experiências.

Nenhuma dessas descobertas, parciais ou no seu conjunto, diz qual é o *sentido específico* que o bebê dá às próprias percepções cognitivas e afetivas, ainda que tenhamos, agora, total certeza de que elas existem e são experienciadas ativamente por ele. Não sabemos, por exemplo, se o seio materno, percebido pelo bebê, é vivido como algo que o mundo ofereceu a ele ou se ele (na sua necessidade) criou ou

73 Stern 1985/1992, p. 55.

encontrou esse seio (dado que ele é de acordo com o que precisa). Esse aspecto subjetivo não pode advir da observação objetiva.

A compreensão do que ocorre nos dois primeiros meses da existência, como Stern detalhou (agregando conhecimentos e descobertas de diversas áreas do conhecimento), indica-nos, pois, a complexidade do que está ocorrendo e desfaz alguns mitos, como os da total imaturidade ou maturidade do bebê para perceber a si mesmo e os outros. Os bebês não são humanos em miniatura, mas também não são um monte de carne com olhos.

Domínio do *self* nuclear (3 a 6 meses)

O conjunto de experiências vividas e associadas nesses dois primeiros meses produzem uma mudança significativa no modo de ser-estar do bebê, que age e se sente agindo, então, como um ser ou entidade que tem intencionalidade e se dirige aos outros, ou seja, parece haver uma unidade a partir da qual a vida se realiza e o bebê se relaciona, ainda que não se possa dizer que o bebê tenha consciência disso, que o bebê aperceba-se (ou seja, percebe que está percebendo a si mesmo e ao outro). Há, no entanto, uma integração visível ao observador, na qual o bebê é apreendido como sendo e vivendo a partir dessa experiência de integração:

> *Na idade de dois a três meses, os bebês começam a dar a impressão de serem pessoas bastante diferentes. Quando empenhados em uma interação social, eles parecem estar mais completamente integrados. É como se suas ações, planos, afetos, percepções e cognições pudessem agora ser acionados e focados, por um instante, em uma situação interpessoal. Eles não estão simplesmente mais sociais, ou mais regulados, ou mais atentos, ou mais espertos. Eles parecem abordar o relacionar-se interpessoal*

> *com uma perspectiva organizadora que faz sentir como se agora existisse um senso integrado deles próprios como corpos distintos e coerentes, com controle sobre suas próprias ações, posse de sua própria afetividade, um senso de continuidade e um senso das outras pessoas como interatuantes distintos e separados. E agora o mundo começa a tratá-los como se eles fossem pessoas completas e realmente possuíssem um senso integrado deles mesmos.*[74]

Isso não significa que o bebê tenha já um eu que ele reconhece como distinto do mundo, que haja um eu composto por diversas experiências compondo a si mesmo como se fosse uma entidade que engloba todas essas experiências, ainda que o bebê possa agir a partir dessa integração. Talvez como já dissera Kant, nesse início, o *self* é experimentado, ainda que o bebê não possua a si mesmo, não esteja em posse de si mesmo (ainda que experimente a si mesmo). No entanto, ao experienciar-se e ser reconhecido como existindo a partir de si mesmo, há não só uma experiência de si, como uma experiência do outro. Paradoxalmente, o *self* e o outro são vividos como distintos e indistintos.

Ao caracterizar um domínio do *self nuclear*, Stern abraça a concepção de que o sentido de integração num *self* surge já nesse período inicial – contrariando, por exemplo, Margaret Mahler, que considera que o bebê estaria vivendo uma simbiose com a mãe –, ainda que essa integração e a percepção do outro também não possam ser referidas a uma maturidade cognitiva e emocional que toma o outro, entidades externas representáveis e intercambiáveis (como ocorre quando se tem um modo de funcionamento simbólico). Ao analisar, então, esse período, Stern procura descrever os diversos modos como esse *self* nuclear apreende a si mesmo e o outro e como realiza esse encontro ou essa relação consigo e com o outro. Esse conjunto de experiências ou modos de experienciar a

74 Stern 1985/1992, p. 61.

si mesmo e o outro acaba também por aprofundar a percepção de si e do outro como referindo-se a entidades distintas.

Stern procura redescrever uma série de fenômenos, processos, dinâmicas experienciais dos modos de ser do bebê e suas interações sociais, mostrando que ocorrerão, na saúde e com a fundamental interação social (ou sustentação ambiental), diversos modos de autorregulação afetiva relacional (ou seja, não se tratará, de nenhuma maneira, de apreensões ou ações propriamente cognitivas, como consciência de si mesmas, mas modos de regulação afetiva):

> *Com esse tipo de regulação mútua, os bebês com efeito adquirem uma grande experiência de autorregulação do seu próprio nível de excitação e da regulação através de sinais, do nível de estimulação de um cuidador responsivo. Isso significa uma precoce função de lidar bem com as situações. Os bebês também adquirem grande experiência com o cuidador como um regulador dos níveis de excitação deles, isto é, de estar com um outro que os ajuda a se autorregularem.*[75]

Se o ambiente sustenta o bebê nas suas experiências (ou seja, o atende, com regularidade e constância, em níveis que não o decepcionam), então o bebê constrói, pouco a pouco, um senso de si mesmo e do outro, não totalmente apreendidos como entidades que têm existência autônoma, mas apreendidos nos seus modos de ser relacionais.

Trata-se, para o bebê – impulsionado por uma necessidade de ordenar a si e o universo em que vive –, de apreender, repetidamente e com a sustentação ambiental, certas *invariantes experienciais*, que Stern denomina *ilhas de consistência*, contribuindo para a consolidação de um núcleo *self* e de um núcleo que se refere ao outro (não um

---

75 Stern 1985/1992, p. 66.

outro abstrato, mas um ser humano que se relaciona com o bebê), mesmo que o bebê seja imaturo para uma apreensão objetiva de si e do outro. Essas experiências respondem e correspondem a um tipo de impulso ou imperativo, uma "motivação intrínseca para ordenar o universo da pessoa", que são também modos de *autorregulação* caracterizados como *autoinvariantes*, a saber: *agência* (a experiência de sentir-se autor das ações); *autocoerência* na experiência *self*-outro (associando espaço, tempo, movimento, intensidades, formas); *autoafetividade* (que se refere à consolidação mais precisa dos afetos [alegria, interesse e angústia, talvez surpresa e raiva] e todo o universo físico-emocional que os acompanha, tornando possível reconhecer esses afetos, bem como apontando para modos de lidar com eles); e *auto-história* (associado à experiência no tempo, necessariamente associado à capacidade de memorizar, estabelecendo antes e depois, e uma certa apreensão de passado-presente-futuro).

O processo fundamental dessa fase consiste na consolidação da experiência de um *self* que experimenta ser agente e reagir ao mundo, mundo que ele também apreende como se aproximando dele de diversas maneiras, ainda que ele não tenha apreensões conceituais ou totais nem de si mesmo, nem dos outros, nem do mundo. O *self* e o mundo (a mãe ou cuidador principal) não são experienciados como fundidos ou em estado simbiótico, como propõe Margaret Mahler, mas experimentados com uma certa alteridade:

> *Eles podem experimentar segurança com outro com quem estão em proximidade física. À medida que se envolvem em jogos como "peek-a-boo" [achou!], eles experimentam os outros como reguladores do nível de sua excitação. Durante esse período, através dos intercâmbios mútuos, os cuidadores regulam os estados afetivos*

> *de seus bebês e os lactentes experimentam seus cuidadores como reguladores essenciais.*[76]

Isso não significa, no entanto, que o bebê apreenda a si mesmo e ao outro como entidades totais totalmente diferenciadas, com suas qualidades específicas, autônomas e independentes, conceitualmente constituídas, conscientemente diferenciadas, mas que, paradoxalmente, relacionam-se considerando o *self* e o outro como dois. A avaliação subjetiva do sentido que o bebê dá para o *self* e o outro, como próprio, externo, criado, encontrado etc., não é algo que se possa decidir pela observação objetiva, mas pode ser hipotetizada pela observação clínica (ou seja, a que advém do trabalho clínico com adultos, crianças, adolescentes, neuróticos, psicóticos, *borderlines* etc.).

Esse conjunto de experiências de si mesmo, autorreguladoras, com os relacionamentos e as sustentações ambientais-relacionais leva o bebê a experimentar uma distinção *self*-outro que vai se estabelecer, no próximo domínio, como um outro modo ou dinâmica existencial: *o self subjetivo.*

Domínio do *self* subjetivo (7 a 15 meses)

O conjunto de experiências vividas e integradas, até então, leva o bebê a uma conquista que vai reestruturar seu modo de relação com o mundo, com o surgimento e/ou a apreensão da mente como um instrumento de interação, seja dirigido a si mesmo, seja dirigido ao outro: "o bebê descobre que tem uma mente e que pessoas também têm mentes".[77] A mente passa a ser um dos instrumentos que animam as percepções de si mesmo, do outro e dos encontros entre o *self* e o outro; ela pode processar representações,

---

76 Palombo, Bendicsen & Koch 2010, p. 250.

77 Stern 1985/1992, p. 111.

associar qualidades a entes (pessoas e objetos), reconhecer a mesma qualidade (em diversos graus) em diversos entes, estabelecer relações causais (se isto, então aquilo, "se tal barulho, banho" etc.), estabelecer relações causais e começar a generalizá-las, prever, confirmar expectativas:

> *Os bebês agora têm uma nova perspectiva subjetiva organizadora com relação à sua vida social. As propriedades potenciais de um eu e de um outro foram grandemente ampliadas. Eus e outros agora incluem estados subjetivos ou internos da experiência, além dos comportamentos manifestos e sensações diretas que marcavam o eu e outro nucleares. Com essa expansão na natureza do eu sentido, a capacidade de relacionar-se e o assunto em questão com o qual ela tem a ver arremessam o bebê para um novo domínio do relacionar-se intersubjetivo. Emerge uma nova perspectiva subjetiva organizadora em relação ao eu.*[78]

Saber o que se passa na cabeça de alguém é diferente de saber o que se passa no coração de alguém; ambos são processos que poderiam ser agrupados no termo intersubjetividade, ainda que Stern dedique um capítulo inteiro ao fenômeno da *interafetividade*[79] como um dos aspectos do domínio do *self* subjetivo. Deve-se, pois, considerar que nesse modo de ser do *self* (ou domínio) há uma apreensão do que se passa na própria mente e na mente de outrem, num contexto de encontro entre subjetividades (a intersubjetividade), como também a apreensão do estado afetivo ou emocional (a interafetividade); mais do que isso, nesses encontros há que se considerar quando há uma sintonia ou uma dissonância entre as intersubjetividades, entre as interafetividades, como modos de viver e estar com o outro.

---

78 Stern 1985/1992, p. 112.

79 Stern 1985/1992, Cap. 7.

Para Stern, a experiência da intersubjetividade é um fenômeno diádico, ou seja, eu e outro seriam apreendidos como dois, antes mesmo que a linguagem tenha surgido como mais uma aquisição que reformulará os modos de ser no mundo. Esse modo de ser subjetivo no processo de desenvolvimento corresponde ao conjunto de experiências que leva o bebê a integrar-se e apreender-se como um sujeito, que é diferente dos objetos e dos outros com os quais se relaciona. Ele tem, agora, adentrando a próxima fase, uma *subjetividade pessoal integrada numa unidade*, ou seja, a possibilidade de apreender a si mesmo e o outro como dois, uma apreensão de si mesmo como uma unidade distinta que ainda sofrerá diversos desenvolvimento e integrações.

Stern considera, assim, que a distinção eu-outro corresponde a algo que está, de uma ou outra forma, presente desde o nascimento, ainda que o *self* vá aprofundando e enriquecendo essa distinção experiencial e existencial até chegar nesse momento em que o eu e o outro são apreendidos claramente como dois, reconhecidos em si e nas relações que um estabelece com o outro, como duas entidades.

É importante lembrar que Stern tem como ponto de apoio conceitual a *psicanálise* – de Mahler, que ele critica tanto por considerar o início como de um autismo normal e, em seguida, uma simbiose entre o bebê e a mãe, e de Klein, que ele também critica por supor um *self* por demais maduro já no início da existência –, as diversas descobertas dos desenvolvimentistas (Piaget, Vygotsky, dentre outros já citados), neurocientistas e *etólogos* expressa na teoria do apego, que forneceria um princípio ontológico para os diversos modos de ser do *self* e seus desenvolvimentos. Nesse contexto, a própria subjetivação, ou intersubjetivação, será considerada como estando a serviço da sobrevivência da espécie: "Sugiro que a natureza também ofereceu os caminhos e meios para os entrelaçamentos subjetivos dos indivíduos que aumentariam o valor de sobrevivência. E o valor de sobrevivência da intersubjetividade é potencialmente enorme".[80]

Tudo isso ocorre antes que a possibilidade de usar símbolos se instale, com a conquista da linguagem como poderoso modo de apreensão de si mesmo, do outro e dos modos de ser e se relacionar com os outros, enfim, com a entrada do *self* (ou do homem) no mundo da cultura.

Domínio do *self* verbal (15 meses a 3 anos)

O *self* verbal caracteriza-se pelo fato de que a linguagem foi adquirida, e o *self*, por assim dizer, tem um instrumento simbólico para se comunicar e para agir sobre si mesmo e sobre o mundo. Com a linguagem, o mundo do símbolo e do conceito, a possibilidade de apreender categorias, conjuntos, intercambiá-los, seja de forma cognitiva, seja afetiva, ampliam-se enormemente. Diz Stern:

> *Durante o segundo ano de vida do bebê emerge a linguagem, e nesse processo os sentidos de eu e outro adquirem novos atributos. Agora o eu e o outro possuem um conhecimento de mundo pessoal diferente e distinto, assim como um novo meio de troca com o qual criar significados compartilhados. Uma nova perspectiva subjetiva organizadora emerge e abre um novo domínio do relacionar-se. As maneiras possíveis de "estar com" um outro aumentam enormemente.*[81]

Isso marca a entrada da criança no mundo do símbolo e da linguagem, mas há muitas coisas ainda a serem desenvolvidas, seja no campo da ampliação das capacidades cognitivas abstratas, em termos

80 Stern 1985/1992, p. 121.
81 Stern 1985/1992, p. 145.

das suas operações lógicas e cada vez mais amplas, seja no campo dos afetos, em termos de ampliação dos processos de identificação e simbolização dos outros, em termos da própria constituição da moral e dos lugares de pertinência no mundo. A conquista da linguagem ou do poder de simbolizar, em termos estruturais da personalidade, é um começo que necessitará, ainda, ser ampliado nas suas formas de uso e amplitude.

Domínio do *self* narrativo (depois dos 3 anos)

Adentrar o campo da linguagem é uma coisa, colocar-se numa história pessoal, familiar e coletiva, em termos cognitivos, afetivos, éticos e políticos, é outra, e isso exigirá outros modos de ser do *self*. Stern, numa nova introdução de seu livro de referência (*O mundo interpessoal do bebê*), escreveu:

> *Na edição de 1985, a capacidade de criar uma narrativa autobiográfica recebeu um papel muito pequeno, como mero elemento do self verbal. Não vejo mais dessa maneira. A capacidade de contar uma narrativa sobre sua própria experiência é uma capacidade fundamental separada e independente de formar palavras a partir de símbolos e, portanto, se referir verbalmente a si mesmo [yourself], ao seu mundo. A capacidade narrativa evolui muito mais tarde (por volta dos três anos de idade) do que a língua em si mesma (cerca de dezoito meses) e requer diferentes aspectos da mente.*[82]

Narrar a própria história e a de seu ambiente, de seu grupo e, nessa direção, da própria humanidade, inserir-se num

---

82 Stern 1985/2000, p. xxiv.

passado-presente-futuro e até mesmo criar e inventar histórias corresponde a uma nova dinâmica existencial relacional do *self*.

Os domínios do self *se sobrepõem ao longo da vida*

É importante ressaltar que um domínio ou um modo de ser não é ultrapassado por outro, mas se coloca na existência como apresentando e sendo dinâmicas existenciais que estarão sempre presentes, alternando-se conforme as necessidades, ainda que os domínios do *self* não funcionem de forma totalmente independente, mas determinando um ao outro. Em termos do domínio do *self* nuclear e do subjetivo, diz Stern:

> *Embora o relacionar-se intersubjetivo transforme o mundo interpessoal, o relacionar-se nuclear continua. O relacionar-se intersubjetivo não o substitui; nada jamais o substitui. Ele é o fundamento das relações interpessoais. Quando é acrescentado o domínio do relacionar-se intersubjetivo, o relacionar-se nuclear e o relacionar-se intersubjetivo coexistem e interagem. Cada domínio afeta a experiência do outro.*[83]

O mesmo deve-se afirmar com relação ao surgimento dos outros domínios (o verbal e o narrativo).

Com tais referências temos, então, um esboço geral teórico-descritivo do que Stern apresenta como a sua teoria do desenvolvimento dos sentidos do *self*.

83 Stern 1985/1992, p. 112.

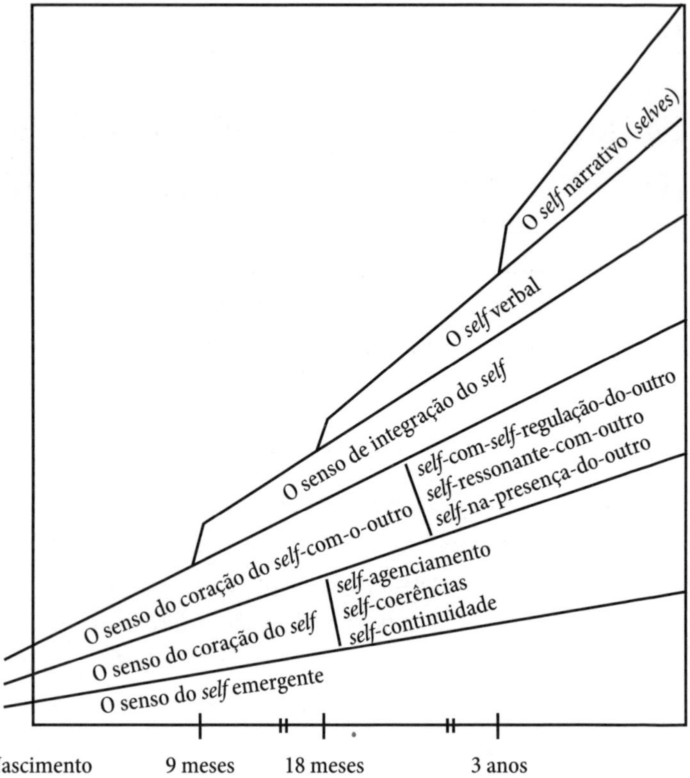

Figura 3.1 Esboço geral teórico-descritivo da teoria do apego de Stern.

Quadro 3. 1 Apresentação sintética da matriz analítico-crítica da teoria do desenvolvimento dos modos de ser do self ou dos sentidos do *self*

Matriz	Características
1. O problema empírico básico como ponto de partida	O processo que leva ao ser humano a constituir-se como uma pessoa.
2. Do problema singular ao problema universal	Modos de ser do *self* (modos de ser dos sentidos do *self*).
3. Fundamentos operativos na construção da teoria do desenvolvimento dos modos de ser do *self*	**Ontologia** Impulso para a sobrevivência (Darwin); tendência à organização, que reitera o impulso para a sobrevivência; sentidos do *self* como princípio organizador.
	Variáveis comparativas Self, *modos-de-ser, inatividade alerta, percepção amodal, afetos de vitalidade, ilhas de consistência, agência [ou autoria da ação], autocoerência, autoafetividade, auto-história, companheiro evocado, relacionar-se intersubjetivo, Estrutura de Eventos Generalizados* (EEG), *Representações de Interações que foram Generalizadas* (RIGS), *momento presente* (sinônimo de encontro que gera transformações nas relações psicoterapêuticas), *vitalidade.*
4. Fases e dinâmicas do processo de desenvolvimento do apego	*Self* emergente. *Self* nuclear. *Self*-com-o-outro. *Self* verbal. *Self* narrativo.
5. Método utilizado para pesquisar e, depois, organizar sistematicamente os dados observados e apresentá-los descritivamente	Observação empírica objetiva (bebê observado). Observação clínica subjetiva (bebê clínico).
6. Utilidade desse tipo de conhecimento	Para as pesquisas em psicologia do desenvolvimento. Para a prática psicoterápica..

Valor heurístico

Os trabalhos de Daniel Stern com sua proposta de uma teoria do desenvolvimento do *self* têm contribuído tanto para o campo das pesquisas sobre o desenvolvimento (cognitivo, emocional e até mesmo neuropsicológico) quanto para o trabalho clínico psicoterápico; mais ainda, eles correspondem a uma proposta que ultrapassa a cisão entre os conhecimentos fornecidos pela observação objetiva do bebê e os conhecimentos advindos da reconstrução da vida do bebê a partir daquilo que se obtém, subjetivamente, no trabalho psicoterápico, ou seja, a observação subjetiva do bebê – ainda que as especificidades epistemológicas e metodológicas de cada um desses campos de pesquisa e do conhecimento sejam mantidas, diferenciadas, e não sintetizadas num único paradigma ou ciência (o que, me parece, seria impossível).

Nesse sentido, da ampliação e comunicação entre os campos do saber sobre o mundo subjetivo, o objetivo proposto por Stern em *O mundo interpessoal do bebê* parece, pois, ter sido atingido:

> *O objetivo central deste livro foi descrever o desenvolvimento do senso de eu do bebê. Tentei inferir as prováveis experiências subjetivas do bebê considerando os novos achados experimentais sobre bebês, em conjunção com os fenômenos clínicos derivados da prática. Nesse sentido, é um passo em direção a uma síntese do bebê conforme observado e conforme clinicamente reconstruído na forma de uma teoria funcional do desenvolvimento dos domínios da autoexperiência.*[84]

No que se refere ao campo das pesquisas empíricas – mais atreladas ao campo classicamente denominado como o das teorias do

84 Stern 1985/1992, p. 247.

desenvolvimento, construído pela observação objetiva do comportamento do bebê –, Stern pode ampliar, talvez reconstruir, um quadro semântico-teórico amplo, não só agregando dados e conhecimentos objetivos e subjetivos, mas apontando diversos desenvolvimentos de pesquisas referidas aos modos de ser do *self*, do nascimento até a maturidade, para compreender tanto o desenvolvimento saudável quanto o patológico.

Um exemplo, dentre outros, desse tipo de horizonte para a pesquisa, desenvolvida e em desenvolvimento, é claramente visto nos trabalhos de Beatrice Beebe e outros colaboradores.[85]

No campo clínico das psicoterapias, psicanalíticas ou de outras perspectivas da psicologia dinâmica (dentre elas os adeptos da teoria do apego), também vamos encontrar um aprimoramento do quadro de pensamento no qual elas ocorrem. Toda teoria do desenvolvimento fornece uma linha de referência, a partir da qual ficam dadas como coordenadas para o pensamento – qual é o impulso ou a referência primária que fornece a linha do desenvolvimento (e até mesmo a linha da própria existência), fornecendo uma ontologia; o que se considera como um modelo para a saúde, um *telos* do desenvolvimento; uma compreensão do que é o processo de desenvolvimento na saúde ou normal; o conjunto de variáveis importantes de serem consideradas; e a orientação prática do que deve ser feito nos tratamentos para contribuir para o estabelecimento ou reestabelecimento da saúde –, proporcionando uma maneira de enunciar e compreender a realidade (seja a *fenomênica*, empiricamente dada, seja a subjetiva, constituída pela narrativa do paciente em conjunção com o psicoterapeuta). Ou seja, a teoria do desenvolvimento do *self* contribui para que os psicoterapeutas tenham uma perspectiva geral para compreensão dos pacientes e seus processos de cura ou de cuidado. Stern dedica toda

85 Beebe, Chen & Lachmann 2016; Beebe, Knoblauch, Rustin & Sorter 2005; Beebe & Lachmann 2002; 2014; Jaffe, Beebe, Feldstein, Crown & Jasnowl 2001.

a última parte do seu livro para analisar as implicações clínicas da sua teoria do desenvolvimento do *self*, em diálogo com o pensamento psicanalítico e com os clínicos da teoria do apego, tendo em vista o aprimoramento da prática psicoterápica.

Além desse quadro geral, semântico e teórico, para o pensamento e para a própria realização do processo psicoterápico, há, ainda, uma contribuição mais específica, referida à maneira como Stern pensa o desenvolvimento, dado que ele considera que as psicopatologias (e/ou sintomas) não teriam a sua gênese referida apenas a um determinado momento ou fase do desenvolvimento (como avalia terem proposto os psicanalistas), mas que há um conjunto de determinações genéticas mais amplo, percorrendo todo o espectro existencial. Diz Stern, nesse sentido: "não se sabe antecipadamente, em bases teóricas, em que ponto da vida uma determinada questão clínica do desenvolvimento tradicional terá sua origem patogênica".[86]

Tanto num como noutro campo de pesquisas (do bebê observável e do bebê subjetivo), Stern pôde ampliar a compreensão da situação do bebê (ou, ainda, a constelação familiar nesse período), de modo que, hoje em dia, todos aqueles que se ocupam da perinatalidade (em especial a psiquiatria perinatal, a psicologia perinatal e a psicopatologia perinatal) se apoiam ou se referem às suas contribuições. As diversas maneiras como sua descrição e compreensão do processo de desenvolvimento do bebê são feitas não significam a adesão geral à sua perspectiva, mas o reconhecimento de que ele colocou em evidência uma série de acontecimentos – comprovados pela observação direta e pela reconstrução clínica subjetiva – sobre as fases iniciais da existência humana, fornecendo, assim, referências que podem ser usadas em diversos outros sistemas teórico-semânticos. Note-se, por exemplo, nessa direção do uso das constituições de Stern, inseridas na composição de outras propostas, a maneira como

86 Stern 1985/1992, p. 230.

Bernard Golse parece se apropriar daquilo que Stern[87] caracterizou como um problema para os bebês – "Os bebês também estão constantemente 'avaliando', no sentido de perguntar: isto é diferente daquilo ou é a mesma coisa? Quão discrepante é aquilo que eu recém-encontrei com relação àquilo que eu encontrei previamente?"[88] –, e o que Golse descreveu como as questões que o bebê coloca a si mesmo sobre seu objeto primário (*grosso modo*, sua mãe), no início da existência: "Será que ela é tão bela por dentro como por fora? Ela está como sempre? Que espaço é esse que não é nem-eu-nem-ela?".[89] As duas primeiras questões são muito semelhantes às que Stern coloca, em termos das avalições que os bebês fazem do mundo.

As contribuições de um sistema teórico-semântico a outro não são, no entanto, realizadas na lógica do "tudo ou nada", na imposição do escolha-me ou recusa-me, mas ocorrem de maneira muito mais ampla e parcial, ainda que esse diálogo ou essa comunicação entre sistemas necessitem de um trabalho de decodificação e redescrição.[90]

Pesquisas que se propõem a fazer um estudo mais detalhado, crítico-comparativo, entre as propostas de Stern e os autores e teorias que ele reconhece como tendo influenciado seu pensamento estão ainda muito no seu início. Pesquisas que colocam as propostas de Stern em diálogo analítico-crítico com perspectivas que foram pouco destacadas por ele, como é o caso de Winnicott (com sua teoria do desenvolvimento do ser), ainda não tiveram seu início; como também ainda parecem nem mesmo ter sido pensadas as pesquisas que colocariam Stern em diálogo com Bion, Lacan, Sloterdijk, dentre outros que nem mesmo foram citados por ele.

---

87 Reiterando outros pesquisadores, como Kagan, Kearsley & Zelazo 1978.

88 Stern 1985/1992, p. 37.

89 Golse 2006a, p. 83.

90 Cf. Fulgencio 2020a.

Aspectos analítico-críticos dirigidos às propostas de Stern

É justamente a sua qualidade central de procurar agrupar e fornecer uma união entres diferentes áreas do conhecimento que pode ser, ao mesmo tempo, considerada como um valor positivo, mas também como produzindo um ser híbrido que teria dificuldades de gerar descendentes. As propostas de Stern seriam, então, ricas para estimular pesquisas em campos diversos, estimulando-os, mas teria dificuldades em agregar todas essas pesquisas e conhecimentos no quadro da sua própria teoria do desenvolvimento. Dizendo de outra maneira, os campos diferentes têm problemas, objetos, fundamentos epistemológicos e ontológicos e métodos diferentes, referindo-se, assim, diria Kuhn, a realidades diferentes, com terminologias que não são unitárias nem rezam por uma ética da terminologia, o que poderia causar uma ilusão de comunicação e compreensão, quando, na verdade, estariam falando de fenômenos e realidades diferentes. Isso não tira, no entanto, o valor e a reconhecida importância que sua obra tem no estímulo das pesquisas nesses diversos campos com os quais dialoga.

A amplitude e a diversidade de suas contribuições geram também uma série de questões a serem desenvolvidas, que poderíamos indicar, como modos de dar continuidade a seus objetivos de compreender o desenvolvimento emocional do ser humano, como se referindo: aspectos epistemológicos do seu sistema teórico-semântico, especificidade e delimitação do conceito de *self*, não consideração da relevância dos fenômenos transicionais.

Ressalva epistemológica

A maneira como o bebê apreende a si mesmo, o outro e o mundo é uma *inferência*: seja formulada a partir dos dados obtidos clinicamente pela reconstrução narrativa feita pela dupla paciente-terapeuta, seja a partir da observação empírica objetiva, pela ampliação, abstração e projeção dos dados para além da sua factualidade presente.

Não teremos acesso direto ao mundo do bebê, à sua subjetividade, aos sentidos que ele dá às suas experiências e vivências existenciais. No entanto, isso é necessário para que possamos apreender um quadro sistêmico e ordenado do desenvolvimento emocional, com a explicitação (teórica e descritiva) dos sentidos existenciais, oferecendo um quadro em que os fenômenos, suas relações dinâmicas, os fatos e as conquistas do desenvolvimento saudável e das organizações e sintomas patológicos podem ser apreendidos, explicados, ordenados e sistematizados na compreensão de linhas gerais do desenvolvimento. Isso fundamenta-constitui modos de enunciação e resolução de problemas, de modo que a validade dessas teorias gerais (sempre com um alto grau de subjetividade) não será jamais passível de comprovação empírica direta, mas cujo valor heurístico advirá de sua capacidade para enunciar e resolver problemas clínicos e empíricos.

A *observação*, seja empírica-objetiva (dos comportamentos), seja clínica, é sempre feita, ordenada e interpretada a partir de concepções teóricas pré-existentes. Toda teoria, desenvolvimentista ou clínica, tem, por sua vez, uma ontologia que a orienta. Nesse sentido, a observação está sempre inserida num contexto semântico-teórico que lhe dá validade empírica ou heurística.

Um problema com o qual, necessariamente, Stern se debate é o de conjugar sistemas teórico-semânticos diferentes na construção das suas sínteses, diálogos, agrupamento de dados. As *observações* e as *inferências* são, pois, dependentes na sua realização e na sua composição do trabalho epistemológico e metodológico de compor esses sistemas e as realidades diferentes que apreendem.

Essa ressalva não corresponde, propriamente, a uma crítica, como se houvesse erro no proceder de Stern, mas à explicitação de um problema que ele resolve à sua maneira[91] e que cabe ao pesquisador (seja o desenvolvimentista, seja o clínico) ter em mente na sua apreensão e utilização.

Ressalvas conceituais e de apreensão fenomenológica

Compreendido, então, o ponto de partida de Stern – o bebê e sua situação, sua proposta geral (o desenvolvimento dos sentidos do *self*), sua ontologia (o *self* como princípio organizador primário, para além das determinações biológicas e/ou da vida instintual), as dinâmicas ou domínios sequenciais do desenvolvimento (*self* emergente, *self* nuclear, *self* subjetivo, *self* verbal, *self* narrativo), seus métodos (clínico e experimentais), e seu valor heurístico (para a prática psicoterápica, para a prática de apreensão objetiva do desenvolvimento e para ações educacionais e sociais) –, gostaria de focar alguns pontos que considero necessários serem discutidos criticamente, a saber: a própria noção de *self*; a ausência de uma teoria sobre a ação criativa do brincar e suas relações com o símbolo e a entrada do homem na cultura. Certamente, há uma série de outros pontos, mas trata-se aqui apenas de dar início ao trabalho analítico-crítico para desenvolvimento e diálogo com a proposta e seus interlocutores.

A noção de *self*: delimitação e alcance

A noção de *self* ou de *sentidos do self* proposta por Stern refere-se a uma constante existencial que se expressa de diversas maneiras, tanto à situação inicial do bebê quanto ao estado mais avançado do desenvolvimento, quando há uma unidade do sujeito psicológico simbólica, autônoma e histórica. Assim, ele se refere ao *self* como estando: num estado *emergente*, apreendido como *diferente do outro*, em posse da *linguagem* e podendo fazer *narrativas*. Ao longo

91 Stern 1985, pp. 10-20.

da história da psicanálise, o termo *self* teve diversos usos: em Freud e em Klein, não aparece como parte da terminologia conceitual, nem mesmo usado nas descrições de fenômenos psicoafetivos; em Lacan, muito menos, especialmente porque o termo em inglês não tem correspondente próximo em francês (que usa *le soi* e *le moi*); na psicologia do *self*, no entanto, encontrou destaque, ainda que sem muita precisão quanto ao seu referente; e em Winnicott, por sua vez, também encontrou lugar importante, associado aos termos ego, *I am*, *Whole Person*,[92] além da distinção entre um verdadeiro e um falso *self*. A análise crítico-comparativa entre as propostas de Daniel Stern e a de outros psicanalistas, procurando os referentes designados por esses termos – todos buscando formas de apreender os diversos modos de ser e relacionar-se do ser humano, tendo a questão da integração do sujeito psicológico como um quadro geral –, ainda está para ser feita. Creio que, mesmo no interior do quadro semântico teórico de Stern, é necessário explicitar o que é um modo de apreensão de si mesmo sem consciência, empírico e factual, momentâneo e corporal, de uma outra maneira mais madura que se refere a uma unidade do sujeito psicológico estabelecida como uma integração, como um conceito sobre essa unidade que estaria mais ou menos em posse do indivíduo, e o que ocorre entre um e outro polo integrativo. Retomo, a seguir, algumas distinções que me parecem importantes de serem feitas:

1. O sentimento de ser si mesmo, experienciado até mesmo dentro da barriga da mãe, ou ainda nos primeiros encontros com a mãe; esse sentimento quando o ambiente (em geral, a mãe) sustenta o bebê, e o mesmo sentimento quando o ambiente não faz isso.
2. O sentimento de si mesmo quando são conquistadas algumas integrações estruturais (como a noção de tempo e espaço, bem como o surgimento da mente).

---

92 Cf. Fulgencio 2014 para uma análise desses termos na obra de Winnicott.

3. O sentimento de si mesmo quando a criança cria e encontra, paradoxalmente, os objetos do mundo e a si mesmo e o outro.
4. O sentimento de si mesmo quando emerge, num mesmo momento e processo, um eu (unidade do sujeito psicológico) que se diferencia de um não eu, claramente apreendidos como distintos.
5. O desenvolvimento do sentimento de si mesmo com a integração dos impulsos amoroso e destrutivos, com o ciclo benigno, com amor e ódio advindo dos objetos, com a integração da instintualidade.
6. O *self* que chega a ter condições de estabelecer relações a três, como no complexo de Édipo.
7. O *self* como apreendendo-se como identificado a tal ou tal grupo, de maior ou menor extensão.

Ao caracterizar todas essas situações existenciais como modos de ser do *self*, coloca-se a questão de saber se seria ou não necessário distinguir melhor esses estados. A resposta não é simples. Se estamos nos colocando dentro do quadro proposto por Stern, essas distinções já estão feitas; se estamos noutro quadro, então isso não se refere a necessidades de outros sistemas. Nessa perspectiva, creio que avançamos pouco quando aproximamos os diversos autores que usam o termo *self*. Proponho, então, que em cada sistema possa ocorrer uma análise sobre quais são os sentidos e os referentes do termo *self*; uma vez feita essa tarefa, é possível que cada sistema possa se perguntar acerca do campo fenomêmico que aborda, se os problemas que tem e se dedica a resolver estão adequadamente descritos ou se, considerando o que outros sistemas puderam apresentar em termos de fenômenos, seria necessário fazer uma expansão dos aportes teóricos-descritivos próprios a cada sistema.

A ausência de uma teoria sobre a ação criativa do brincar

O reconhecimento por Winnicott do que são os objetos e fenômenos transicionais, como indicado para um tipo de relação com o mundo na qual o sujeito cria-e-encontra a si mesmo, o outro e o mundo em que vive, responsável também pelo processo que leva o homem ao mundo da cultura, apresenta um fenômeno que não foi valorizado a ponto de revelar, para Stern, um novo modo de ser do *self*.

Creio que essa discussão ou consideração indica um imenso campo de desenvolvimento da teoria de Stern sobre os modos de ser do *self* e o conjunto de descrições e teorizações que obrigariam aqueles que trabalham no sistema teórico-semântico de Winnicott a fazer o mesmo; fato e postura que também deveriam ser aplicados e realizados no diálogo entre as propostas de Stern e as de Lacan e Bion, inserindo-o, pois, também no registro de ser um clássico do pensamento psicanalítico, bem como no campo da psicologia do desenvolvimento.

Referências

Ainsworth, M. D. S., Blehar, M., Waters, E. & Wall, S. (1978). *Patterns of attachment: psychological study of the strange situation*. New Jersey: Lawrence Eribaum.

Ainsworth, M. D. S. & Wittig, B. (1969). Attachment and exploratory. In J. B. Rosenblatt, R. H. Hinde, C. Beer & M. Bushell (Eds.), *Advances in study of behavior* (pp. 1- 51). New York: Academic Press.

Alvarez, L. & Golse, B. (2008). *La psychiatrie du bébé*. Paris: PUF.

Beebe, B., Chen, P. & Lachmann, F. M. (2016). *The Mother-Infant Interaction Picture Book: Origins of Attachment*. New York; London: W. W. Norton.

Beebe, B., Knoblauch, S., Rustin, J. & Sorter, D. (2005). *Forms of Intersubjectivity in Infant Research and Adult Treatment*. New York: Other Press.

Beebe, B. & Lachmann, F. M. (2002). *Infant Researche and Adult Treatment: Co-Constructing Interations*. New York; London: The Analytic Press.

Beebe, B. & Lachmann, F. M. (2014). *The Origins of Attachment. Infant Research and Adult Treatment*. New York; London: Routledge.

Boston, T. B. C. P. S. G. (2010). *Change in Psyhcotherapy. A Unifying Paradigm.* New York; London: W. W. Norton & Company.

Bowlby, J. (1969). *Attachment and Loss* (Vol. 1; Attachment). New York: Basic Books.

Bowlby, J. (1973). *Attachment and Loss* (Vol; 2. Separation, Anxiety and Anger). New York: Basic Books.

Bowlby, J. (1980). *Attachment and Loss* (Vol; 3. Loss, Sadness and Depression). New York: Basic Books.

Brazelton, T. B., Yogman, M., Als, H. & Tronick, E. (1979). The infant as a focus for family reciprocity. In M. Lewis & L. A. Rosenblum (Eds.), *The child and its jamily*. New York: Plenum Press.

Bretherton, I., & Waters, E. (1985). Growing points of attachment theory and research. *Monographs of the Society for Research in Child Development, 50*(1-2), 3-35. https://doi.org/10.2307/3333827

Bronson, G. W. (1982). *The scanning patterns of human infants: Implications for visual learning* (Monographs on Infancy, Vol. 2). Norwood: Ablex.

Emde, R. N., Gaensbauer, T. & Harmon, R. (1976). Emotional expression in infancy: a biobehavioral study. *Psychological Issue Monograph Stria, 10*(1), 37.

Erikson, E. H. (1950/1976). *Infância e Sociedade*. Rio de Janeiro: Zahar Editores.

Fonagy, P. (2017). *Théorie de l'attachment et psychanalise*. Toulouse: Érès.

Freud, S. (1905d). Three Essays on the Theory of Sexuality. In *The Standard Edition of the Complete Psychological Works of Sigmund Freud* (Vol. 7, pp. 125-246).

Fulgencio, L. (2014). Aspectos diferenciais da noção de ego e de self na obra de Winnicott. *Estilos da Clínica, 19*(1), 183-198.

Fulgencio, L. (2020a). Incommensurability between paradigms, revolutions and common ground in the development of psychoanalysis. *The International Journal of Psychoanalysis, 101*(01), 13-41. https://doi.org/10.1080/00207578.2019.1686389

Fulgencio, L. (2020b). *Psicanálise do ser: a teoria winnicottiana do desenvolvimento emocional como uma psicologia de base fenomenológica*. São Paulo: EDUSP-FAPESP.

Golse, B. (2004). La pulsion d'attachement. *La Psychiatrie de l'Enfant*, *47*(1), 5-25.

Golse, B. (2006a). *L'être bébé: La question du bébé à la théorie de l'attachement, à la psychanalyse et à la phénomenologie*. Paris: PUF.

Golse, B. (2006b). *L'Être-bébé: Les questions du bébé à la théorie de l'attachement, à la psychanalyse et à la phénoménologie*. Paris: PUF.

Golse, B. (2019). *Le bébé et ses possibles*. Toulouse: Érès.

Golse, B. (2010/2019). *Les destins du développement chez l'enfant*. Toulouse: Érès.

Golse, B. & Moro, M. R. (2014). *Le développement psychique précoce: de la conception au langage*. Paris: Elsevier Masson.

Green, A. (2003). The Pluralism of sciences and psychoanalytic thinking. In M. Leuzinger-Bohleber, A. U. Dreher & J. Canestri (Eds.), *Pluralism and Unity? Methods of Research in Psychoanalysis*. London: International Psychoanalytical Association. pp. 26-44.

Greenspan, S. I. & Lourie, R. (1981a). Developmental and structuralist approaches to the classification of adaptive and personality organizations: Infancy and early childhood. *American Journal of Psychiatry*, *138*, 725-735.

Greenspan, S. I. (1981b). *Clinical Infant Reports: No 1. Psychopathology and adaptation of semantic structure*. New York: International University Press.

Haith, M. M. (1980). *Rules the babies look by*. Hillsdale: Erlbaum.

Hinde, R. A. (1982). Attachment: some conceptual and biological issues. In C. M. Parks & J. Stevenson-Hinde (Eds.), *The place of attachmentin human behavior*. New York: Basic Books.

Jaffe, J., Beebe, B., Feldstein, S., Crown, C. L. & Jasnow, M. D. (2001). Rhythms of Dialogue in Infancy: Coordenater Timing in Development. *Monographs of the Society for Research in Child Development. Serial No. 265*, *66*(2).

Kagan, J., Kearsley, R. B. & Zelazo, P. R. (1978). *Infancy: its place in human development*. Cambridge: Harvard University Press.

Kant, I. (1798/2006). *Antropologia de um ponto de vista pragmático*. São Paulo: Iluminuras.

Klein, M. (1952). As origens da transferência. In *Obras completas de Melanie Klein (Volume III. Inveja e gratidão e outros trabalhos 1946-1963)*. Rio de Janeiro: Imago. pp. 70-79.

Labrunetti, S. & Fulgencio, L. (2022). O Grupo de Boston e suas propostas para o desenvolvimento da prática psicoterápica. *Ágora, XXV*(69-77). https://doi.org/10.1590/1809-44142022003009

Laing, R. D. (1979/1982). *Sobre loucos e sãos: entrevisa a Vincenzo Caretti*. São Paulo: Brasiliense.

Mahler, M. S. (1968). *On human symbiosis and the vicissitudes of individuation: Infantile Psychosis*. London: International Universities Press.

Mahler, M. S., Pine, F. & Bergman, G. (Eds.). (1975). *The Psychological Birth of the Human Infant: Symbiosis and Individuation*. New York: Basic Books.

Palombo, J., Bendicsen, H. K. & Koch, B. J. (2010). Chapter 13. Daniel Stern (1934-2010). In *Guide to Psychoanalytic Developmental Theories*. New York: Springer. pp. 243-256.

Piaget, J. (1952). *The origins of intelligence in childrem*. New York: International Universities Press.

Sander, L. W. (1962). Issues in early mother-child interaction. *Journal of American Academy of Child Psychiatry*, *1*, 141-166.

Spitz, R. A. (1957). *No and Yes*. New York: International Universities Press.

Spitz, R. A. (1965). *The First Year of Life: a Psychoanalytic Study of Nomal and Deviant Developmemt of Object Relations*. New York: International University Press.

Sroufe, L. A. (1979). The coherence of individual development. Early care, attachment and subsequente developmental issues. *American Psychologist*, *34*, 834-841.

Sroufe, L. A. & Waters, E. (1977). Attachment as an organizational construct. *Child Development*, *48*, 1184-1199.

Stern, D. N. (1985/2000). *The Interpesonal Word of the Infant: a View from Psychoanalysis and Developmental Psychology.* New York: Basic Books.

Stern, D. N. (1990/1991). *Diário de um bebê*. Porto Alegre: Artes Médicas.

Stern, D. N. (1985/1992). *O mundo interpessoal do bebê*. Porto Alegre: Artes Médicas.

Stern, D. N. (1995/1997). *A constelação da maternidade*. Porto Alegre: Artes Médicas.

Stern, D. N. (1985/2000). *The Interpersonal Word of the Infant: a View from Psychoanalysis and Developmental Psychology* (2a ed.). New York: Basic Books.

Stern, D. N. (1977/2002). *The First Relationship: Infant and Mother, with a New Introduction*. Cambridge: Harvard University Press.

Stern, D. N. (2004/2007). *O momento presente na psicoterapia e na vida cotidiana*. Rio de Janeiro: Record.

Stern, D. N. (2010). *Forms of Vitality: Exploring Dynamic Experience in Psychology and the Arts*. Oxford: Oxford University Press.

Stern, D. N. & Bruschweiler-Stern, N. (Eds.). (1998). *The Birth of a Mother: How the Motherhood Experience Can Change You Forever*. New York: Basic Books.

The Boston Change Process Study Group. (2010). *Change in Psychotherapy: a Unifying Paradigm*. New York; London: W. W. Norton & Company.

4. A psicanálise perinatal e os problemas do desenvolvimento

Neste capítulo farei uma análise teórica e descritivas do campo teórico e prático da psicanálise dedicada aos problemas da perinatalidade, colocando em destaque a história de constituição de campo de pensamento e de ação clínica, tanto profilática quando curativa, seja em termos dos cuidados com os indivíduos, seja em termos dos cuidados ambientais. Esse campo de estufo e prática tem feito desenvolvimentos significativos na compreensão do período mais inicial do desenvolvimento.

Aspectos gerais da psicanálise perinatal

O campo de fenômenos, problemas e pesquisas da perinatalidade – concepção, gestação, nascimento e desenvolvimento do bebê, modificações da mãe, do pai e da família, até aproximadamente os dois primeiros anos de vida – aborda não só os problemas dos bebês (tanto corporais quanto psicoemocionais), mas também os problemas e as necessidades dos pais, a constituição da parentalidade, além dos ambientes de sustentação e cuidados ali presentes. Ao apresentar esse campo de fenômenos e problemas, Christine Rainelli enfatiza sua presença e importância na história individual e coletiva do ser humano:

> *Por que a maternidade é uma etapa tão importante na vida da mulher e da família? Lembremos que o período perinatal é um período de muitas mudanças, que atualizam antigos conflitos, às vezes de várias gerações. Essa "complexidade" das histórias, ligando a história de uma mulher a uma história de mãe, simboliza esse estado específico e particular do período perinatal, durante o qual cada mulher deve "acordar" sua maternidade adequada para passá-la para a próxima geração. Nas novas gerações, não só a jovem mãe, mas também o pai são solicitados para desenvolver/desdobrar [mothering] o recém-nascido.*[1]

Nessa mesma direção, reiterando a relevância desse período, Sylvain Missonnier comenta:

> *Antes, durante e depois do nascimento, a mulher (re)tornando-se mãe, o homem (re)tornando-se pai concebem, esperam e, depois, acolhem uma criança. Essa metamorfose individual, conjugal, familiar e coletiva constitui um eixo maior antropológico da filiação familiar vertical e da afiliação social horizontal. Os territórios humanos dessa mutação são a pessoa, o casal, eventualmente a fratria, a família nuclear e expandida, a etnia e a sociedade.*[2]

Esse campo específico da pesquisa e dos cuidados com a saúde tem sua origem, como área específica da ciência, no campo

---

1 Rainelli 2016, Prefácio.

2 Missonnier 2012a, p. 1.

médico-psiquiátrico, ao final do século XX, constituindo (em alguns países com sistemas de saúde mais amadurecidos) equipes que primam pela *inter* ou *multi*disciplinaridade, articulando perspectivas de cuidado médico, psicológico, tanto biológicos quanto afetivos, seja em termos do cuidado com os indivíduos, seja com os grupos e a vida social. O desenvolvimento de cada uma das perspectivas do saber sobre esse período, articuladas aos problemas que o campo da perinatalidade apresenta, conta não só com os conhecimentos advindos da medicina e da psicologia clínicas, e também com as contribuições advindas das diversas perspectivas das teorias do desenvolvimento. Os diversos problemas ali encontrados exigiram e exigem que a medicina, a psiquiatria, a psicologia, a psicanálise, as neurociências, enfim, que todos os saberes e/ou ciências que se debruçam sobre esse campo de fenômenos desenvolvam entendimento e modos de ação para a profilaxia ou o cuidado curativo dos problemas e fenômenos desse campo, o que levou e leva a produzir modificações teóricas e práticas em todas essas disciplinas.

O campo da perinatalidade não oferece *uma* teoria do desenvolvimento (como temos analisado e apresentado ao longo deste livro, nos seus dois volumes), mas traz contribuições de diversas perspectivas que auxiliam a compreensão e o cuidado com o desenvolvimento emocional do bebê, dos pais, da família, tanto na compreensão da saúde como das patologias, seja em termos práticos (nas suas ações profiláticas e/ou curativas), seja em termos teóricos (ampliando a compreensão da natureza humana).

Quando a psicanálise é chamada ou se debruça sobre os problemas desse período em que precisa tratar de mães, pais, famílias e do próprio desenvolvimento do bebê, ela, necessariamente, precisa modificar seus métodos e, necessariamente, sua própria compreensão teórica do desenvolvimento e da prática clínica. Novos tipos de problemas levando a modificações na teoria e no método de tratamento, como já ocorreu noutros momentos da história da psicanálise, que nasce cuidando dos pacientes histéricos, dos neuróticos de transferência, ampliando-se para tratar de crianças, adolescentes, psicóticos, *borderlines*, pacientes psicossomáticos, adictos etc. Agora, com esse novo campo de problemas (da perinatalidade), somos também chamados a pensar e a desenvolver a psicanálise. Não é à toa que Bernard Golse afirma: *o futuro da psicanálise está no bebê.*[3] Ou seja, os problemas que surgem no cuidado desse campo proporcionam o desenvolvimento da psicanálise, seja enquanto prática, seja enquanto ciência.

Por outro lado, e necessariamente, considerando todos os saberes envolvidos, temos um avanço (de diversas perspectivas) na compreensão teórica e descritiva da origem e do desenvolvimento da vida socioemocional do bebê, dos pais, da família, da sociedade, ou seja, somos levados a uma ampliação da compreensão teórica e descritiva da própria natureza humana.

Nesse contexto, depois de retomarmos uma apresentação da história de constituição do campo da perinatalidade como um campo específico das ciências psi, vamos nos dedicar à análise de alguns desenvolvimentos da psicanálise no contexto de sua inserção em propostas de cuidado perinatal, constituindo perspectivas de entendimento e ações clínicas específicas nas quais poderemos reconhecer ou nomear uma *psicanálise perinatal*, ou seja, uma psicanálise dedicada a compreensão e intervenção dos agentes e atores, seja para o cuidado dos acontecimentos desse período da existência (tanto para o adulto quanto para a criança), seja para compreensão e ação sobre o desenvolvimento da vida psíquica, da vida socioemocional, do ser humano, tanto em termos do que ocorre na saúde quanto do que ocorre quando há distúrbios e patologias. A compreensão do que ocorre nesse período, reconhecidas as suas especificidades e necessidades psico-dinâmica-afetivas, também proporciona mudanças na compreensão dos modos de ser e se desenvolver do ser humano, mudanças na teoria e na

3 Comunicação pessoal em 2019.

prática de cuidado psicanalítico que, inicialmente foram dedicadas a cuidar das mães e/ou dos cuidadores e dos bebês, proporcionam uma modificação e um desenvolvimento da psicanálise como uma ciência dedicada à compreensão da natureza humana.

Procurando objetivar sobre o que nos debruçaremos neste capítulo, quero, primeiro, lembrar que a compreensão da perinatalidade corresponde a uma derivação específica dos inúmeros estudos e pesquisas sobre a infância, dentro e fora da psicanálise,[4] para, em seguida, delimitar minha análise a dois casos específicos, colocando em evidência duas propostas psicanalíticas mais sistemáticas (teórica e praticamente) dedicadas à perinatalidade, analisando as características da *psicologia clínica perinatal* (proposta por Antonio Imbasciati, na Itália) e a *psicopatologia perinatal* (Bernad Golse e Sylvain Missonnier, na França). Não se trata, evidentemente, de uma análise histórico-crítica exaustiva, mas de uma primeira aproximação que procura fornecer um esboço para orientação num campo do saber em desenvolvimento e que ainda precisa ser amadurecido, com muitas coisas a serem descobertas e edificadas, tanto em termos teóricos como práticos.

Será, pois, procurando analisar as diversas consequências para a teoria e o método psicanalítico e as propostas específicas de uma psicanálise perinatal que me ocuparei, primeiro, de analisar histórico-criticamente como esse campo se constituiu, e segundo, aplicando minha proposta de uso de uma matriz analítico-crítico-histórica

4 A lista de referências seria extremamente ampla. No entanto, algumas perspectivas de maior proximidade com a psicanálise mereceriam destaque, dentre elas: as perspectivas de compreensão da infância feitas por Jean Piaget, Vigostky, Wallon; a teoria do apego de John Bowlby e Mary Ainsworth; toda a obra de Daniel Stern; as contribuições de Thomas Berry Brazelton; e todos os estudos das neurociências e do neurodesenvolvimento. Abordaremos, aqui, uma ou outra dessas contribuições e associações, em função da sua presença como tendo influenciado ou sendo mesmo "peças" das propostas nomeáveis como as de uma *psicanálise perinatal*.

(a mesma que tenho aplicado a todas as teorias psicanalíticas do desenvolvimento analisadas neste livro em seus dois volumes), fornecendo um padrão de entendimento, ou seja, aqui também colocando em evidência os elementos que compõem essa matriz, a saber:

1. problemas iniciais;
2. problemas gerais ou universais;
3. modelos ontológicos;
4. variáveis teóricas e empíricas;
5. métodos utilizados nesse tipo de pesquisa;
6. questões, problemas, fenômenos para ampliação e precisão do desenvolvimento emocional;
7. avaliação do valor e do poder heurístico das perspectivas atuais e *telos* para seu desenvolvimento.

Cada um dos capítulos deste livro mostra uma possibilidade de comunicação, diálogo e contribuição mútua, mas que ainda precisará ser preenchida com as efetivas trocas e influências entre as teorias, sem que as sínteses impossíveis sejam propostas criando bestas híbridas e estéreis, mas também sem que cada perspectiva se isole, recusando as outras.[5]

Aqui, mais especificamente, o campo da psicanálise perinatal é a apreensão de um novo campo de problemas clínicos e campo de fenômenos, que exigirão modos específicos de cuidado (seja psicoterápico, seja pensando no próprio desenvolvimento emocional), o que também levará o pesquisador (tanto do desenvolvimento quanto o clínico) a dedicar-se a questões como: quais as condições e dinâmicas

---

5 Um caminho para que a comunicação e o diálogo possíveis entre sistemas teórico-semânticos diferentes possam ocorrer é proposto por Fulgencio (2020, 2021), no qual são os fenômenos observados que servem de moeda de troca ou comunicação para que cada sistema possa ser desenvolvido.

necessárias para a origem e o desenvolvimento da vida psíquica? Quais as condições ambientais para o desenvolvimento do bebê e da criança? Quais as necessidades de cuidado ambientais para as mães, para os pais e para os bebês? Como é o desenvolvimento saudável e como é o desenvolvimento quando há problemas mais ou menos graves? Quais são as patologias e os sintomas dos atores do período perinatal e como cuidar deles? etc. Além disso, dada a complexidade desse período – no quadro de um pensamento que considera sempre a perspectiva de que fenômenos complexos têm causalidades complexas, mais do que isso, de que os fenômenos são polimorfos (composto por diversos elementos e em sobreposição) e gerados numa perspectiva policausal – trata-se de um campo do conhecimento que necessita de composição interdisciplinar para que as práticas de cuidado, curativas e/ou profiláticas, possam ser realizadas.

Nesse sentido, ainda que não exista uma teoria do desenvolvimento emocional associada à rubrica psicanálise perinatal, teremos um conjunto mais amplo de contribuições a serem colocadas em destaque, levando-nos a preencher a matriz de análise histórico-crítica com essa diversidade de contribuições e pontos de vistas (seja no sentido operativo, seja no sentido ontológico, teórico e metodológico). Uma visão geral desse tipo contribui para uma apreensão fenomenológica e teórica mais precisa do que se pretende com uma psicanálise perinatal e estabelece quadros e pontes para a comunicação entre as descobertas desse campo com outros ramos do saber, em especial com o campo das ciências ou teorias do desenvolvimento (nos quais a psicanálise tem, ainda, uma presença magra).

Para atingir o objetivo geral, em vez de começar a analisar e desenvolver, desde o início, cada um dos itens da matriz de análise histórico-crítica que nos serve de padrão, preenchendo-a com os dados advindos da *psicanálise perinatal*, será necessário apresentar como esse campo foi constituído inicialmente no campo da medicina para, então, numa de suas derivações, constituir-se como um dos desenvolvimentos da psicanálise e, mais especificamente, naquilo que alguns já caracterizam como *psicanálise perinatal.*

A constituição do campo da perinatalidade

A origem de um determinado campo do conhecimento, sobretudo da ciência, depende da seleção e da apreensão de um grupo ou tipo de fenômenos lidos e apreendidos de determinada maneira, para que possam não só delimitar um campo de problemas, mas que estes sejam apreendidos de determinada maneira, mais ainda, que sejam também solucionados de acordo com a sua enunciação (com a seleção [e, certamente, exclusão] de variáveis importantes a serem consideradas nas suas determinações). A astronomia não nasce com a preocupação do homem com os astros nas suas diversas organizações culturais ao longo de sua história, mas quando Copérnico, Galileu e Kepler olharam para os astros (tendo em Newton e na lei de atração da gravidade seus parâmetros de referência para a enunciação e a solução de problemas). De forma análoga, a perinatalidade não tem sua origem no fato de o homem se preocupar com a gestação, as mães, os bebês, a origem da vida, as necessidades dos bebês etc., mas quando esses temas e fenômenos foram enunciados no campo das preocupações médicas, seja no da medicina somática, seja reconhecendo sua amplitude no campo da psiquiatria e da psicologia.

Ao procurar, então, recuperar quais foram as principais obras ou ações que levaram à constituição da perinatalidade como um campo específico da medicina e da psicologia *conjugados*, podemos destacar alguns dados e/ou aspectos que caracterizam sua origem:

a. No século XIX há algumas obras importantes que podem ser consideradas como um tipo de marca ou marco inicial, dedicadas aos problemas psiquiátricos da perinatalidade: as publicações de Jean-Étienne Esquirol (1819, 1838) e, mais especificamente de Louis Victor Marcé (1858), com o *Traité de la folie des femmes enceintes, des nouvelles accouchées, et des nourrices.*

b. Ao longo do século XX, uma diversidade de trabalhos de diversas perspectivas da medicina e da psicologia também se debruçaram sobre os problemas no período perinatal, colocando em destaque: os problemas da hospitalização mãe-criança, com os trabalhos de Spitz (1957/1978, 1959/1979, 1965/1979), Douglas (1956), Main (1958) e Baker *et al.* (1961); os problemas psiquiátricos que atingiam a mãe ou a relação mãe-bebê, que começaram a ser notados e cresciam em termos de importância, como analisaram, na França, Racamier (1961), e nos Estados Unidos, Grunebaum e Weiss (1963).
c. Uma série de pesquisas sobre os problemas advindos da Segunda Guerra Mundial e do plano de evacuação das crianças (separando-as de seus pais), como as que foram feitas por John Bowlby (1984/1973, 1969/2002, 1973/2002, 1988, 1988/1989), Anna Freud (1969, 1973/1974, 1974, 1975, 1976, 1978/1981, 1979/1981) e Howard (2000).
d. E, especialmente na psiquiatria infantil desenvolvida na França nos anos 1970-1980, um conjunto de estudos liderados por médicos-psicanalistas como Serge Lebovici, René Diatkine e Michel Soulé.
e. A obra de Daniel Stern, agregando resultados advindos de pesquisas empíricas (o bebê empírico ou objetivo) com os advindos das pesquisas clínicas (o bebê subjetivo), numa composição de saberes e pesquisas de diversas fontes (psicanálise, teorias do desenvolvimento tanto comportamentais descritivas quanto cognitivistas, etologia e apego, além de diversas contribuições que as neurociências apresentavam), das quais, metodologicamente, podem se articular dados objetivos com subjetivos numa perspectiva na qual, diz ele, "o infante da clínica sopra

vida subjetiva na criança observada".[6] Uma lista de seus principais livros mostra os focos de problemas com os quais se ocupou: iniciando com seu livro *The First Relationship* (1977), que deu origem a um novo horizonte de pesquisas, agregando diversas perspectivas teóricas e descritivas sobre o bebê e o período perinatal (Freud, Mahler, Piaget, Bowlby, as contribuições advindas das ciências ou das teorias do desenvolvimento, as descobertas das neurociências) a novos métodos de observação (em especial a técnica da microfilmagem e sua proposta de articular dados objetivos com dados subjetivos, advindos da clínica); depois, com seu *The Interpersonal World of the Infant: a View from Psychoanalysis and Developmental Psychology* (1985), ele apresenta uma *teoria do desenvolvimento dos sentidos do self*; e, em seguida, estudos sobre o mundo das mães e do cuidado psicoterápico nesse período perinatal, com seu livro *The Motherhood Constellation: a Unified View of Parent-Infant Psychotherapy* (1995); e com o mundo da mulher que se torna mãe, *The Birth of the Mother: How the Motherhood Experience Changes You Forever* (Stern & Bruschweiler-Stern 1998).

f. No que se refere aos marcos históricos do surgimento do campo da perinatalidade, dizem Sutter-Dallay & Guedeney:

> *Seguindo a partir dessas experiências iniciais de fundação, a psiquiatria perinatal desenvolveu-se mais a partir do final da década de 1970 sob a liderança de psiquiatras adultos no mundo de língua inglesa (Brockington 1996; Kumar & Robson 1984). A primeira publicação internacional usando o termo psiquiatria perinatal foi publicada em 1972 (Thelander 1972), embora Pitt (1968) já tivesse começado a individualizar o conceito de depressão pós-natal (PND), quando os trabalhos iniciais sobre psicoses puerperais*

6 Stern 1985/1992, p. 11.

datam da década de 1950 (Balduzzi 1951; Gayral, Ferrier & Gleizes 1950; Morin, Guilly, Badin & Choukroun 1952). O reconhecimento acadêmico e científico da especialidade foi alcançado através da criação da primeira Cadeira em Psiquiatria Perinatal, em Londres, em 1980, no Instituto de Psiquiatria, e depois ocupada por Kumar, um dos pioneiros da disciplina (Glangeaud-Freudenthal 2002). A Sociedade Marce, "Uma sociedade internacional para a prevenção e tratamento e compreensão de doenças mentais relacionadas à gravidez", foi criada em 1982 por um grupo de psiquiatras ingleses e americanos, reunidos em torno de Kumar, Brockington e Hamilton (Glangeaud-Freudenthal 2003).[7]

g. Como contribuição para a origem desse campo de pesquisa, e já dando um amplo conhecimento teórico e descritivo do desenvolvimento infantil, seja no período perinatal, seja para além dele, a obra de Thomas Berry Brazelton tem um lugar de importância, principalmente pela imensa quantidade de material descritivo sobre o desenvolvimento do bebê e da infância. Temos, atualmente, para salientar sua presença no mundo, a existência de diversos Centros Brazelton (Boston, Estados Unidos: https://www.brazeltontouchpoints.org; Reino Unido: https://www.brazelton.co.uk; Suíça: https://www.hirslanden.ch/en/clinique-des-grangettes/centres-et- instituts/brazelton-centre.html etc.) oferecendo seus serviços de cuidado e pesquisa à população.
h. O campo da perinatalidade surgiu, necessariamente, da articulação de duas perspectivas ou abordagens: a *médica* (referida aos problemas psiquiátricos da mãe ou do ambiente que recebe o bebê) e a *psicodinâmica* (na apreensão dos riscos que esses problemas, a história e os determinantes transgeracionais podem

7 Sutter-Dallay & Guedeney 2016, p. 5.

causar para o desenvolvimento emocional do bebê), permitindo, assim, como apontam Mazet & Lebovici (1998), uma abordagem dupla.

Essa história e essa perspectiva multidisciplinar, características de sua origem e das especificidades de seus problemas, colocam o campo da perinatalidade como reconhecimento da complexidade polideterminada dos fenômenos e dos problemas desse período e, em contrapartida, apontam para a complexidade dos cuidados (médicos e psicoterápicos), combinando tanto objetivos curativos quanto profiláticos com os pais, os bebês ou, ainda, de modo mais amplo, com a família ou o ambiente cuidador.

Os problemas da perinatalidade[8]

Os primeiros problemas desse campo, especificamente delimitados a uma área de fenômenos e momentos do existir humano, referiam-se ao conjunto de problemas psiquiátricos das mães (sejam manifestamente preexistentes em pacientes esquizofrênicas, paranoicas, depressivas, *borderlines*, adictas etc., sejam dos que decorriam por ocasião do nascimento do bebê, como a depressão pós-natal e a psicose puerperal). A estes se acrescentam todos os problemas advindos da situação e dos cuidados com o bebê, os pais, a família, as instituições e, dentre estes, entrecruzando-os, os problemas e os aspectos existenciais que são transmitidos pelas gerações.

Sylvain Missonnier lista o conjunto de problemas pertencentes a esse campo, a saber: infertilidade, aborto, abortos espontâneos, morte fetal, revelações de anormalidades, gravidezes patológicas, acidentes

8 A construção desta seção apoiou-se, principalmente, nos seguintes textos: Missonnier 2012a; Sutter-Dallay & Guédeney 2016; Viaux-Savelon 2016.

perinatais, separação mãe/bebê neonatal, prematuridade, anúncio de deficiência, violência institucional, sofrimento psicossocial. Roch Cantwell (2016), por sua vez, agrupa os problemas gerais da perinatalidade nas seguintes categorias:

a. Transtornos mentais preexistentes (*esquizofrenia, transtorno afetivo bipolar, transtornos depressivos e de ansiedade, tocofobia [pavor fóbico do trabalho e da entrega], transtornos alimentares, transtornos de uso indevido de substâncias, transtornos de personalidade*);
b. Transtornos mentais recém-adquiridos (*psicose pós-parto, depressão pós-parto, aspectos psicológicos da perda da gravidez*).[9]

É nesse contexto de problemas que uma série de cuidados, procedimentos e mesmo a enunciação de novos problemas são feitos, dentre eles o problema da origem da vida psíquica, da constituição da parentalidade, das determinações transgeracionais e, centrando a atenção no desenvolvimento emocional do bebê, todas as questões que dizem respeitos aos riscos para o desenvolvimento, a origem das patologias mais graves (como os transtornos de espectro autista, transtornos globais do desenvolvimento, transtornos da linguagem, transtorno do déficit de atenção com hiperatividade [TDAH], além de outras síndromes). Junto com sua enunciação advém, então, um enquadre teórico, epistemológico e metodológico para resolvê-lo, fazendo teoria e prática, dialeticamente, desenvolverem-se. Missonnier, no que talvez seja uns dos primeiros manuais dessa área que reúne diversas disciplinas, comenta:

> *A psicologia clínica perinatal é indissociável da sua interdisciplinaridade: a psiquiatria de adulto e da criança,*

9 Missonnier 2012a, p. 18.

> *ginecologia-obstetrícia, neonatologia, pediatria, medicina geral, locais de acolhimento e cuidado do bebê e as redes sociais de serviços constituem os múltiplos relés de uma rede cuja conquista comum da coerência é sua assinatura identitária. Identidade, fronteiras e cruzamentos: uma prática preventiva interdisciplinar e em rede.*[10]

Tratar ou cuidar desses problemas implica, necessariamente, abordar dois eixos: os preventivos e os curativos. Mais ainda, o trabalho preventivo e curativo está baseado – do ponto de vista de dois dos pioneiros desse campo, Soulé & Noël (1985) – em três ideias-chave:

- a noção de precocidade;
- a consideração das regras de higiene mental infantil;
- e a transdisciplinaridade, ou seja, a modo de participação de todos os operadores médico-psicossociais que intervêm por qualquer motivo nas famílias.[11]

O período perinatal trata a respeito daquilo que antecede e prepara a geração, do nascimento e de todo o período que advém depois do nascimento, chegando, aproximadamente até o segundo ano de idade da criança. Todas as atividades preventivas e curativas são dirigidas a intervir nos fenômenos desse campo, constituindo equipes multidisciplinares para abordar essa complexidade. Os serviços e as especificidades regionais (teóricas, epistemológicas e metodológicas) têm gerado propostas de grande valor heurístico, ainda que tenham características muito diferentes, como comenta, mais especificamente, Sylvain Missonnier, caracterizando as abordagens inglesa e francesa:

---

10 Missonnier 2012a, p. 13.

11 Missonnier 2012a, p. 15.

> *No atual sistema de cuidados diádicos no Reino Unido, o encaminhamento foi feito para cuidar dos transtornos psiquiátricos dos pais, sendo o bebê ou a relação pai-bebê considerados do ponto de vista do impacto desses transtornos ou da contribuição destes para seu surto [outbreak]. A abordagem francesa está mais focada na dialética entre os transtornos parentais e o desenvolvimento infantil e da saúde mental, principalmente do ponto de vista psicanalítico numa perspectiva desenvolvimental, em termos de riscos para o desenvolvimento infantil.*[12]

Essas propostas gerais comungam disciplinas e saberes, e caberia analisar cada uma delas mais de perto para podermos entender o conjunto de seus fundamentos e suas referências. Isso nos levaria a outro tipo de trabalho, dado que queremos aqui apenas traçar um quadro geral a partir do qual outras pesquisas possam ser feitas. Pode-se, no entanto, com base nas fontes aqui utilizadas, apresentar, referindo-nos à abordagem francesa presente no *Manuel de psychologie clinique de la périnatalité* coordenado por Sylvain Missonnier, apreender o conjunto de suas bases e referências, referindo-se a um ponto de vista desenvolvimentista ali presente:

> *Nessa linha, a atual psicopatologia perinatal francófona reúne, em um espaço referencial original, as contribuições da "psicanálise desenvolvimentista" (Tyson & Tyson 1996) do bebê e das pesquisas sobre o processo parental e seus transtornos. A psicanálise desenvolvimentista está localizada no ponto de encontro dos trabalhos sobre gênese e as disfunções: das competências do feto/bebê (Brazelton 1989) e sua epigênese interativa (Cosnier 1984); a relação de objeto e os vínculos de apego (Golse 1999,*

12 Missonnier 2012a, p. 12.

> *2006); a emergência do self e da intersubjetividade (Stern 1985/1992; Trevarthen 1993a, 1993b; Trevarthen & Aitken 2003); a interação fantasmática pai/bebê (Kreisler & Cramer 1981); Lebovici e Stoléru (1983) e sua transmissão inter e transgeracional (Lebovici 1994); a triadificação (Fivaz-Depeursinge, Corboz-Warnery & Frenck 1995); o funcionamento psicossomático do recém-nascido (Kreisler 1976).*[13]

Constata-se, na análise dos serviços e propostas para o cuidado com a parentalidade, a constituição de equipes multidisciplinares, com a presença de saberes específicos (medicina, enfermagem, psicologias do desenvolvimento, psicologias clínicas de diversas perspectivas, assistência social, neurociências), reconhecendo a complexidade do problema, mas gerando uma grande dificuldade, epistemológica e prática, de comunicação entre esses diversos sistemas teórico-semânticos, como uma babel do conhecimento, com a dificuldade de chegarem a um acordo sobre o sentido e o referente dos termos e conceitos utilizados, sobre os problemas e seus referentes, muitas vezes levando a um colapso na comunicação. A necessidade de uma ética da terminologia (para que todos falem dos mesmos fenômenos) é uma tarefa sempre necessária e, caso não haja esse cuidado, estamos num cenário onde a comunicação não acontece, correndo o risco de presenciarmos uma situação na qual cada interlocutor se dirige a uma realidade diferente, passível de ser figurada, como já apontou Kant, na situação ridícula em que "um homem ordenha um bode, enquanto o outro apara o leite com uma peneira colocada na barba do bode".[14]

Diversas soluções epistemológicas são procuradas para lidar com essa babel e tornar a comunicação possível. Basicamente,

---

13 Missonnier 2012a, p. 12.

14 Kant 1787/1997, B 82.

há dois caminhos: o *eclético*, que procura reunir todos os saberes, traduzindo-os uns aos outros na busca de uma posição unificada sobre os fenômenos, agora vistos de diversas perspectivas que se somam, como se houvesse uma única realidade vista de diversos ângulos, que poderiam, então, ser compostos visando ao entendimento global; e, como o chamei, o *paradoxo da comunicação do incomunicável,*[15] recusando a possibilidade de síntese, reconhecendo a incomensurabilidade entre os paradigmas e o fato de que cada sistema semântico-teórico enuncia a *realidade* à sua maneira (de modo que a realidade de um sistema não é, necessariamente, a mesma de outro), mas considerando que cada sistema pode contribuir (ou estimular) outro a enxergar a sua própria realidade de uma maneira mais enriquecida, de pontos de vistas e com características ainda não vistas num sistema, e que, com esse aprendizado ou essa inclusão de novos aspectos, impulsionaria cada sistema a desenvolver-se no seu próprio campo, na sua própria linguagem, nos seus próprios termos.

Reconhecido o campo dos problemas e a diversidade como têm sido tratados, ocupar-me-ei, agora, de analisar com mais detalhes duas propostas de psicanálise perinatal, ou seja, dois modos de apreensão e de cuidado desse campo que toma a psicanálise como uma teoria de fundo que enquadra e agrupa as outras perspectivas: a *psicologia clínica perinatal*, como Antonio Imbasciati a formulou na Itália; e o campo perinatal-psicanalítico na França, exemplificado na análise da proposta de uma *psicopatologia perinatal*[16] e do *Manuel de psychologie clinique de la périnatalité*. Ao final, retomando o conjunto de análises feitas, ocupar-me-ei de apresentar uma matriz de análise histórico-crítica-comparativa que aborda o campo da psicanálise perinatal, reiterando a linha analítica estrutural de minha compreensão das teorias psicanalíticas do desenvolvimento.

15 Cf. Fulgencio 2021.

16 Alvarez & Golse 2008a.

A psicologia clínica perinatal (Itália)

A psicologia clínica perinatal é uma perspectiva psicanalítica e, nesse sentido, tem origem e está inserida no quadro da metapsicologia inicialmente estabelecida por Freud e, no decorrer do tempo, modificada pelos psicanalistas. Imbasciati comentou o percurso crítico e construtivo, mostrando como essas modificações ocorreram e estão presentes na sua proposta, e é esse percurso que passamos a comentar.[17]

Imbasciati é um psicanalista italiano que dedicou a vida ao desenvolvimento da prática clínica, usando a psicanálise ao mesmo tempo que reconhecendo suas limitações teórico-epistemológicas em função do desenvolvimento da prática psicoterápica, seja preventiva, seja curativa, especialmente no que se refere à proposta de cuidar dos pais e do desenvolvimento infantil, o que cunhou e o levou a propor uma psicanálise clínica centrada no bebê:

> *Tal "Psicologia Clínica Perinatal" pode ser considerada fundada na Itália com essa denominação em 2006, em Brescia, por minha iniciativa e interesse de meus colaboradores, com uma Convenção Nacional homônima, da qual em 2007 veio o primeiro volume, contendo precisamente esse título (Imbasciati, Dabrassi & Cena 2007).*[18]

Trata-se de uma psicologia clínica que se ocupa dos problemas e das patologias das mães, dos bebês, dos pais, seja em termos profiláticos (tanto individuais quanto em termos de uma orientação para a saúde pública), seja em termos curativos.

---

17 Retomarei aqui uma síntese do caminho de construção da psicologia clínica perinatal, descrita por Imbasciati no livro *Una vita "con" la psicoanalisi* (2019c), obra em que ele faz um balanço de suas contribuições; como em seu livro *La relazione genitore-bambino: dalla psicoanalisi infantile alle nuove prospettive evoluzionistiche dell'attaccamento* (Cena *et al.* 2010).

18 Imbasciati 2019a, p. 43.

Em termos teóricos, Imbasciati parte da teoria e da metapsicologia freudiana – que considera limitada em termos históricos epistemológicos, associada a uma perspectiva ou analogia com os sistemas termodinâmicos da física e que necessitou ser reformulada em função da inserção com uma teorização que inclui os relacionamentos inter-humanos e a consideração dos agentes e ambientes reais, e não só as representações no mundo interno da criança, e em função de todos os avanços e descobertas das neurociências, levando a psicanálise à necessidade de reformular suas concepções, para o que ele mesmo contribuiu propondo desenvolvimentos na metapsicologia psicanalítica[19] e seus desenvolvimentos, agregando a essas concepções a teoria do apego de John Bowlby, as contribuições de Daniel Stern e um grande conjunto de desenvolvimentos associados às diversas práticas médicas e psicoterápicas dedicadas ao período perinatal. Nesse sentido, devemos destacar uma série de concepções advindas dessa história do desenvolvimento das práticas de cuidado com a saúde mental que estarão presentes e constituem o campo de preocupações e ações da psicanálise clínica perinatal, a saber:

a. a importância do desenvolvimento emocional primitivo (do feto e dos dois primeiros anos de vida, desenvolvimento que articula, de forma amalgamada, o corpo e a vida psicoemocional, numa determinação recíproca que também é influenciada pelo ambiente e pela cultura);
b. as determinações, nessa fase do desenvolvimento, das relações do bebê com seus cuidadores, comungando determinações biológicas com suas influências ou características epigenéticas;
c. a importância dos ambientes e agentes reais no cuidado com o bebê, e não somente com as representações internas desses agentes no mundo interno (de fantasia) do bebê ou da criança;

19 Fulgencio *et al.* 2018; Imbasciati 2010; 2011.

d. a influência das determinações intergeracionais, agindo na gestação, no parto e no cuidado com o bebê na mente da mãe e, por conseguinte, na vida psicossomática do bebê.

Uma concepção desse tipo integra, necessariamente, não só os conhecimentos advindos da psicanálise e seus desenvolvimentos ao longo do século XX, mas também o conhecimento indispensável decorrente das ciências obstétricas, das ciências sociais, da neonatologia, da neuropsiquiatria infantil, da pediatria, as descobertas da neurociência, a epigenética, os estudos sobre o desenvolvimento da mente (nas ciências cognitivas e nas neurociências), as descobertas advindas das psicoterapias (em geral, em suas diversas perspectivas teóricas) e todo o desenvolvimento das neurociências dedicadas à compreensão do cérebro (inclusive a constatação de que a experiência interpessoal gera as redes neurais que determinam o desenvolvimento que caracteriza o cérebro dos indivíduos). Diz Imbasciati sobre esse último aspecto:

> *A mente e o cérebro se desenvolvem em feedback mútuo: o desenvolvimento e a mente e o cérebro não obedecem a uma "maturação" natural, ditada pelo genoma, mas são os frutos, individuais em sua qualidade específica para cada pessoa, de aprendizado neonatal e infantil, que condicionam a expressão gênica na formação e transformação contínua de redes neurais, das quais depende a funcionalidade desse cérebro singular. Ninguém tem uma mente igual à de outro, porque ninguém tem um cérebro igual ao de outro. Nessa individualidade, central é a qualidade da mente-cérebro dos pais e, especificamente, sua capacidade de tecer um relacionamento com a criança que produzirá seu desenvolvimento ideal em vez de patológico.*[20]

20 Imbasciati 2019a, p. 45.

A Figura 4.1 mostra um conjunto de determinações dinâmicas recíprocas, que vão da constituição da subjetividade ao desenvolvimento do cérebro, em interação dialética com a vida cultural.

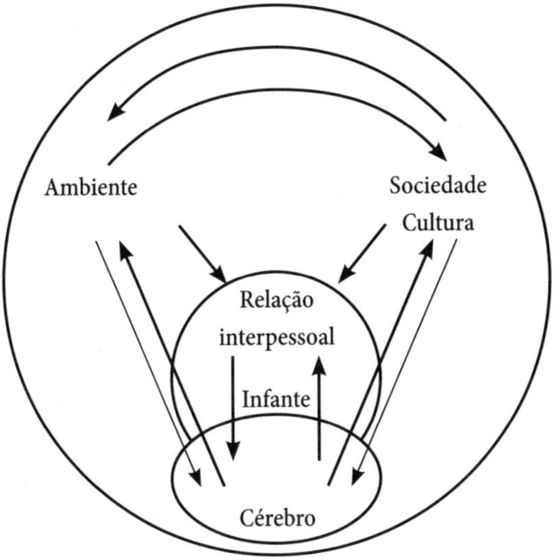

Figura 4.1 Relação de determinação recíproca cérebro-mundo-relacional.

Fonte: Imbasciati 2019a, p. 46.

É esse tipo de cenário de determinações que Imbasciati considera ser necessário ter como quadro para pensamento e ação clínica em geral, e, em particular, no período perinatal, levando em conta: as determinações culturais e intergeracionais; o desenvolvimento do cérebro e da subjetividade na interação do bebê ou da criança com o ambiente real; um conjunto de perspectivas teórico-clínicas usadas para compreender a história do desenvolvimento emocional; e os fenômenos ou o campo de fenômenos sobre os quais o conjunto dessas determinações agem. Note-se, na Figura 4.2, a importância dada à qualidade afetiva dos genitores e/ou cuidadores como determinantes das dinâmicas desenvolvimentistas apontadas pela epigenética.

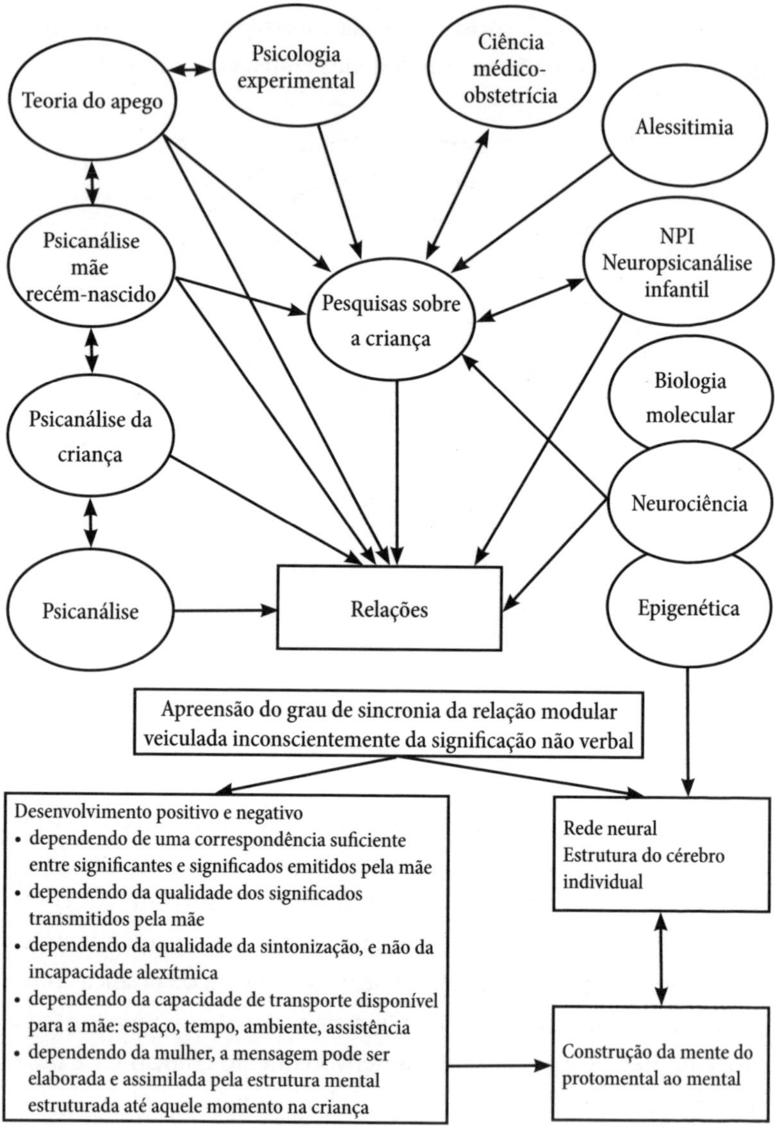

Figura 4.2 Neuropsicanálise infantil

Fonte: Imbasciati 2019a, p. 49.

O estudo apresentado na Figura 4.2 exigiria um detalhamento analítico-conceitual de grandes proporções, mostrando como os elementos constituintes de cada uma dessas perspectivas semântico-teóricas envolvidas e a maneira como elas se compõem na apreensão e nos entendimentos dos fenômenos destacados. Não é esse o objetivo deste capítulo, mas a apresentação ou apreensão geral da proposta feita por Imbasciati.

Sigamos aprofundando o entendimento desse quadro geral.

Patologias e sintomas em destaque

É nesse contexto e ponto de vista que uma série de problemas e sintomas são enunciados e, portanto, indicam o caminho para serem tratados. Retomo um conjunto de indicações de Imbasciati sobre seus problemas (e seus modos de compreendê-los), considerando o ponto de vista da psicologia clínica perinatal, indicando, assim, a perspectiva prática e necessária dessa disciplina e de seu valor heurístico:

- Fraiberg[21] vincula as hipóteses de Ferenczi sobre a comunicação distorcida entre o genitor e a criança e observa como os fantasmas do passado dos genitores podem interferir no relacionamento com o filho.
- Com referência ao conceito de transferência, afirma-se que o genitor transfere suas experiências relacionais vividas no passado para a criança: deriva-se, assim, o conceito de transmissão transgeracional dos modelos relacionais do genitor para o bebê.
- A ausência de afeto nas experiências infantis dos genitores pode dificultar a compreensão deles sobre as necessidades da criança: o passado conflituoso dos genitores é, assim, transferido para o relacionamento com a criança.

---

21 Fraiberg 1965; 1966; Fraiberg, Adelson & Shapiro 1975; Fraiberg 1996.

- A terapia direcionada à díade tem também o objetivo de identificar os pontos cegos dos pais.
- As patologias mais comuns do bebê nos primeiros anos de vida remontam à relação primária a partir da gravidez:[22] durante a gravidez, a mãe começa a se relacionar com a criança por meio de fantasias e de representações que constituem uma relação.
- Se forma na mente da mãe uma criança imaginária correspondente às suas expectativas, que, ao nascer, sofrerá, portanto, uma reorganização.

Objetivos profiláticos e curativos de uma psicologia clínica perinatal como proposta de saúde pública

Ora, reconhecida a importância desse período inicial da existência para o processo de desenvolvimento emocional, e também reconhecendo que nesse período estão colocadas as bases da saúde e da origem das patologias mais graves, bem como a perspectiva psicanalítica (com uma metapsicologia modificada) centrada nas relações com o outro, no ambiente real, nos pais reais e numa perspectiva relacional que agrega outros saberes (em especial os da teoria do apego e uma série de pesquisas sobre o desenvolvimento na fase perinatal) é que Imbasciati e uma série de colaboradores[23] pensarão na psicologia clínica perinatal como uma prática de saúde pública que deveria orientar-se, nas suas práticas de cuidado social (enquanto prática de saúde pública), seguindo a seguinte estrutura de planejamento e ação:

22 Lebovici & Stoléru 1983.

23 Cena & Imbasciati 2010; Cena *et al.* 2010; Imbasciati 1997; 2007; 2019b; 2019c; Imbasciati & Cena 2018; Imbasciati, Dabrassi & Cena 2007; 2018; Imbasciati & Loredana 2015; 2017; 2020.

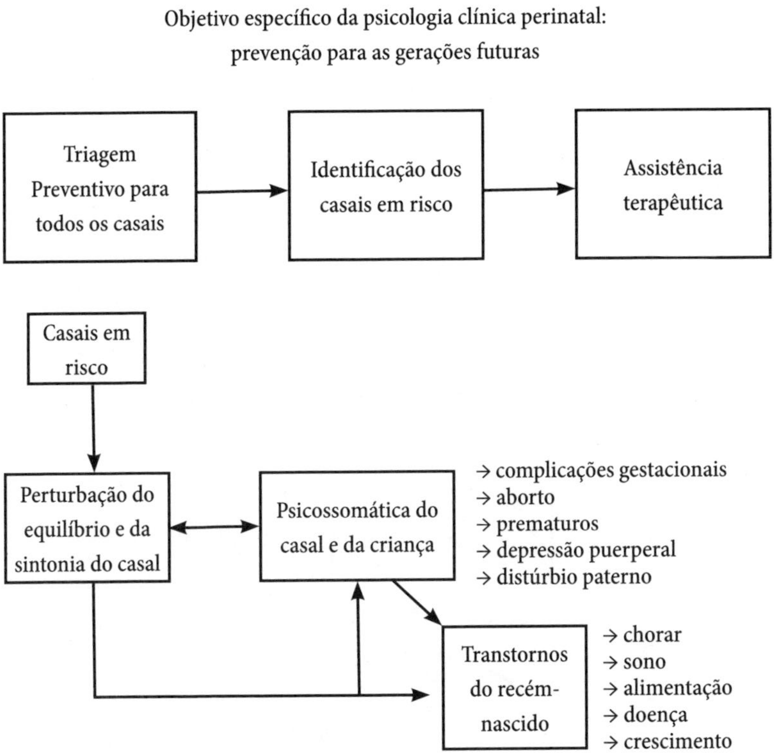

Figura 4.3 Diagrama de avaliação e ação da psicologia clínica perinatal.

Fonte: Imbasciati 2019a, p. 196.

A psicologia clínica perinatal é apresentada, pois, como uma proposta de compreensão geral para pensar o desenvolvimento emocional, mas também do próprio cérebro, como também uma proposta de prática de cuidado psicoterápico tanto em termos curativos quanto profiláticos, com uma perspectiva de ação a ser implantada nos serviços de saúde pública. Mais ainda, a psicanálise clínica perinatal também tem como foco de análise a questão do desenvolvimento da composição mente-cérebro no processo de desenvolvimento, cujos impactos perinatais são indiscutíveis. A Figura 4.4 explicita essa perspectiva:

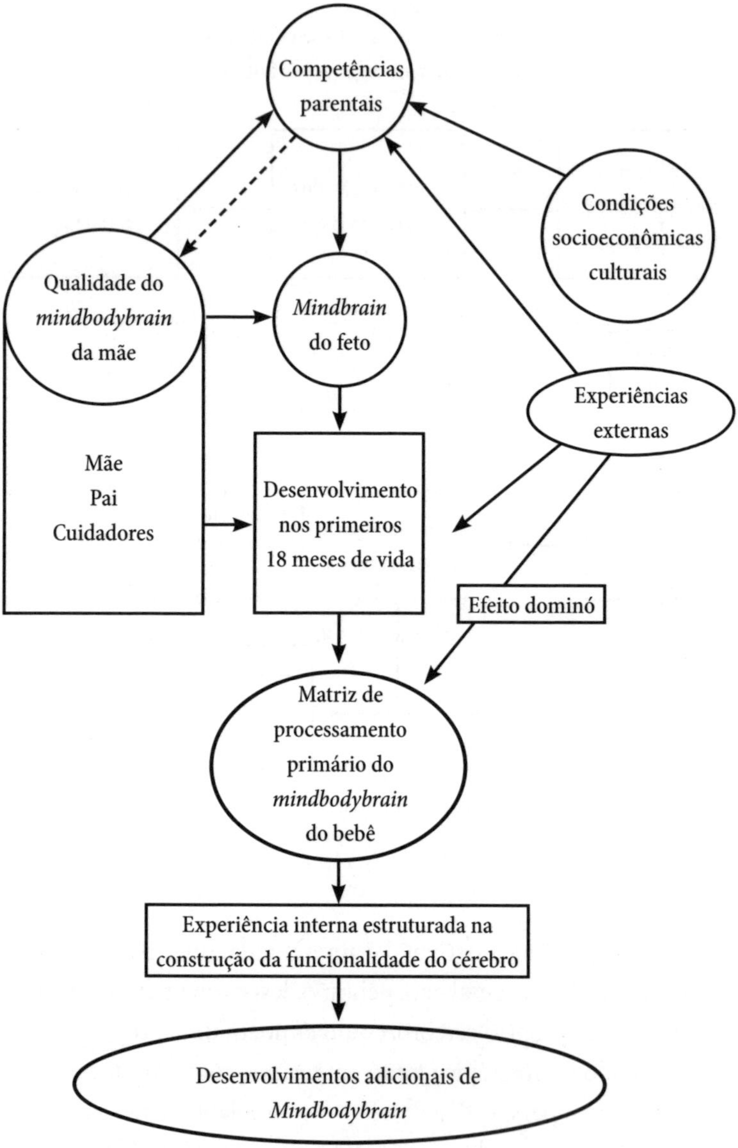

Figura 4.4 Diagrama do desenvolvimento do *Mindbodybrain.*

Fonte: Imbasciati 2019a, p. 201.

A psicanálise perinatal na França

A história da psiquiatria infantil e da psicanálise dedicada ao período perinatal é rica de propostas e autores e tem já uma tradição francesa rica e rigorosamente estabelecida, na qual autores como Dolto, Anzieu, Lebovici, Soulé, dentre outros, têm presença no passado e na atualidade.[24] É nesse cenário e com essa história que surge o campo da perinatalidade como uma área do saber e de cuidados; mais ainda, é na consideração desse amplo campo da psiquiatria infantil francesa que temos a consolidação da presença da psicanálise na prática de cuidado privado e institucional com a perinatalidade, levando-nos, assim, a nos referirmos a uma *psicanálise perinatal*; que, na verdade, corresponde à aplicação da psicanálise na compreensão e no cuidado de bebês, mães, pais e todo o ambiente que anima e sustenta esse período. Nesse contexto, na França, podemos destacar duas propostas certamente comungadas, mas que receberam nomes próprios diferentes, ambas constituídas como propostas multidisciplinares e já com uma certa tradição: a que encontramos expressa na proposta de uma *psicopatologia perinatal*[25] e, mais recente, o que encontramos no *Manuel de psychologie clinique de la périnatalité.*[26] Me ocuparei, então, de retomar as características dessas duas propostas.

A psicopatologia perinatal (PPN)

A primeira perspectiva mais sistemática de compreensão do campo específico da perinatalidade, advindo de uma série de pesquisas e estudos dedicados ao campo (especialmente os teóricos da infância,

---

24 Cf. em *Nouveau Traité de psychiatrie de l'enfant et de l'adolescente* (4 volumes) (Lebovici, Diatkine & Soulé 1985/2012).

25 Alvarez & Golse 2008b.

26 Missonnier *et al.* 2012.

como Serge Lebovici, René Diatkine, Michel Soulé), pode ser denominada *psicopatologia perinatal*:

> *Ao longo dos anos 1970, a PPN (Bénony & Golse 2003) emerge no panorama de saúde pública e social da primeira infância como sendo um ponto de convergência entre os responsáveis pelos cuidados a dar aos pais e pelos que cuidam das crianças, entre os agentes responsáveis pelo tratamento e cuidados médicos e os atores sociais, segundo um procedimento conhecido por transdisciplinaridade.*[27]

Ela corresponde a uma abordagem tanto teórica como clínica que, bem ao estilo do ecletismo francês, se desenvolveu na interface e na conexão da psicanálise com a teoria do apego, os estudos e descobertas das neurociências e algumas das contribuições e concepções da antropologia, bem como as propostas médicas e psiquiátricas envolvidas no cuidado com os atores desse período.

No reconhecimento dessas perspectivas e das especificidades das contribuições articuladas na proposta da psicopatologia perinatal podemos ver o seguinte quadro:

27 Alvarez & Golse 2008b, p. 9.

Quadro 4.1 Contribuições psicanálise-perintalidade

Psicanálise	Freud, Lacan: metapsicologia das pulsões Daniel Stern: metapsicologia das pulsões + teoria do apego
Teoria do apego	Bowlby, Ainsworth: teoria do apego Peter Fonagy: ampliações para inserção da teoria do apego na psicanálise contemporânea
Neurociências	Competências neurológicas, fisiológicas e psicológicas do recém-nascido
Antropologia	Situação antropológica fundamental: defasagem adulto sexualizado – criança ainda não sexualizada
Obstetras e pediatras	Dedicados aos cuidados com as mães e aos problemas médicos e psiquiátricos dos bebês, suas mães e suas famílias

No que se refere ao bebê, considerando desde sua origem até o momento em que sai do ventre da mãe, bem como seu futuro, a PPN coloca em destaque quatro grandes planos de desenvolvimento: *o da autopreservação, o do apego, o da intersubjetividade e o da regulação das experiências de prazer e desprazer*. A esses quatro planos, reiterando sua perspectiva psicanalítica, que fornece o quadro e a referência dessa perspectiva de pensamento desse campo, Golse compreende como dentro da metapsicologia das pulsões, considerando-os, então, sistemas de motivação primária.[28]

Cabe notar que nessa perspectiva temos, por um lado, a reiteração da teoria das pulsões e, por outro, a validação da teoria do apego – Golse chega a propor uma *pulsão de apego*,[29] colocando o apego como um tipo de caso das pulsões. Ao considerar a teoria do apego, no entanto, temos uma ontologia na qual o homem é uma espécie que busca sobreviver (numa perspectiva darwinista ou neodarwinista), e, nesse caso, as pulsões (seja associando suas pressões ao princípio do prazer, seja ao princípio da descarga) são um tipo de apego.

28 Golse 2019, p. 20.
29 Golse 2004.

Golse assim caracteriza os quatro grandes planos do desenvolvimento:

> *O campo-plano da autoconservação é aquele que permite que as principais funções vitais do organismo sejam acionadas, sem as quais o recém-nascido não conseguiria sobreviver fisicamente.*
>
> *O campo-plano do apego [attachement] é aquele que permite à criança regular a melhor distância espacial, física, com o outro, a fim de construir o seu espaço de segurança, o que remete a tudo que J. Bowlby (1978-1984) desenvolveu no âmbito da teoria do apego.*
>
> *O campo-plano da intersubjetividade é aquele que lhe permite regular melhor a sua própria distância psíquica, dessa vez com o outro, para sentir que existe como pessoa plena (é basicamente o processo de diferenciação extrapsíquica).*
>
> *O último campo-plano, por fim, é aquele que permite à criança regular da maneira mais eficaz suas experiências emocionais, levando-a a buscar experiências de prazer, a fugir das experiências de desprazer, a conseguir postergar certas experiências de prazer para poder obter, posteriormente, um prazer ainda maior (saber esperar), e finalmente ter em conta o prazer ou o desprazer do outro. Até agora provavelmente foi a psicanálise que explorou esse último campo-plano com um maior cuidado.*[30]

No contexto desses quatro campos, dois outros aspectos do desenvolvimento são considerados e estão presentes na PPN: a *neotonia*,

30 Golse 2019, pp. 20-21.

ou seja, a imaturidade do ser humano ao nascer, sua fragilidade e vulnerabilidade e sua consequente dependência do ambiente; e a *epigênese*, ou seja, o conjunto de mecanismos que governam a expressão de nosso genoma, dentre eles a influência do ambiente, que tem o poder de ativar ou inibir a atividade de certos genes ou de certas partes de nossos cromossomos.

Esse enquadre epistemológico e teórico, focado e delimitado a um determinado campo de fenômenos, *grosso modo*, referido ao período da perinatalidade, age como qualquer disciplina científica nas suas tarefas e seus objetivos essenciais: descrever os fenômenos e suas determinações recíprocas, enunciar seus problemas e estabelecer os tipos de soluções a serem procuradas, o que também poderíamos enunciar, em termos clínicos nesse campo, poder tratar e prevenir.

Procurando, então, explicitar a PPN como uma ciência, nos dediquemos a analisar: o bebê como objeto de pesquisa; o campo de atuação da PPN; a necessidade das equipes multidisciplinares; aspectos gerais das teorias para pensar o desenvolvimento emocional e cognitivo do bebê.

Objeto e campo de atuação da PPN

Ao menos de forma mais manifesta e evidente, os objetos da PPN, por excelência, são: *o bebê e suas mães*. Ao vê-los mais de perto, percebe-se que não são, propriamente, objetos, mas constelações de relações e agentes determinando-se mutuamente, não só o bebê e suas mães nas suas singularidades (somáticas, psíquicas, histórico-afetivas), mas todo o ambiente que constitui a geração, os cuidados com o feto e o bebê, as transformações ambientais e pessoais envolvidas, enfim, a constelação do bebê, a constelação materna e a constelação familiar. Tudo isso constitui o campo da perinatalidade em cada geração-nascimento.

Mais ainda, para não ficarmos apenas no campo do reconhecimento dessa complexidade – sobre a qual, aliás, não resta muita dúvida, e são poucos os que não a considerem –, trata-se também de considerar como os dados são apreendidos, observados, sistematizados e, por fim, teorizados. Trata-se, aqui, de reconhecer e poder se apoiar no conjunto de conhecimentos apreendidos via observação empírica, objetiva, dos bebês e dos fenômenos perinatais, como também as informações mais subjetivas, advindas do trabalho clínico interativo (no qual observador e observado interagem e são coprodutores dos dados). Stern abordou esse tema diferenciando o bebê empírico do *bebê subjetivo*, o primeiro, advindo das observações (naturais ou artificiais) construídas e padronizadas para que determinada apreensão dos dados (e da comprovação de hipóteses) fosse possível; e o segundo, a compreensão subjetiva do que teria sido ou foi o bebê, advindo dos processos clínicos, nos quais há, na relação psicoterapêutica, uma reconstrução (alguns diriam: construção ou mesmo ficção) do bebê na sua subjetividade.

Os modos de abordar (observar ou ter acesso) ao bebê, visando compreender seus modos de ser e seus problemas, encontram um problema de método: por um lado as *observações objetivas*, feitas a partir de situações naturais ou artificialmente construídas, procurando estruturas padronizadas para observação, controle de variáveis etc.; por outro, a compreensão do bebê advinda dos trabalhos clínicos (sejam os médicos sejam os psicoterápicos [tanto de crianças quanto de adultos]), que nos levam ao bebê reconstruído com base nas subjetividades (do médico, do psicólogo e dos pacientes). Na PPN, ambos os conhecimentos (advindos de um ou outro método) são considerados. Não se trata apenas de uma questão de constatação e de poder "aproveitar" dados advindos de diversas direções metodológicas, mas de pensar pesquisas e modos de produção de conhecimento que possam articular e utilizar esses diversos modos de acesso à realidade fenomênica. Vejam o exemplo dessa perspectiva em dois artigos de Camila Saboia,[31] que fez seu doutorado[32] sob a orientação de Bernard Golse.

A PPN tem como campo de problemas um conjunto de fenômenos que se referem: à ontologia e ao desenvolvimento psicoemocional do bebê; aos problemas clínicos (na saúde e nos distúrbios) do bebê; e, ao mesmo tempo, aos problemas dos pais e do ambiente. Isso se realiza em termos dos cuidados (tanto dos que se referem ao *soma* quanto os que se referem à vida psicoemocional), seja para realizar diagnósticos, ações curativas e de prevenção, seja para desenvolvimentos de pesquisas, levando-nos, então, a toda uma dinâmica prática de prevenção, de detecção e de tratamentos dos problemas precoces do desenvolvimento.

O contexto e o próprio campo exigem, pois, uma abordagem transdisciplinar, não só pela natureza ampla dos problemas, mas também de maneira contundente pela consideração de que os fenômenos são *polideterminados*[33] – trata-se de recusar pensar em termos de uma determinação linear (por exemplo, o autismo tem sua causa no "ódio inconsciente da mãe"), o que seria não só um reducionismo inadequado como também tem efeitos nocivos e culpabilizantes para as mães de crianças autistas) –, ou seja, os fenômenos (da saúde e da patologia) advêm de diversas determinações em conjunto, como ocorre numa matriz em que não é possível dizer que um elemento é mais ou menos importante do que o outro.

O campo da perinatalidade exige uma transdisciplinaridade, mais ainda, ela convida os próprios sistemas de saúde a se ocuparem de seus fenômenos e problemas.

---

31 Saboia 2010; Saboia *et al.* 2017.

32 *Du jeu du bébé au jeu de l'enfant: une approche à la compréhension de la construction da relation d'objet chez l'enfant autiste* [Do jogo do bebê ao jogo da criança: um estudo sobre a construção da relação de objeto da criança autista] 2011.

33 Alvarez & Golse 2008b, p. 14.

É evidente que se ressalta a importância da primeira infância; em contrapartida, trata-se também de compreender a dimensão ampla do que se pretende com os cuidados com a saúde numa determinada sociedade. Talvez o grau de amadurecimento de uma sociedade possa ser medido pelos modos e tipos de cuidado que ela fornece ao período perinatal e à primeira infância de uma maneira mais geral.

Procuremos, agora, especificar um pouco o conjunto de problemas do campo e do processo de desenvolvimento emocional do ponto de vista da PPN, partindo das concepções gerais, mas objetificando um pouco mais o valor heurístico (de uso) dessa perspectiva.

Perspectivas e focos da PPN para pensar o desenvolvimento emocional e cognitivo do bebê

A PPN considera que alguns temas e/ou fenômenos devem ser enunciados como focos dos problemas e da compreensão do desenvolvimento (mais do que isso, para agir sobre esse desenvolvimento, seja em termos curativos, seja preventivos). Vejamos alguns desses pontos e/ou aspectos.

A compreensão do bebê parte e/ou depende de uma concepção sobre qual é a sua situação em termos de sua maturidade ou imaturidade, cognitiva e afetiva, para apreensão do outro, apreensão de objetos não eu, capacidade para percepção cognitiva e afetiva do mundo que é apresentado a ele (o que ocorre em graus variados). Nesse contexto, surgem duas questões ou dois problemas fundamentais e estruturantes da vida emocional: primeiro, como ocorre ou como são os processos que correspondem à origem da vida psíquica; e segundo, agora centrado nas questões relacionais, como ocorre e como se produz a possibilidade para estabelecer relações com objetos.

Considerados esses pontos básicos, há uma questão – reconhecida, talvez, tanto pela psiquiatria quanto por todas as perspectivas da psicologia – que diz respeito ao processo que leva à constituição do *sujeito psicológico* como algo diferenciado do *outro*. Esse processo também é, por vezes, considerado como o processo de subjetivação (processo que leva o indivíduo a apreender a si mesmo e ao outro como *dois*). Nessa direção, Golse acaba fazendo distinções importantes entre relações *intersubjetivas* (entre duas subjetividades distintas, ou, ainda, noutro sentido, considerando o processo que leva à subjetivação), *intrassubjetivas* (internas a uma subjetividade) e *interpessoais* (entre duas pessoas apreendidas distintamente uma da outra).[34] Temos, então, marcos (e/ou conquistas) do processo de desenvolvimento que podem ser destacados como temas/processos/conquistas na linha do desenvolvimento, que servem como referência conceitual e descritiva do processo de elaboração e constituição da vida subjetiva:

Quadro 4.2 Marcos do desenvolvimento

	Primeira conquista da unidade do sujeito psicológico	Integração mais complexa do sujeito psicológico Édipo (relações triangulares)
Origem	Eu-outro r-2 corpos	Relação interpessoal r-3 corpos
	Processos de integração dinâmicos	

A compreensão desses fenômenos depende e é orientada, por sua vez, pela consideração dos impulsos ou situação básicas, estruturais, que caracterizam o ser humano, o bebê humano, ao que poderíamos nos referir como os aspectos ontológicos (que, por

34 Creio que seria necessário, nessa perspetiva proposta por Golse, na qual considera relações *inter* e *intra*ssubjetivas, também considerar as relações *entre*ssubjetivas, como podemos apreender quando estamos no campo dos fenômenos relacionais nas dinâmicas dos fenômenos transicionais.

sua vez, referem-se aos impulsos e contextos fundamentais) do ser humano, desse ponto de vista da PPN. Nesse sentido, temos três grandes teorias, três grandes considerações ou princípios metapsicológicos, considerados juntos e agregados pela PPN: a *teoria das pulsões* (desde seu fundamento freudiano até as considerações de seu desenvolvimento, especialmente com os teóricos franceses da infância, como Serge Lebovici, René Diatkine, Michel Soulé); a *teoria do apego* (elaborada por Bowlby & Ainswort, integrada no pensamento do desenvolvimento do *self* como o fez Daniel Stern, e, mais atualmente, com os desenvolvimentos propostos por Peter Fonagy, procurando incorporar apego e pulsão num sistema integrado);[35] e, por fim, a *situação antropológica fundamental.*

A situação antropológica fundamental

Qual é a situação ou lugar no qual todo ser humano entra ao chegar no mundo com os outros, mundo propriamente humano, mundo das relações inter-humanas? Ou seja, qual é o estado originário do bebê?

---

35 Na relação conturbada e conflituada entre os defensores da teoria do apego e da teoria das pulsões há, para Golse três grandes fases: "*Primeira Fase*: a psicanálise reprova a teoria do apego por ela ter simplesmente eliminado a questão da representação mental. . . . *Segunda Fase*: a questão da ausência-presença do objeto e os desenvolvimentos na teoria do apego para integrar esses fenômenos com as propostas dos *Modelos Internos Operantes* (MIO, que têm *status* de representação mental, Bretherton 1990, p. 50) e da *Representação de ação generalizada* (Stern 1985a). . . . *Terceira Fase*: o lugar dado à sexualidade infantil no processo de desenvolvimento (dado que apego visaria mais ao outro como fator de sobrevivência do que como fator de prazer e/ou descarga das excitações instintuais). A escola vienense reivindicava, de fato, a teoria do apoio (na autoconservação), de onde derivaria a sexualidade; a escola inglesa enfatizou o imediatismo das relações objetais; e na época, ou seja, nos anos 1960-1970, a escola húngara defendia que o conceito de *amor primário* (Balint 1952) transcendia de fato essa oposição e permitia, de qualquer maneira, reduzir toda clivagem entre a teoria do apego e a psicanálise. Em todo caso, a noção de conflito já estava presente no conceito de 'instinto de agarramento' desenvolvido por I. Hermann (1972)" (Golse 2019, pp. 49-52, grifos do original).

> *O estado originário descreve o encontro de um bebê humano com os seus pais, que serão mediadores entre este e o mundo exterior. Encontro esse de uma múltipla natureza e depositário dos processos de humanização das pequenas crianças. Nele confluem, por um lado, o trabalho psíquico dos pais, que podemos reconstruir até a sua origem narcísica, passando pela fase edipiana, e o trabalho psíquico da criança, que é descrita por M. Soulé como poeta, filósofo e teórico; por outro lado, temos os corpos das crianças, base biológica da sua vida em geral.*[36]

O fundamental nesse encontro originário (que se prolonga no tempo) entre o bebê e o adulto é que o bebê é extremamente imaturo e incompleto (comparado ao que exige o mundo dos adultos), o que implica, necessariamente, uma assimetria (dado que o desenvolvimento físico e sobretudo psíquico do adulto humano está extremamente à frente do do bebê). Golse se apoia na proposta feita por Jean Laplanche[37] como de uma *situação antropológica fundamental*, na qual o recém-nascido (o *infante*, no sentido etimológico do termo, como aquele que não fala) é confrontado com um mundo adulto que ele não domina, não entende, e que se apresenta manifestando uma série de enigmas. Diz Golse:

> *Laplanche estabelece a categoria de "estado antropológico universal" como sendo o estado originário, apoiando-se para tal na antropóloga Margaret Mead: "É universalmente aceito o fato de que as crianças são frágeis e pequenas ao entrarem no contato com os adultos"... Fragilidade que remete à dissociação entre o mundo sexualizado e*

36 Alvarez & Golse 2008b, p. 11.

37 Laplanche 1994; 2002b.

> *simbólico do adulto e o mundo não-ainda-propriamente-sexual e a facticidade da existência da criança.*[38]

A situação de prematuridade que caracteriza o ser humano no seu nascimento (dado que uma série de amadurecimentos somáticos seguirão ocorrendo fora da barriga da mãe) indica não só a precariedade inicial do bebê e as suas interdependências relativamente ao adulto, mas também o fato de que os sentidos do mundo do adulto (em especial, os associados aos sentidos erotizados e/ou sexualizados) não são acessíveis ou compreensíveis pelo infante. Trata-se, assim, nessa constatação do reconhecimento da neotonia ou imaturidade do bebê como uma característica da espécie que, como diz Golse:

> *esse seria o tributo que o homem deveria pagar pela dezena de milhões de anos de evolução dos hominídeos, o que lhe permitiu fundar a sua existência num pensamento e nos apegos mais complexos, geradores de relações, de cultura e da comunidade.*[39]

A proposta da situação antropológica fundamental[40] seria, assim, algo que deriva justamente desta imaturidade, neotonia que é tão física quanto psíquica:

> *O que seria fundamentalmente humano seria o encontro entre um adulto e um bebê que, pela incompletude inicial do bebê, é mútuo e profundamente assimétrico, pois o desenvolvimento físico e sobretudo psíquico do adulto humano está extremamente à frente do desenvolvimento do bebê.*[41]

---

38 Alvarez & Golse 2008b, p. 11.

39 Alvarez & Golse 2008b, p. 12.

40 Laplanche 2002b; 1994.

41 Golse 2019, p. 27.

No quadro do pensamento psicanalítico, o complexo de Édipo apresenta a situação universal imposta ao ser humano no seu percurso e processo de organização psíquica, levando à possibilidade de ser-com-outro no mundo inter-humano. Para Laplanche o Édipo nada mais seria do que uma situação específica da situação antropológica fundamental:

> *J. Laplanche considera que a situação edipiana era apenas um caso particular dessa situação antropológica fundamental, associado à colocação em funcionamento da situação triádica já adquirida (intrapsíquica) dos adultos. A montante da situação edipiana, é naturalmente no quadro de sua "teoria da sedução generalizada" que J. Laplanche desenvolveu especialmente seu conceito de assimetria, estando o bebê em uma situação de impotência tradutora, devido à sua imaturidade psíquica, em relação às "mensagens enigmáticas" emitidas pela mãe durante os cuidados dispensados ao filho (Laplanche 1984, 1986, 2002b).*[42]

É, assim, nesse contexto e com essas determinações – as pressões pulsionais, o apego como necessidade e impulso da espécie e a dissonância entre mundo do infante e mundo do adulto – ontológicas e ônticas que o ser humano chega ao mundo e realiza seu desenvolvimento, sempre acompanhado, determinado e se relacionando com o outro.

A intersubjetivade, a interpessoalidade e a subjetividade: a vida intrapsíquica e a vida intersubjetiva no quando das relações inter-humanas

Esses termos são equívocos, ou seja, podem ter sentidos muito diferentes dependendo do contexto semântico-teórico em que são utilizados.

---

42 Golse 2019, p. 27.

Logo, no respeito a uma ética da terminologia, garantia primeira da possibilidade de comunicação e entendimento, é necessário que possamos esclarecer qual é o sentido e o referente de cada um deles, evidentemente não em termos gerais e universais (tarefa impossível, em função da sua diversidade e equivocidade), mas procurando esclarecer qual é a maneira como Golse os entende no quadro da PPN.[43]

Retomando a caracterização que Golse dá sobre o que é a intersubjetividade:

> *sob o termo "intersubjetividade" designamos a realidade profunda que nos faz sentir que eu e o outro são dois. A ideia é simples de enunciar e de imaginar, embora os mecanismos íntimos que estão na base desse fenômeno sejam provavelmente muito complexos e ainda estão incompletamente compreendidos.*[44]

Com essa caracterização inicial, podemos identificar alguns extremos e esclarecer seus sentido e referentes: no início, evidentemente, não há ainda a unidade do sujeito psicológico, a apreensão eu-outro não se apresenta como a de dois entes separados, logo, temos uma situação inicial, ainda que possamos considerar que desde o início, com o surgimento da vida psíquica, há um processo de subjetivação em andamento; na continuidade do processo de desenvolvimento, conquista-se a unidade do sujeito psicológico e, com ela, surge o outro como algo externo com que o sujeito se relaciona, momento que também se caracteriza pelo fato de que "ao conquistar tal unidade" também é possível se falar em mundo *intrapsíquico* (o que ocorre internamente nessa unidade do sujeito psicológico) ou mundo *interno*; seguindo, ainda mais para frente na continuidade do processo de desenvolvimento e organização da vida psíquica, da vida psicoemocional, é necessário considerar que tendo chegado a esse

43 Cf. Golse 2019, pp. 54-56.

44 Alvarez & Golse 2008b, p. 107.

ponto (a constituição de uma subjetividade, uma subjetividade que parece estabelecer relações a dois corpos, eu e outro) ainda é necessário um desenvolvimento suplementar, um conjunto de integrações e de complexizações, até que seja possível chegar a uma organização mais complexa dessa "unidade do sujeito psicológico", que poderíamos caracterizar como a organização desse sujeito (apoiando-me numa compreensão winnicottiana desse processo) como uma "pessoa inteira" que se relaciona com o outro, também apreendido e reconhecido como uma "pessoa inteira", o que significaria uma tal complexidade da unidade do sujeito psicológico que colocaria a pessoa em relações triádicas (por vezes, de natureza edípica) administrando a vida instintual-pulsional em termos de projeções, introjeções e identificações, fazendo, então, que esse relacionamento interpessoal esteja referido ao campo da *realidade externa* apreendido (colorido, investido) pela pessoa.

Como os bebês apreendem o mundo

A pergunta sobre a situação original do bebê é enriquecida, no seu entendimento, com algumas perguntas que Golse supõe serem formuladas pelos bebês, procurando hipotetizar como o bebê sente o mundo. Certamente, o conjunto de conhecimentos que conseguimos obter até agora (seja objetivamente, seja subjetivamente) nos permite "colocar-nos um pouco em sua pele, ou em seu olhar, o que, claro, só é possível por meio de nossas identificações regressivas com nossas próprias partes infantis mais arcaicas":[45]

> *Se o bebê tivesse palavras para fazer isso – estamos aqui em uma tentativa (não uma/tentação) fenomenológica de nos identificarmos com o bebê como ele se apresenta a nós, mas também como podemos imaginá-lo em nossa própria*

45 Golse 2019, p. 33.

> *psique – provavelmente colocaria três questões principais a respeito de seu objeto principal, a saber, sua mãe:*
>
> *Ela é tão bonita por dentro como por fora? Ela está como sempre?*
>
> *Que espaço é esse que não é nem-eu-nem-ela?*[46]

A maneira como Golse enuncia o que seria o ponto de vista do bebê parece ter uma grande proximidade com uma suposição parecida feita por Daniel Stern:

> *Qualquer pessoa interessada na natureza humana é levada pela curiosidade a se perguntar sobre a vida subjetiva dos bebês.*
>
> *Como os bebês experienciam a si mesmos e aos outros?*
>
> *Existe um eu, para começar, ou um outro, ou algum amálgama de ambos? Como eles reúnem sons, movimentos, toques, visões e sentimentos separados para formar uma pessoa inteira? Ou o todo é abarcado imediatamente?*
>
> *Como os bebês experienciam os eventos sociais de "estar com" um outro? Como é "estar com" alguém lembrado, ou esquecido, ou representado mentalmente?*
>
> *Como seria a experiência de relacionar-se, na medida em que o desenvolvimento prossegue?*
>
> *Em resumo, que tipo de mundo ou mundos interpessoais o bebê cria?*[47]

46 Golse 2019, pp. 33-34.

47 Stern 1985/1992, p. 1.

Duas questões analítico-críticas podem ser feitas, considerando as suposições sobre como o bebê sente o mundo, a saber:

a. A primeira delas, central e fundamento das suposições feitas por Golse, é a de saber se o bebê tem ou não a capacidade-maturidade de reconhecer uma realidade não *self*, ou seja, que tipo de relação objetal ele pode ter nesse momento pré e pós-natal.
b. Outra, num sentido próximo a esse indicado anteriormente, é necessário considerar que essas supostas perguntas do bebê, a consideração das capacidades dele para reconhecer alteridades: pode-se afirmar que o bebê tem a capacidade do reconhecimento de realidades não ele mesmo? Nesse sentido, como Golse se colocaria em resposta ou comentário crítico ante a afirmação de Winnicott: "No início há a não integração, não há vínculo algum entre o corpo e a psique, e não há lugar para uma realidade não eu".[48]

A psiquiatria do bebê na perspectiva da psicopatologia perinatal

O livro de Alvarez & Golse faz uma apresentação rigorosa, objetiva e detalhada da psicopatologia perinatal e de seu campo de atuação, fornecendo um tipo de cartografia do que há para ser cuidado e como pode ser tratado, organizado de modo a analisar: quais são as competências do bebê; quais as competências dos pais; como são as relações precoces entre os bebês e seus pais; como classificar os acontecimentos e as patologias, reconhecendo que o DSM-IV e o CIM-10 não são concebidos para os bebês; uma descrição das entidades psicopatológicas do bebê (como seus distúrbios alimentares, distúrbios do sono, da expressão psicomotora, das perturbações e distúrbios psicossomáticos, do desenvolvimento da linguagem, e as depressões e os distúrbios mais graves do espectro autista); finalizando com uma indicação e breves comentários sobre os dispositivos clínicos utilizados como

48 Winnicott 1988, p. 155.

métodos terapêuticos (como, a etnopsiquiatria, as consultas terapêuticas, as psicoterapias pais-bebês, as modalidades de intervenção ao domicílio e a hospitalização simultânea numa unidade de cuidados mãe-bebê). Isso faz um esboço dessa proposta, indicando que se trata de uma perspectiva complexa, altamente elaborada tanto na sua perspectiva teórica quanto na sua prática e nos seus métodos de pesquisa.

Podemos apresentar um resumo analítico-crítico da psicopatologia perinatal para termos uma visão de conjunto:

1. A PPN está construída na interface dos seguintes saberes: psicanálise, teoria do apego, neurociências, antropologia.
2. Seu campo de problemas e fenômenos refere-se à origem do recém-chegado ser humano (sua majestade, o bebê) ao mundo, especialmente no que se refere à compreensão do desenvolvimento emocional do bebê e todo o processo de constituição da subjetividade, da construção da parentalidade, das determinações transgeracionais, dentro de uma perspectiva policausal.
3. Busca entender e agir, no quadro de uma proposta multidisciplinar, as competências e os problemas do bebê, dos pais, articulando diversos atores e cuidadores, tendo os seguintes eixos de preocupação, pesquisa e entendimento: autopreservação, apego, intersubjetividade, regulação das tensões instintuais (prazer-desprazer; excitação-descarga).
4. Seu enquadre teórico-clínico tem na metapsicologia psicanalítica seus fundamentos, apoiando-se e referindo-se a: teoria das pulsões, teoria das relações de objeto impulsionada pela vida pulsional.
5. Constituindo-se como uma proposta de intervenção e cuidado multidisciplinar, ocupa-se tanto da prevenção e das atividades profiláticas quanto dos cuidados psicoterápicos curativos.
6. Recoloca os problemas metodológicos e práticos para a psicanálise.

O Manual de psicologia clínica da perinatalidade

Nesse manual encontramos um trabalho que reúne profissionais de diversas áreas do conhecimento dedicados aos cuidados clínicos destinados ao campo da perinatalidade. Ele foi organizado por Sylvain Missonnier[49] e conta com colaboração de uma equipe multidisciplinar composta por ginecologistas, gastropediatras, psiquiatras da infância, parteiras etc., todos trabalhando dentro de uma perspectiva que tem, na psicanálise, um ponto de referência e apoio para a compreensão da vida psíquica e seu desenvolvimento.[50]

Bernard Golse, no posfácio do manual, ressalta o foco central de sua preocupação e prática:

> *Todo este trabalho de S. Missonnier pode ser lido, parece-me, como um trabalho sobre a clínica do vínculo e o estabelecimento dos primeiros vínculos, no que diz respeito ao embrião-feto-bebê para o qual qualquer representação mental é, antes de tudo, representação do vínculo, no vínculo e pelo vínculo.*[51]

---

49 Sylvain Missonnier é professor de Psicologia Clínica Perinatal na Universidade Paris Descartes Sorbonne Paris Cité. Diretor do laboratório PCPP. Membro da Paris Psychoanalytical Society (SPP) e presidente da World Association for Infant Mental Health (WAIMH) francófona. É membro fundador das redes do Seminário Interuniversitário Internacional para Pesquisa em Psicopatologia Psicanalítica Perinatal (SIIRPP) e do Seminário Interuniversitário Internacional para Clínicas de Deficientes (SIICLHA), www.rap5.org. É também membro fundador da revista mensal *Le Carnet PSY* e diretor da coleção La vie de l'enfant, Ères.

50 Cf. a entrevista com os autores desse manual (Missonnier, Blazy, Boige, Presme & Tagawa), por ocasião do seu lançamento, em: https://www.psynem.org/Perinatalite/La_place_du_psy/Manuel_de_psychologie_clinique_de_la_perinatalite

51 Golse 2012, p. 356.

Mais ainda, trata-se de considerar que todos os personagens e agentes desse período (casal, família, feto, bebê, instituições de cuidado) serão considerados não só em suas determinações individuais, mas, e necessariamente, nas suas interações com o ambiente: "o lugar do outro estará inscrito no próprio cérebro da organização do bebê, e a qualidade da atenção dispensada ao bebê e dos cuidados dispensados a ele tem um impacto enorme em sua construção psíquica e até cerebral".[52] Daí encontrarmos aqui uma continuidade e ressonância com a concepção, já discutida quando analisamos a psicologia clínica perinatal fundada por Antonio Imbasciati, de considerarmos o *MindBodyBrain* como uma unidade que é resultado das relações inter-humanas, das relações de sustentação ambiental que comprovam e dão forma a esse período. Reiterando o lugar central da psicanálise e marcando que a inclusão de outras perspectivas (as neurociências e as contribuições das teorias do desenvolvimento e da teoria do apego) enriquece e não exige concessões por parte dos psicanalistas, mas exige que desenvolvimento da própria psicanálise seja feito, em especial no que diz respeito aos modelos (ou modos) de pensar o que é a vida psíquica, Golse afirma:

> *[o] que, naturalmente, não nos impõem nenhuma renúncia particular aos nossos referenciais metapsicológicos habituais (a teoria da pulsão, a teoria do apoio e até a teoria do aprés-coup), mas que nos convidam fortemente a revisitar nosso ponto de vista tópico.*[53]

Sylvain Missonnier comenta que o manual se propõe não propriamente a ser exaustivo na análise desse vasto campo de fenômenos, mas a fornecer um enquadre clínico para as práticas de cuidado dos atores e personagens da perinatalidade:

52 Golse 2012, p. 356.

53 Golse 2012, p. 356.

> *Ao elaborar o sumário deste manual, prevaleceu o desejo de lidar com os principais assuntos da psicologia clínica perinatal tal como aparecem nas instituições (maternidade, centro de diagnóstico pré-natal, neonatologia, pediatria, PMI [Proteção Materna Infantil], CAMSP [Centro de Ação Médica Social Precoce], setor de psiquiatria infantil e adulto, CMPP [Centro Médico Psicopedagógico], unidade mãe-bebê, serviço de acompanhamento perinatal, casa materna, serviço social, centros de acolhimento, associações etc.), seja nos serviços dos profissionais liberais, seja nos serviços de atendimento institucional, onde os clínicos gerais e as parteiras desempenham um papel extremamente importante ao lado de especialistas, numa rede de cuidados com a perinatalidade, a priori, agregando todos os atores envolvidos pela clínica perinatal em todas as suas formas.*[54]

É assim que encontramos desde uma história de constituição do campo da perinatalidade à análise de pontos de vista de parteiras, obstetras, pediatras, psiquiatras, psicólogos e psicanalistas, abordando problemas do desenvolvimento, como a integração psicossomática, as gravidezes de risco, as ambiguidades maternas em relação à gravidez, as catástrofes da gestação e do nascimento (abortos, más-formações, prematuridade, mortes, depressões, surtos), os fenômenos constituintes desse período (tornar-se mãe ou tornar-se pai, a origem da vida psíquica, as necessidades de sustentação ambiental), as determinações socioculturais, enfim, a procura de fornecer diversas perspectivas clínicas e teóricas para que cuidados múltiplos e complexos possam ser dados para fenômenos múltiplos e complexos, sempre polideterminados.

---

54 Missonnier 2012a, p. 4.

Não tratarei aqui de descrever e analisar essa multiplicidade teórica, fenomenológica e clínica, mas de fornecer parâmetros, ainda que apenas indicativos e um pouco esquemáticos, que possam caracterizar alguns pontos de vista chave para a apreensão, a enunciação dos problemas e soluções ali propostos.

A construção da parentalidade

Além dos aspectos já clássicos desse período perinatal (como as psicopatologias da mãe e os problemas de desenvolvimento do bebê), Missonnier indica a questão da construção da perinatalidade como um processo psicodinâmico extremamente importante que modifica homens e mulheres quando adentram esse universo (quando o bebê nasceu, nasce também papai e mamãe, especialmente na primeira gestação e no primeiro nascimento). Esse processo coloca em jogo, do ponto de vista dos pais, toda a sua história afetiva, atualizando-a em termos dos filhos que foram e dos pais que tiveram, na direção de uma transformação irreversível que é tornar-se pai e tornar-se mãe (o que nem sempre ocorre de maneira branda e sem conflitos... basta pensar nas depressões pós-parto para termos um índice das intensas cargas afetivas colocadas em jogo nesse momento), mais ainda, do ponto de vista do recém-chegado ser humano, há tanto o nascimento como processo biológico quanto o nascer humano, junto com o qual há o problema da origem da vida psíquica ou afetiva.[55] Aqui surgem perguntas como: desde quando estamos na presença de um novo ser humano? Quando e de que maneira, com que características e dinâmicas, surge a vida psíquica? Quais os problemas e/ou falhas nesse período inicial que podem alterar ou mesmo obliterar essas origens? Que tipos de patologias estariam referidas a esse período, ainda que não só a este, e como seria possível um trabalho tanto profilático quanto curativo?

---

55 Cf., por exemplo, Missonnier 2009.

Perspectiva geral

Em termos gerais, há uma concepção de que a vida psíquica do bebê é, desde seu início placentário, uma extensão corporal da sustentação materna, numa relação dialética com o embrião/feto na qual toda a história cultural, a história transgeracional e a história pessoal dos pais interagem com a criança que vai nascer, de modo que essa criança (inicialmente e até mesmo antes da fecundação) é uma criança virtual que pouco a pouco se torna real. Missonnier considera que essa criança virtual é, por um lado, uma entidade narcisista investida pela mãe e todo o ambiente que acolhe e sustenta a criança e, ponto conceitual extremamente importante, essa *criança virtual* tem, por sua vez, uma relação virtual com os pais, mais ainda, estabelece relações de objeto virtual, o que, para ele, significa a presença do objeto e das relações de objeto desde a origem da criança (determinando sua existência, suas relações e o desenvolvimento de suas progressivas organizações psicoafetivas). Podemos, ainda, reiterar que a consideração da metapsicologia das pulsões como determinante ontológico da própria existência humana leva-nos a pensar, no quadro dado por Missonnier, que essas relações de objeto virtual são impulsionadas pelas pulsões: "Minha proposta para uma 'relação de objeto virtual' pais <=> feto (Missonnier 2003), retomada posteriormente, explora as variações clínicas dessa geometria variável".[56] A expressão "geometria variável" nada mais é do que uma analogia para se referir ao contexto e ao enquadre das determinações inter-relacionais inter-humanas, impulsionada pelas pulsões, na constituição e no desenvolvimento tanto do bebê quanto das múltiplas determinações que envolvem todos os atores do período perinatal.

Missonnier enquadra a questão fenomenológica e teórica, da construção da parentalidade, destacando três processos: o de (re)tornar-se mãe (maternidade), o de (re)tornar-se pai (paternidade)

56 Missonnier 2012a, p. 19.

e o da nascer humano. É, pois, no conjunto desses processos que a situação específica da mãe, no período perinatal e mais intensamente por volta do nascimento, que a mãe (levada pelo próprio processo da gestão e do nascimento a um modo de funcionamento marcado por uma certa *transparência psíquica*, caracterizado por uma grande permeabilidade às representações inconscientes, num determinado tipo de levantamento ou enfraquecimento da repressão usual) apresenta e realiza todo um conjunto de memórias e afetos inconscientes e, acima de tudo, reminiscências e revivescências arcaicas e pré-edipianas. Certamente, é um período sensível e marcante impulsionado pelos processos de projeção e introjeção, pelos processos identificatórios, campo também propício a todos os impulsos ligados às compulsões e repetições traumáticas.

É também nesse cenário que ele reitera o fato de que há uma *situação antropológica fundamental* na qual o ser humano chega ao mundo vivendo uma dissimetria entre o inconsciente sexual do adulto e o feto/infantil.

Ainda nesse contexto da parentalidade, centrado na relação que a mãe tem com o bebê, que Missonnier também considera que "a mãe caminha em um conflito de ambivalência em relação ao feto . . . Um feto que *a priori* obriga a mulher a reorganizar retrospectivamente sua história e sua identidade e a se engajar prospectivamente na metamorfose de tornar-se mãe".[57]

Esse contexto de temas, problemas e fenômenos não se aplica só às mães, mas também aos pais e, mais amplamente, aos outros atores do sistema e/ou ambiente familiar – avós, irmãos, parentes, agregados etc. –, nos quais também são reanimados os afetos inconscientes associados à sua própria infância como bebês.

Ao referir-se, sinteticamente, ao bebê, mas incluindo todas essas determinações, Missonnier diz:

---

57 Missonnier 2012a, p. 19.

> *O nascimento é, portanto, antes de tudo, uma passagem de um estado para outro, uma modificação radical, uma reviravolta, mas de uma vida já em andamento tanto para a mãe e o filho quanto para o pai e a família. Entre ruptura e continuidade, há, para cada um, um ponto de equilíbrio entre o desastre natural (trauma parental de nascimento) de uma adaptação espontânea impossível e antecipação criativa no parto e o confronto com o recém-nascido.*[58]

Será, então, considerando esse quadro em que uma série de problemas e temas do campo da perintalidade são tratados, fornecendo não só um modelo para a prática de cuidados e de teorização desse campo, como: tornar-se mãe e pai como um processo determinado pelas relações de objeto; o diagnóstico pré-natal, as características gerais da paternidade e do nascimento, o lugar das angústias impensáveis desse período, o paradigma da depressão pós-parto, a "continuidade do ser" do bebê, os cuidados na maternidade e, numa perspectiva preventiva, o suporte ao campo perinatal "por todos os lados". Vejamos, então, ainda que apenas em termos indicativos para esboçar essa perspectiva, cada um desses itens.

Tornar-se mãe e pai como um processo determinado pelas relações de objeto

Há uma tríade biológica (feto-placenta-mãe) assentada na qual se desenvolve tanto o bebê quanto torna-se mãe e torna-se pai. Por um lado, até mesmo antes de existir como feto, o bebê existe como um "objeto" para os pais, um "objeto" investido libidinalmente, mais do que isso, expressa uma dinâmica existencial construcional tanto do bebê como

58 Missonnier 2012a, p. 20.

do tornar-se mãe e tornar-se pai. Será, nesse sentido, que Missonnier achou adequado caracterizar essa relação como sendo a de uma "relação de objeto virtual" (ROV), dado que começa antes da existência do feto e tem sua primeira realização como uma realidade intrauterina:

> *Ele [ROV] é concebido como a matriz de toda a cadeia subsequente que vai da relação de objeto parcial à relação de objeto total. Sua função primordial é conter essa gênese e possibilitar o dinamismo evolutivo em ação. Pode-se considerar proveitosamente que este ROV corresponde à versão pré-natal da "função/continente" [(Bion 1962); Anzieu (1993)], tal como foi inicialmente concebido pelo campo psicanalítico inglês, que se demarcava de uma conflitualidade simultaneamente intrapsíquica e intersubjetiva. . . . Para o feto e os pais grávidos, pode-se dizer, portanto, que o ROV se refere, com grande variabilidade individual, a um processo que vai do extremo investimento narcísico (que tende a um grau zero do objetal) ao surgimento progressivo de uma catexia pré-objetal. Basicamente, esse ROV é uma interface entre "tornar-se pai" e "nascer humano" que precede – e torna possível – a relação pais/bebê. É claro que sua persistência e coexistência, ao longo de toda a vida, com outras modalidades de objetos devem ser consideradas.*[59]

Exames pré-natais e diagnósticos

Com as possibilidades técnicas atuais e todo o desenvolvimento da clínica médica, os exames pré-natais realizam de forma mais evidente e material como "o futuro membro da família", sua foto e mesmo os vídeos das ultrassonografias, farão parte do álbum de fotos da família,

59 Missonnier 2012a, pp. 22-23.

os exames realizam e visualizam o bebê que virá e, desde então, ele começa a ser apresentado para o mundo, começa a crescer no mundo fantasmático dos pais. O exame e os diagnósticos pré-natais proporcionam um impulso em direção ao futuro, seja quando tudo vai bem, seja quando uma deficiência ou um distúrbio é diagnosticado e, no caso traumático extremo, quando ocorre a morte fetal. Esses exames, antecipações e prognósticos fornecem elementos e realidades para que o *devir pais* possa ser cuidado, acompanhado, seja na saúde, seja nos casos de patologias ou de luto.

Nascimento

Quando o bebê nasce, os atores desse universo perinatal podem, então se ver, cada um com suas capacidades, singularidades e maturidades ou imaturidades, todos os conteúdos psíquicos inconscientes se atualizam com esse fato. A mãe vê e é impulsionada a ser mãe, a cuidar desse bebê, ou, ainda, desperta-lhe a depressão e a incapacidade para cuidar do seu bebê. Desse acontecimento ocorre o rompimento de um amálgama de sustentação ambiental (placenta-mãe) que funciona, em grande parte, sem que a mãe precise fazer algo (a biologia se encarrega disso), no entanto, com o nascimento, o bebê está fora do corpo materno, os cuidados exigem ações deliberadas não automáticas.

Missonnier considera também que o nascimento corresponde a um tipo de quebra e/ou luto para a mãe... a perda idílica da unidade plena mãe-bebê:

> *O nascimento saudável de um bebê "bem" deve ser uma festa, mas também é um lugar de violência. O nascimento representa para a mãe um luto da plenitude da gravidez, da relação fusional com o filho de dentro, do filho imaginado e, para o primeiro filho, do status de filha (da mãe*

> *que se tornou avó) e da esposa, o único eleito do cônjuge. Na filigrana do nascimento do rei criança, a sombra da tirania de sua mordomia cuidadosa acentua sua "estranheza perturbadora" (Freud 1985b).*[60]

Ainda que não necessariamente o nascimento seja uma catástrofe traumática para mãe e para o bebê, como comenta, por exemplo, Winnicott[61] ao afirmar que o nascimento só será traumático se ocorrer fora de hora (antes ou depois do momento em que se está pronto para nascer); o que valeria também para a mãe, o nascimento não é vivido como uma quebra ou perda traumática, uma violência, mas como uma necessidade do próprio desenvolvimento. Missonnier é sensível e compreende essa perspectiva:

> *Para Winnicott, os eventos fisiológicos de um parto "normal" são "favoráveis ao estabelecimento do ego e sua estabilidade" (1954a). Inversamente, um parto será traumático (1954a, 1988) se a amplitude da "invasão" produzida no nascimento exceder aquela de que fez um aprendizado pré-natal progressivo (1988) a partir da descontinuidade biológica interativa da mãe-feto. Winnicott escreve: "... antes do nascimento, a criança humana se acostuma às interrupções da continuidade e começa a se tornar capaz de dar conta destas, desde que não sejam muito severas nem muito prolongadas. Do ponto de vista físico, isso significa que não só o bebê tem a experiência das mudanças de pressão e de temperatura, ou outros fenômenos simples do ambiente, mas também que as avalia e coloca em jogo um modo de dar conta delas" (1988).*[62]

---

60 Missonnier 2012b, p. 28.

61 Winnicott 1958f.

62 Missonnier 2012b, pp. 28-29.

Essa compreensão de Missonnier faz com que o nascimento não seja pensado como uma situação traumática, mas também não o caracteriza como uma situação idílica idealizada.

O bebê, a sustentação ambiental, a continuidade de ser e as angústias impensáveis

Ao pensar na condição existencial do bebê, especialmente no que ele necessita, no quadro dessa geometria de determinações inter-relacionais (composto pela mãe, pai, família etc.), considerando todas as determinações advindas das dinâmicas pulsionais e das relações de objeto, Missonnier também acaba se apoiando em Winnicott, colocando em destaque a questão da sustentação ambiental necessária (o ambiente e a mãe-ambiente) para que o bebê tenha garantida a sua *continuidade de ser*. A maneira como ele interpreta o que é a continuidade de ser, no entanto, me parece ser dependente da sua adesão à teoria das pulsões (poderíamos discutir essa noção separada da questão da vida instintual e associá-la a uma outra ontologia, mas isso nos distanciaria, aqui, do nosso objetivo que é o de apresentar a perspectiva de compreensão expressa no manual organizado por Missonnier *et al.*). Diz Missonniser, para caracterizar a *continuidade de ser*:

> *Diante da criança, os pais desempenham um papel eminente na manutenção de sua homeostase, muitas vezes sobrecarregada por influxos internos e externos que ultrapassam suas capacidades. Na empatia parental progressiva, sinônimo de decodificação e valorização dos sinais da criança, enraíza-se o ajustamento comportamental, afetivo e fantasioso, pré-forma da reciprocidade simbólica e da linguagem. É certamente o que Winnicott (1958n) chama de "continuidade do ser" do bebê que se impõe como condição de sua harmonia com o meio. Um ninho*

> *"suficientemente bom" permitirá que o bebê conquiste essa permanência.*[63]

Nessa direção surge, então, a questão das falhas ambientais e das angústias daí derivadas, as derivas da quebra na continuidade de ser, que Winnicott caracteriza e denomina como angústias impensáveis, diz Missonnier, referindo-se ao texto de Winnicott, "The Fear of Breakdown" ["O medo do colapso"],[64] caracterizando, então, da seguinte maneira essas angústias:

1. O retorno a um estado não integrado (defesa, desintegração).
2. Não pare de cair (defesa: automanutenção).
3. Perda do conluio psicossômico, falência da residência no corpo de defesa (despersonalização).
4. A perda do sentido da realidade (defesa: exploração do narcisismo primário etc.).
5. Perda da capacidade de se relacionar com os objetos (defesa: estados autistas, restabelecimento de relações apenas com fenômenos autogerados).[65]

Seja como for, o bebê pode viver esse tipo de experiência traumática, o que o levará, certamente, não só a reagir, procurando defender-se, como também apontando para as ações psicoterapêuticas e/ou profiláticas que possam dar a ele e à mãe as condições de sustentação afetiva e ambiental, para que o bebê possa ter garantida a sua continuidade de ser e, portanto, o seu desenvolvimento e a sua organização da vida psíquica.

---

63 Missonnier 2012b, p. 31.

64 Winnicott 1974.

65 Missonnier 2012b, p. 29.

O paradigma da depressão pós-parto

Como vimos na nossa apresentação da história de constituição do campo clínico da perinatalidade, esse campo tem sua origem associada a alguns problemas centrais: a depressão pós-parto e as psicoses puerperais. Missonnier considera que essa situação da depressão pós-parto – suas características, sintomas, origem e modos de tratamento – constitui um paradigma a ser considerado no campo da perinatalidade. Primeiro, retomo como ele caracteriza a situação:

> *Os principais sintomas do blues materno (Guedeney, Bungener & Widlöcher 1993) são choro, labilidade emocional, relacionamento, confusão e irritabilidade. Fadiga, insônia, anorexia, ansiedade em relação ao bebê (muitas vezes um sentimento transitório de incompetência materna relacionado a aprender – ou reaprender – alimentação, cuidados com o bebê e principalmente se ele é "difícil"), hostilidade para com os que o cercam, indiferença, um sentimento de despersonalização também é frequentemente observado. O paradigma da depressão pós-parto pode durar de algumas horas a alguns dias e na maioria das vezes aparece entre o terceiro e o quinto dia. Essa semiologia pode facilmente passar despercebida e a fortiori quando ocorre em um contexto perinatal aparentemente favorável.*[66]

Para, em seguida, também ressaltar como Missonnier orienta que essa situação de sofrimento seja cuidada:

> *As equipes, sensíveis para os avatares dessa vulnerabilidade (PPB – da depressão pós-parto), atestam a sua*

66 Missonnier 2012b, p. 29.

> *reversibilidade na medida em que um continente acompanhamento caloroso pode ser prontamente fornecido à díade pelos seus interlocutores familiares e por cuidadores (vigilantes para esse contexto). Nessa perspectiva, uma atenção especial será dada por profissionais para a harmonia entre a parturiente e seu recém-nascido, seu cônjuge, bem como em relação a todos aqueles que possam desempenhar um papel coadjuvante diante do sofrimento materno.*[67]

Ainda que a depressão pós-parto seja considerada um paradigma, certamente não é o único desse campo complexo de fenômenos, processos e sofrimentos, o que nos leva a pensar em diversas dinâmicas e diversos modos de tratar do bebê, da mãe, do pai, do ambiente familiar e de todo ambiente envolvido nesse tipo de cuidado.

A atenção perinatal compartilhada e o suporte preventivo "por todos os lados"

Como dado fundamental, o campo da perinatalidade é complexo e envolve uma gama enorme de determinantes, advindos de diversas direções da medicina e da psicologia; trata-se de um campo que não pode ser reduzido apenas a uma linha das suas determinações. É, pois, nesse sentido que o campo da perinatalidade exige equipes interdisciplinares conjugando esforços e ações profiláticas e curativas. Uma das orientações no atendimento dos problemas desse campo por uma equipe interdisciplinar é que seja possível realizar uma anamnese perinatal ampla e múltipla:

> *Diante da mãe, do pai, do recém-nascido, o período pós-natal se beneficia ao ser apreendido clinicamente à luz do período*

---

67 Missonnier 2012b, pp. 29-30.

> *pré-natal e mais geralmente da história individual, conjugal, familiar, intergeracional. Essa anamnese perinatal identifica a pessoa como um todo à custa da superação de digressões dogmáticas entre os cuidadores: psique/soma, "normal"/patológico, ginecologista-obstetra/pediatras, cuidadores pré-natais/cuidadores pós-natais.*[68]

A equipe necessariamente constituída sem que exista uma dominação de uma das perspectivas envolvidas (médica, psiquiátrica, psicológica, psicanalítica, de assistência social etc.) deverá procurar um tipo de entendimento que leve em conta essas diversas determinações e que, por sua vez, possa pensar ações específicas de cada uma das partes envolvidas. O trabalho exigirá um pensamento que reconheça que há muitas determinações que não estão aparentes, que não pertencem ao campo das objetividades e, muitas vezes, dizem respeito a mecanismos inconscientes os determinando (seja dos pais, das famílias e até mesmo do bebê):

> *Os sinais "comuns" de sofrimento na maternidade correm o risco de serem ignorados ou banalizados e evoluírem no subsolo: a recorrência, ainda subestimada, de depressão pós-parto, desarmonias relacionais familiares, distúrbios psicossomáticos em bebês demonstra isso. Denunciando a miragem de uma "normalidade" médica conformista, a prevenção primária na maternidade justifica-se pela grande variabilidade individual da natureza, do conteúdo e da cronologia da maturação antecipadora da parentalidade do bebê. Em resposta às singularidades dessa prevenção parental espontânea, a prevenção institucional tenta ser "sob medida". Esta prevenção instintucional se inscreve filiação humanista ao oferecer uma estrutura ritual que promove o*

68 Missonnier 2012b, p. 31.

> *reconhecimento, a acolhida compartilhada e a sensação das ondas de choque dessa perigosa passagem.*[69]

É o reconhecimento dessa complexidade polideterminante dos fenômenos que constituem o campo da perinatalidade, seja nos seus aspectos de desenvolvimento saudável, seja quando há patologias envolvidas, que leva Missonnier a formular a necessidade, imperiosa e inultrapassável, de considerar que o bebê e todos os atores do campo da perinatalidade exigem que os cuidados sejam feitos por *todos os lados*:

> *Indissociável da sensibilização e do envolvimento dos profissionais envolvidos (membros da maternidade, pediatria, centros de acolhimento, médicos comunitários . . . idealmente unidos numa rede perinatal dinâmica) e da sociedade como um todo, essa prevenção "por todos os lados" só pode ser alcançada por meio de uma rede. Fortalecidos por essa aliança terapêutica, nós (profissionais perinatais) não podemos esperar que autoridades políticas nos consultem; cabe a nós denunciar situações de risco e defender ações inovadoras. Sem nunca perder de vista a ínfima fronteira entre a atitude terapêutica continente e a atitude desconfiada que promove a eclosão ou o enrijecimento daquilo que pretende combater, esperemos que a consciência das potencialidades estruturantes e desestabilizadoras dos pais e do bebê estimule a nossa criatividade de cuidadores.*[70]

---

69 Missonnier 2012b, p. 32.

70 Missonnier 2012b, p. 32.

Apresentação da estrutura da matriz de análise histórico-crítica para a compreensão das propostas da psicanálise perinatal

Depois de apresentarmos um esboço do campo da psicanálise perinatal da atualidade, voltamos nossa atenção para as teorias psicanalíticas do desenvolvimento para analisar quais são suas contribuições, dado que não há, no campo da psicanálise perinatal, a descrição de uma teoria do desenvolvimento emocional específica, mas um conjunto de descobertas, teorizações e descrições que enriquecem a perspectiva desenvolvimentista.

Retomando, então, a nossa matriz de análise histórico-crítica, vou apresentá-la retomando sinteticamente o que já analisamos com o objetivo de apresentar uma visão geral das diversas contribuições citadas, tendo como *telos* a ampliação do entendimento das teorias psicanalíticas do desenvolvimento.

Quadro 4.3 Apresentação da estrutura da matriz de análise histórico-crítica para a compreensão das propostas da psicanálise perinatal

1. **Problemas de bases gerais:** (infertilidade, aborto, abortos espontâneos, morte fetal, revelações de anormalidades, gravidezes patológicas, acidentes perinatais, separação mãe/bebê neonatal, prematuridade, anúncio de deficiência, violência institucional, sofrimento psicossocial); transtornos mentais preexistentes (*esquizofrenia, transtornos depressivos e de ansiedade, transtornos alimentares, transtornos de personalidade, transtorno bipolar, transtornos de uso indevido de substâncias, tacofobia* [pavor fóbico do trabalho e da entrega]); transtornos mentais recém-adquiridos (*psicose pós-parto, depressão pós-parto, aspectos psicológicos da perda da gravidez).*
2. **Problemas universais:** neotonia e epigênese; quadro geral dos problemas-objeto da psicanálise perinatal; como os bebês apreendem o mundo? (Ela é tão bonita por dentro como por fora? Ela está como sempre? Que espaço é esse que não é nem-eu-nem-ela?); os planos de desenvolvimento do bebê (autopreservação, apego [*attachment*], intersubjetividade, regulação das experiências de prazer e desprazer); a psicanálise perinatal no campo de tratamento e prevenção, uma abordagem interdisciplinar.

(continua)

Quadro 4.3 Apresentação da estrutura da matriz de análise histórico-crítica para a compreensão das propostas da psicanálise perinatal (continuação)

3. **A ontologia como um problema:** a metapsicologia psicanalítica (Freud, Klein, Mahler, Erikson); a teoria do apego; a teoria do desenvolvimento dos sensos do *self*; a situação antropológica fundamental; *ser e continuar a ser (a ser desenvolvida).*
4. **Operadores teórico-clínicos:** os conceitos usados na psicologia perinatal (Imbasciati), na psicopatologia perinatal (Alvarez & Golse) e apresentados no *Manuel de psychologie clinique de la périnatalité.*
5. **As teorias do desenvolvimento:** teorias psicanalíticas do desenvolvimento (Freud, Anna Freud, Spitz, Margaret Mahler, Erik Erikson); teoria do apego (Bowlby); teoria do desenvolvimento dos sensos do *self* (Stern); o desenvolvimento descrito por Brazelton; as teorias sistêmicas; as teorias comportamentais; a teoria do desenvolvimento do ser (Winnicott).
6. **Métodos:** o bebê clínico ou subjetivo (diversas perspetivas clínicas); e o bebê objetivo (diversos modos de apreensão); microfilmagem (Stern, Beebe); outros dispositivos de coleta de dados e de pesquisa empírica.
7. **Avaliação heurística:** a psicanálise perinatal fornece um conjunto de entendimentos e práticas para cuidado preventivo e curativo dos problemas que vão da origem até aproximadamente os 2 anos, tendo numa proposta multidisciplinar e interdisciplinar uma concepção necessária para o cuidado desses problemas, especialmente quando se trata dos serviços de saúde pública.

Quadro 4.4 Cinco contribuições da perinatalidade para as teorias do desenvolvimento

1. Ontologias	A metapsicologia psicanalítica (Freud, Klein, Mahler, Erikson) A teoria do apego A teoria do desenvolvimento dos sensos do *self* A situação antropológica fundamental *Ser e continuar a ser (a ser desenvolvida)*
2. Estado e condições para o desenvolvimento	Como o bebê sente o mundo? Modos de ser-estar no mundo: *intrapsíquico, interpessoal, subjetivo-subjetividade, transicionalidade* Experiências de ser e modos de relação objetal A conquista do mundo simbólico
3. Temas e problemas teóricos mais amplos	A origem e o desenvolvimento da vida psíquica A constelação materna O devir parental
4. Lugar e importância do ambiente	*Holding para as mães, pais, famílias*
5. Psicopatologias da perinatalidade	Perturbações, quebras e traumas no desenvolvimento do bebê As depressões do bebê As perturbações do desenvolvimento em termos de separação e luto A policausalidade das psicopatologias mais graves

Referências

Alvarez, L. & Golse, B. (2008a). *La psychiatrie du bébé*. Paris: PUF.

Alvarez, L. & Golse, B. (2008b). *A psiquiatria do bebê*. Mira-Sintra: Gráfica Europam.

Anzieu, D. (1993). La fonction contenante de la peau, du moi et dee la pensée: conteneur, contenat, contenir. In D. Anzieu (Ed.), *Le contenants de pensée*. Paris: Duod.

Baker, A. A., Morisson, M., Game, J. A. & Thorpe, J. G. (1961). Admitting schizophrenic mothers with their baby. *Lancet*, 2, 237-239.

Balduzzi, E. (1951). Puerperal, psychosis; attempted pathogenic interpretation. *Encéphale*, 40, 11-43.

Balint, M. (1952/1992). *The Basic Fault: Therapeutic Aspects of Regression.* Evanston: Northwestern University Press.

Bion, W. R. (1962). *Learning From Experience.* London: Heinemann.

Bowlby, J. (1984/1973). *Apego e perda* (Vol. 2. Separação, angústia e raiva). São Paulo: Martins Fontes.

Bowlby, J. (1988). *Cuidados Maternos e Saúde Mental.* São Paulo: Martins Fontes.

Bowlby, J. (1988/1989). *Uma base segura: aplicações clínicas da teoria do apego.* Porto Alegre: Artes Médicas.

Bowlby, J. (1969/2000). *Apego e perda* (Vol. 1 Apego. A natureza do vínculo). São Paulo: Martins Fontes.

Bowlby, J. (1973/2000). *Apego e perda* (Vol. 3. Perda, tristeza e depressão). São Paulo: Martins Fontes.

Brazelton, T. B. (1989). Les compétences comportementales du nouveau-né. In S. Lebovici & F. Weil-Halpern (Eds.), *Psychopathologie du bébé.* Paris: PUF.

Bretherton, I. (1990). Communication patterns: internal working models and the intergenerational transmission of attachment relationship. *Infant Mental Health Journal, 11*(3), 237-252.

Brockington, I. (1996). *Motherhood and mental health.* Oxford: Oxford University Press.

Cantwell, R. (2016). Maternal Perinatal Psychopathology: Overview. In A.-L. Sutter-Dallay, Glangeaud-Freudenthal, A. Guedeney & A. Riecher-Rössler (Eds.), *Joint Care of Parents and Infantas in Perinatal Psychiatry.* Netherlands: Springer. pp. 13-24.

Cena, L. & Imbasciati, A. (2010). Psicoanalisi infantile e teoria dell'attaccamento: nuove prospettive per lo studio della relazione genitore-bambino. In L. Cena, A. Imbasciati & F. Baldoni (Eds.), *La relazione genitore-bambino: dalla psicoanalisi infantile alle nuove prospettive evoluzionistiche dell'attaccamento.* Milano: Springer-Verlag Italia. pp. 45-75.

Cena, L., Imbasciati, A. & Baldoni, F. (2010). *La relazione genitore-bambino: dalla psicoanalisi infantile alle nuove prospettive evoluzionistiche dell'attaccamento.* Milano: Springer-Verlag Italia.

Cosnier, J. (1984). Observation directe des interactions directes ou les bases de l'épigenèse interactionnelles. *La Psychiatrie de l'Enfant, 2*(1), 107-126.

Douglas, G. (1956). Psychotic mothers. *Lancet, 1*(124-125).

Fivaz-Depeursinge, E., Corboz-Warnery, A. & Frenck, N. (1995). Lapproche systémique. In G. Fava-Viziello, D. N. Stern & A. Birraux (Eds.), *Modèles psychothérapiques au premier âge*. Paris: Masson.

Fraiberg, S. (1965). A comparison of the analytic method in two stages of a child. *J. Am. Acad. Child. Psychiatry, 4*, 9-48.

Fraiberg, S. (1966). Further considerations of the role of transference in the child. *Psychoanal. Study child, 21*, 213-236.

Fraiberg, S., Adelson, E. & Shapiro, U. (1975). Ghost in the nursery: a psychoanalytic approach to the problem of impaired infant-mother relationships. *J. Am. Acad. Child Psychiatry, 14*, 387-422.

Fraiberg, S. H. (1996). *The Magic Years: Understanding and Handling the Problems of Early Childhood*. New York; London; Toronto; Sydney: Scribner.

Freud, A. (1969). Four Lectures in Psychoanalysis (1927). In *The Writings of Anna Freud* (Vol. 6). New York: International Press.

Freud, A. (1973/1974). A Psychoanalytical View of Developmental Psychopathologiy. In *The Writings of Anna Freud* (Vol. VIII). New York: International Press. pp. 57-74.

Freud, A. (1974). Normality and pathology in Childhoood (1965). In *The Writing of Anna Freud* (Vol. I). New York: International Universities Press.

Freud, A. (1975). Foreword. In *Studies in Child Psychoanalysis. Monograph Series of Psychonalytic Study of the Child*. New Haven: Yale University Press.

Freud, A. (1976). *Infância normal e patológica*. Rio de Janeiro: Zahar.

Freud, A. (1978/1981). The principal task of child analysis. In *The Writings of Anna Freud* (Vol. 8). New York: International Universities Press. pp. 96-109.

Freud, A. (1979/1981). Child analysis as the study of mental growth, normal and abnormal. In *The Writings of Anna Freud* (Vol. 8). New York: International Universities Press. pp. 119-136.

Freud, S. (1985). *L'inquiétant étrangeté et autres essais*. Paris: Folio-essais; Gallimard.

Fulgencio, L. (2020). Incommensurability between paradigms, revolutions and common ground in the development of psychoanalysis. *The International Journal of Psychoanalysis*, *101*(01), 13-41. https://doi.org/10.1080/00207578.2019.1686389

Fulgencio, L. (2021). Incomensurabilidade entre paradigmas, revoluções e *common ground* no desenvolvimento da psicanálise. In *Ensaios sobre a constituição epistemológica do pensamento de Freud*. São Paulo: Edições Concern. pp. 213-258.

Fulgencio, L. (Org.). (2018). *A bruxa metapsicologia e seus destinos*. São Paulo: Blucher.

Gayral, L., Ferrier, Y. & Gleizes, L. (1950). Puerperal psychoneuroses; treatment and prognosis. *Toulouse Med.*, *51*, 325-336.

Glangeaud-Freudenthal, N. M. C. (2003). Channi Kumar and the history of the marcé society. *Arch. Womens Ment. Health*, *6*(79-82).

Glangeaud-Freudenthal, N. M. C. (2002). Channi Kumar's contribution to perinatal psychiatry: a personal tribute from France. *Psychol. Med.*, *32*, 559-561.

Golse, B. (1999). *Du corps à la pensée*. Paris: PUF.

Golse, B. (2006). *L'être bébé: la question du bébé à la théorie de l'attachement, à la psychanalyse et à la phénomenologie*. Paris: PUF.

Golse, B. (2012). Volte-face. In S. Missonnier, M. Blazy, N. Boige, N. Presme & O. Tagawa (Eds.), *Manuel de psychologie clinique de la périnatalité*. Paris: Elsevier Masson. pp. 355-357.

Golse, B. (2019). *Le bébé et ses possibles*. Toulouse: Érès.

Grunebaum, H. U., & Weiss, J. L. (1963). Psychotic mothers and their children: joint admission to an adult psychiatric hospital. *The Americam Journal of Psychiatry*, *119*, 928-933.

Guedeney, A., Bungener, C., & Widlöcher, D. (1993). Le post-partum blues: une revue critique de la littérature. *La Psychiatrie de l'Enfant*, *36*(1), 329-354.

Hermann, I. (1972). L'instinct de cramponnement et la tendance au detachment. In *L'instinct filial*. Paris: Denoel. pp. 85-125.

Howard, L. M. (2000). The separation of mothers and babies in the treatment of postpartum psychotic disorders in Britain 1900-1960. *Arch. Womens Ment. Health*, *3*, 1-5.

Imbasciati, A. (1997). Psicoprofilassi o Psicologia Clinica Perinatale? *Nascere*, *15*(72), 8-9.

Imbasciati, A. (2007). Neurosciences et Psychanalyse: Pour une nouvelle Metapsychologie. *Revue Française de Psychanalyse*, *71*(2), 455-477.

Imbasciati, A. (2010). Towards new metapsychologies. *Psychoanalytic Review*, *97*(1), 44-61.

Imbasciati, A. (2011). The Meaning of a Metapsychology as an Instrument for "Explaining". *The Journal of the American Academy of Psychoanalysis and Dynamic Psychiatry*, *39*(4), 651-669. https://doi.org/10.1521/jaap.2011.39.4.651

Imbasciati, A. (2019a). Capitolo 2. Psicologia Clinica Perinatale. In *Una vita "con" la psicoanalisi: la costruzione del cervello e il futuro dell'Umanità*. Milan: Mimesis/Eterotopie. pp. 41-52.

Imbasciati, A. (2019b). Psicologia Clinica Perinatale per la prevenzione: "Intervento" per la Salute Mentale. In *Una vita "con" la psicoanalisi: la costruzione del cervello e il futuro dell'Umanità*. Milan: Mimesis; Eterotopie. pp. 195-211.

Imbasciati, A. (2019c). *Una vita "con" la psicoanalisi: la costruzione del cervello e il futuro dell'Umanità*. Milan: Mimesis; Eterotopie.

Imbasciati, A. & Cena, L. (Eds.). (2018). *Psicologia Clinica Perinatale: Prevenzione e Interventi Precoci. Il Futuro dei Primi Mille Giorni di vita*. Milano: FrancoAngeli.

Imbasciati, A., Dabrassi, F. & Cena, L. (2007). *Psicologia Clinica Perinatale: Vademecum per tutti gli addetti alla nascita (genitori inclusi)*. Padova: Piccin.

Imbasciati, A., Debrassi, F. & Cena, L. (Eds.). (2018). *Psicologia Clinica Perinatale per lo Sviluppo del Futuro Individuo: un Uomo Transgernerazionale*. Torino: Espress.

Imbasciati, A. & Loredana, C. (2015). *Psicologia Clinica Perinatale per le professioni sanitarie e psicosociali: Neonato e radici della salute mentale (Vol. 1).* Milano: FrancoAngeli.

Imbasciati, A. & Loredana, C. (2017). *Psicologia Clinica Perinatale: Neuroscienze e psicoanalisi.* Milano: FrancoAngeli.

Imbasciati, A. & Loredana, C. (2020). *Psicologia Clinica Perinatale babycentered: Come si costruisce la mente umana.* Milano: FrancoAngeli.

Kant, I. (1787/1997). *Crítica da razão pura.* Lisboa: Fundação Calouste Gulbenkian.

Kreisler, L. (1976). *La psychosomatique de l'enfant.* Paris: PUF.

Kreisler, L. & Cramer, B. (1981). Les bases cliniques de la psychiatrie du nourrisson. *La Psychiatrie de l'Enfant, 24*(1), 223-263.

Kumar, R. & Robson, K. M. (1984). A prospective study of emotional disorders in childbearing women. *Br. J. Psychiatry, 144*, 35-47.

Laplanche, J. (1984). La pulsion et son objet-source; son destin dans Ie transfert. In D. Anzieu, R. Dorey, J. Laplanche & D. Widlocher (Eds.), *La pulsion pour quoi faire?* Paris: Association Psychanalytique de France. pp. 9-24.

Laplanche, J. (1986). De la théorie de la seduction restreinte à la théorie de la seduction généralisée. *Études freudiennes*, (27), 7-25.

Laplanche, J. (1994). Foundements: vers la théorie de la sédution généralisée. In *Nouveaux fondements pour la psychanalyse* (pp. 89-148). Paris: PUF.

Laplanche, J. (2002a). À partir de la situation anthropologique fondamentale. In C. Botella (Ed.), *Penser les limites: Écrits em l'honneur d'andré Green. Champs Psychanalytiques.* Paris: Delachaux et Niestle. pp. 280-287.

Laplanche, J. (2002b). Entretien avec Jean Laplanche (réalisé par Akin Braconnler). *Le carnet PSY, 70*, 26-33.

Lebovici, S. (1994). L'homme dans le bébé. *Revue Française de Psychanalyse, 3*, 661-680.

Lebovici, S., Diatkine, R. & Soulé, M. (1985/2012). *Nouveau Traité de psychiatrie de l'enfant et de l'adolescent.* Paris: Quadrige/PUF.

Lebovici, S. & Stoléru, S. (1983). *Le nourrisson, la mère et le psychanalyste: les interactions précoces*. Paris: Le Centurion.

Main, T. F. (1958). Mothers with children in a psychiatric hospital. *Lancet*, (271), 845-847.

Mazet, P. & Lebovici, S. (1998). *Psychiatrie Périnatale*. Paris: PUF.

Missonnier, S. (2003). L'enfant du dedans et la relation d'objet virtuel. In S. Missonnier, B. Golse & M. Soulé (Ed.), *La Grossesse, l'enfant virtuel et la parentalité: Éléments de psycho(patho)logie périnatale*. Paris: PUF.

Missonnier, S. (2009). *Devenir parent, naître humain*. Paris: PUF.

Missonnier, S. (2012a). Introduction. In S. Missonnier, M. Blazy, N. Boige, N. Presme & O. Tagawa (Eds.), *Manuel de psychologie clinique de la périnatalité*. Paris: Elsevier Masson. pp. 1-18.

Missonnier, S. (2012b). Psychologie clinique de la parentalité et du naître humain. In S. Missonnier, M. Blazy, N. Boige, N. Presme & O. Tagawa (Eds.), *Manuel de psychologie clinique de la périnatalité*. Paris: Elsevier Masson. pp. 19-32.

Missonnier, S., Blazy, M., Boige, N., Presme, N. & Tagawa, O. (Eds.). (2012). *Manuel de psychologie clinique de la périnatalité*. Paris: Elsevier Masson.

Morin, P., Guilly, P., Badin, J. & Choukroun, J. (1952). Etiology of certain puerperal psychoses. *Bull Fed. Soc. Gynecol. Obstei. Lang. Fr.*, *4*, 600-6002.

Pitt, B. (1968). Atypical depression following childbirth. *Br. J. Psychiatry*, *114*, 1325-1335.

Racamier, P.-C. (1961). La mère et lénfant dans les pscyhoses du post-partum. *Evolutions Psychiatric*, *26*, 525-570.

Rainelli, C. (2016). Foreword. In A.-L. Sutter-Dallay, Glangeaud-Freudenthal, A. Guedeney & A. Riecher-Rössler (Eds.), *Joint Care of Parents and Infantas in Perinatal Psychiatry*. Netherlands: Springer. pp. v-vi.

Saboia, C. (2010). Como o método de observação direta do comportamento do bebê e da criança pode contribuir para o avanço da pesquisa clínica. *Estilos da Clínica*, *15*(2), 434-441.

Saboia, C., Gosmes, C., Viodé, C., Gille, M., Ouss, L. & Golse, B. (2017). Do brincar do bebê ao brincar da criança: um estudo sobre o processo de subjetivação da criança autista. *Psicologia: Teoria e Pesquisa, 33*(e33426).

Soulé, M. & Noël, J. (1985). La prévention médicopsycho-sociale précoce. In S. Lebovici, R. Diatkine, & M. Soulé (Eds.), *Traité de psychiatrie de l enfant et de l'adolescent*. Paris: PUF.

Spitz, R. A. (1957/1978). *O não e o sim*. Porto Alegre: Artes Médicas.

Spitz, R. A. (1959/1979). *A formação do ego: uma teoria genética e de campo*. São Paulo: Martins Fontes.

Spitz, R. A. (1965/1979). *O primeiro ano de vida*. São Paulo: Martins Fontes.

Stern, D. N. (1985). *The Interpersonal Word of the Infant: a View from Psychoanalysis & Developmental Psychology*. New York: Basic Books.

Stern, D. N. (1985/1992). *O mundo interpessoal do bebê*. Porto Alegre: Artes Médicas.

Stern, D. N. (1995). *The Motherhood Constellation: A Unified View of Parent-infant Psychotherapy*. London: Basic Books.

Stern, D. N. (1985/2000). *The Interpersonal Word of the Infant: a View from Psychoanalysis and Developmental Psychology* (2a ed.). New York: Basic Books.

Stern, D. N. & Bruschweiler-Stern, N. (Eds.). (1998). *The Birth of a Mother: How the Motherhood Experience Can Change You Forever*. New York: Basic Books.

Sutter-Dallay, A.-L. & Guedeney, N. (2016). Introduction: History. In A.-L. Sutter-Dallay, Glangeaud-Freudenthal, A. Guedeney & A. Riecher-Rössler (Eds.), *Joint Care of Parents and Infantas in Perinatal Psychiatry*. Netherlands: Springer. pp. 3-12.

Thelander, H. E. (1972). Maternal guilt, prenatal and perinatal insults, and psychiatric guidance. *Pediatrics, 50*(342).

Trevarthen, C. (1993a). The function of emotions in early infant communication. In J. Nadei & L. Camaioni (Eds.), *New perspectives in early communicative development*. London: Routledge. pp. 48-81.

Trevarthen, C. (1993b). The self born in intersubjectivity: the psychology of an infant communicating. In U. Neisser (Ed.), *The perceived self, ecological and interpersonal sources ofself-knowledge*. Cambridge: Cambridge University Press. pp. 121-173.

Trevarthen, C. & Aitken, K. J. (2003). Intersubjectivité chez le nourrisson: recherche, théorie et application clinique. *Devenir*, *4*(15), 309-428.

Tyson, P. & Tyson, R. L. (1996). *Les théories psychanalytiques du développment de l'enfant et de l'adolescent*. Paris: PUF.

Viaux-Savelon, S. (2016). Establishing Parent-Infant Interactions. In A.-L. Sutter-Dallay, Glangeaud-Freudenthal, A. Gudeney, & A. Riecher-Rössler (Eds.), *Joint Care of Parents and Infantas in Perinatal Psychiatry*. Netherlands: Springer. pp. 25-46.

Winnicott, D. W. (1954a). A Mente e sua relação com o psicossoma. In *Da pediatria à psicanálise.* (pp. 408-426). São Paulo: UBU, 2021.

Winnicott, D. W. (1958f). Memórias do nascimento, trauma do nascimento e ansiedade. In *Da pediatria à psicanálise* (pp. 254-276). São Paulo: UBU, 2021.

Winnicott, D. W. (1958n). Preocupação materna primária. In *Da pediatria à psicanálise* (pp. 493-501). São Paulo: UBU, 2021.

Winnicott, D. W. (1974). O Medo do Colapso. In *Explorações Psicanalíticas: D. W. Winnicott* (pp. 70-76). Porto Alegre: Artes Médicas, 1994.

Winnicott, D. W. (1988). *Natureza Humana*. Rio de Janeiro: UBU, 2024.

5. Considerações finais: quadro geral para o desenvolvimento de pesquisas e resolução de problemas

Ao final deste livro, depois de desenvolver uma extensa análise histórico-crítica-descritiva das teorias psicanalíticas do desenvolvimento, estaríamos nos sentindo aptos a ouvir e atender o canto da sereia nos chamando para sobrepô-las buscando uma visão geral do processo e seus acontecimentos. Ciente de que isso é uma ilusão, um fruto buscado pelo esforço narcísico de compor um novo ser e, como Frankenstein e as mulas, seres híbridos inférteis. Não será esse o horizonte e o fruto deste livro, ainda que ele possa alimentar e fornecer matéria-prima para a abordagem de muitos problemas clínicos e teóricos em aberto. Troca-se a realização do sábio pela do cientista.

Já mostrei que não se trata de afirmar que todas as teorias psicanalíticas do desenvolvimento estão referindo-se à mesma realidade, dado que a estrutura semântica, a matriz paradigmática (para usar a noção de Kuhn 1970), de cada uma delas descreve e constitui a realidade do desenvolvimento à sua maneira, enfatizando seus problemas, seus fenômenos, seus modos de enunciar e apreender a realidade. Não obstante, para cada uma dessas diferenças apliquei a mesma matriz de análise, procurando, assim, identificar temas e fenômenos que elas teriam apreendido e descrito às suas maneiras, o que tornaria possível fazer uma certa aproximação. Novamente, reitero minha posição metodológica,[1] afirmando que não se trata de fazer uma síntese, mas de procurar aprender o que um sistema teórico-semântico pode ensinar a outro em termos das realidades possíveis de serem vistas e, então, consideradas, à sua maneira, por cada sistema. Como afirmei, sinteticamente, não há síntese entre línguas (entre sistemas, teorias e paradigmas), mas cada sistema pode fazer enxergar certos fenômenos e, assim, há não propriamente uma síntese, mas a possibilidade de aprender com o outro e expandir a si mesmo, expandir o poder teórico, descritivo e heurístico de cada sistema.

A matriz de análise histórico-crítica aplicada a todas as teorias pode, agora, servir como quadro e moldura para serem agrupadas nas próximas páginas, colocando, lado a lado, essas visões de conjunto para que possam ser visitadas com agilidade e com a possibilidade de serem visualizadas mais facilmente nas suas diferenças e semelhanças. Para que isso serve e como será usado depende, a meu ver, dos problemas enunciados e da necessidade de resolvê-los: os problemas, e não as teorias, conduzem a pesquisa e o ímpeto do cientista.

Uma matriz para ver a diversidade das teorias psicanalíticas do desenvolvimento: visão geral e incomensurabilidade

Retomo, então, as diversas teorias psicanalíticas do desenvolvimento socioemocional analisadas neste livro, colocando no final uma lista de problemas que têm sido postos no horizonte dessa área do conhecimento. Cada perspectiva será, então, apresentada segundo a matriz a partir da qual foi estudada, destacando:

1 Cf. Fulgencio 2020.

1. Qual é o problema empírico inicial que serviu de base, problema e referência para a pesquisa e a necessidade de elaboração de uma teoria do desenvolvimento?
2. Qual é a perspectiva universal que se amplia a partir do problema inicial e que fornece o foco e a tonalidade da teoria do desenvolvimento formulada e descrita?
3. Qual é o modelo ontológico presente na base da teoria proposta?
4. Quais variáveis e/ou parâmetros são utilizados para descrição, compreensão e explicação dos fenômenos nessa perspectiva?
5. Qual é o método usado nessa perspectiva para observação, pesquisa e descrição dos fenômenos do desenvolvimento?
6. Quais e como são as fases do desenvolvimento, suas dinâmicas, tarefas, conquistas, inclusive datadas em termos cronológicos?
7. Que avaliação crítica é feita ou pode ser feita dessa perspectiva, ou seja, qual seu valor heurístico?

Os quadros que se seguem apresentam a matriz para cada uma das teorias psicanalíticas analisadas, tornando possível apreendê-las umas ao lado das outras.

Quadro 5.1 A teoria do desenvolvimento psicossexual proposta por Sigmund Freud

1. Problema básico	Histeria.
2. Problema universal	Administração da vida instintual nas relações interpessoais.
3. Fundamentos operativos	Inconsciente, recalque, sexualidade infantil, Édipo transferência, resistência.
4. Ontologia	Como se o homem fosse um aparelho psíquico movido por forças e energias.
5. Método	Clínico.
6. Fases (cronologia, dinâmica)	Desenvolvimento pensado em termos das relações de objeto.

Quadro 5.2 As linhas do desenvolvimento psicossexual propostas por Anna Freud

1. Problema básico	Educação, crianças traumatizadas pela guerra, psicoterapia psicanalítica de crianças.
2. Problema universal	Compreensão freudiana do desenvolvimento normal, tendo como quadro a teoria estrutural da mente (segunda tópica: id, ego, superego). Acrescido da consideração das relações com o ambiente.
3. Fundamentos operativos	Os mesmos já indicados por Freud (inconsciente, recalque, sexualidade infantil, Édipo, transferência, resistência), além da ênfase na questão da constituição do ego, as pressões do id, as exigências do superego; acrescente-se aí a preocupação com fenômenos como a dependência emocional inicial, seguindo para uma conquista de autonomia, a maturidade e a imaturidade do indivíduo, a possibilidade de cuidar de si mesmo, o individualismo, a vida social, a moral, o brincar infantil e adulto.
4. Ontologia	Por um lado, a mesma considerada por Freud (como se o homem fosse um aparelho psíquico movido por forças e energias), com uma ênfase na teoria estrutural da mente, expressa na segunda tópica (id, ego, superego).
5. Método	Clínico (pelo método de tratamento psicanalítico). Observação de crianças em situações naturais e/ou espontâneas (escolas, instituições etc.).
6. Fases (cronologia, dinâmica)	Desenvolvimento também pensado em termos das relações de objeto (tipos: autoerótico, narcísico, homossexual, heterossexual; modos de relação: oral, anal, fálica, genital adulta). Acrescido de focos de análise com as linhas do desenvolvimento (cujo protótipo está na linha que vai da dependência à autonomia emocional e às relações de objetos adultos).

Quadro 5.3 O primeiro ano de vida e o desenvolvimento das relações de objeto libidinal para René Spitz

1. Problema básico	*Hospitalismo*, depressão de bebês, depressão anaclítica, separação mãe-bebê nas fases iniciais do desenvolvimento.
2. Problema universal	O desenvolvimento das relações de objeto e do ego. Os padrões do processo de desenvolvimento em função das relações de objeto e da organização do ego.
3. Fundamentos operativos	Os mesmos estabelecidos na teoria do desenvolvimento da sexualidade, como fundamento da organização psíquica (inconsciente, recalque, sexualidade infantil, Édipo, transferência, resistência), acrescidos do reconhecimento da situação de imaturidade e indiferenciação do recém-nascido, a importância real do ambiente (mãe) e a associação desses fenômenos de natureza psíquica com o amadurecimento do corpo.
4. Ontologia	O homem tomado como (como se o homem fosse um) aparelho psíquico movido por forças e energias. Metapsicologia: ponto de vista dinâmico (pulsões), econômico e tópico. Ponto de vista adaptativo.
5. Método	Clínico (pelo método de tratamento psicanalítico). Experimental (pela observação organizada de situações naturais).
6. Fases (cronologia, dinâmica)	Estágios do desenvolvimento das relações de objeto: 1. o estágio pré-objetal ou "sem objeto"; 2. o estágio do precursor do objeto; 3. o estágio do próprio objeto libidinal. Organizadores da psique: 1. sorriso intencional (3 meses); 2. a angústia do oitavo mês; 3. o sim e o não (início nos 12-15 meses).

Quadro 5.4 A teoria do desenvolvimento psicossocial proposta por Erik Erikson

1. Problema básico	Identidade, inserção/determinação social.
2. Problema universal	Desenvolvimento psicossocial.
3. Fundamentos operativos	Fases do desenvolvimento psicossexual. Modos de ser-estar socioemocionais. Sentimentos, modos de ser-estar-agir propriamente humanos (segurança, insegurança, confiança, autonomia, vergonha, culpa, posição ativa na realização das coisas, sentimento de inferioridade, identidade, crise, intimidade, isolamento, estagnação, desespero, integridade, dissolução envolvente, agarrar-se), caracterização da adolescência como um período de *moratória* e de crise de identidade.
4. Ontologia	Compondo perspectivas díspares (o naturalismo de Freud com a teoria das pulsões) – ainda que, em menor medida; uma perspectiva antropológica, na qual o homem é fruto da cultura e da ordem social; uma perspectiva humanista referida a modos de ser-estar no mundo, característica do modo de ser humano –, o homem é essencialmente um ente sociocultural que tem um modo de ser próprio a essa sua singularidade existencial, não redutível à biologia e/ou às dinâmicas naturalistas.
5. Método	Erikson, por um lado, sempre se manteve como um psicanalista no desenvolvimento de curas psicanalíticas (processos psicoterápicos), especialmente com crianças; por outro, fez observações antropológicas (outras culturas); além da análise de biografias de personagens importantes da história.
6. Fases (cronologia, dinâmica)	Do desenvolvimento psicossocial – conflito/crise essencial – cronologia: **1. Infância:** confiança básica *vs*. desconfiança básica (nascimento até 18 meses). **2. Criança pequena:** autonomia *vs*. vergonha e dúvida (18 meses a 3-4 anos). **3. Idade do brincar:** iniciativa *vs*. culpa (3-4 para 5-6 anos). **4. Idade escolar:** construtividade *vs*. inferioridade (5-6 a 11-12 anos). **5. Adolescência:** identidade *vs*. confusão de identidade (da puberdade ao fim da adolescência, de 9-12 anos a 25 anos). **6. Jovem adulto:** intimidade *vs*. isolamento (25 anos). **7. Adulto:** produtividade *vs*. estagnação (25-65 anos). **8. Maturidade:** integridade *vs*. desespero (65-90 anos). **9. Transcendência geriátrica:** dissolução *vs*. agarrar-se (90 anos até a morte).

(continua)

Quadro 5.4 A teoria do desenvolvimento psicossocial proposta por Erik Erikson (continuação)

7. Valor heurístico e utilidade	Reconhecida como uma perspectiva psicanalítica para compreensão do desenvolvimento, ainda que não tenha sido aprofundada após Erikson em termos de uma maior especificação das dinâmicas inter-relacionais. Mostrou-se útil no campo da psicoterapia psicanalítica de adolescentes, dado que colocou em evidência operativa um conjunto de conflito, crises, sentimentos e questões que fazem parte desse período, em especial sua noção de moratória. Mostrou-se também como um modo de pensar socioantropológico, de interesse para essas ciências, ainda que não tenha se tornado um instrumental de análise sociológica ou antropológica.

Quadro 5.5 A teoria da separação-individuação proposta por Margaret Mahler

1. Problema básico	Psicoses, unidade do sujeito psicológico separado da mãe.
2. Problema universal	Processo de individuação.
3. Fundamentos operativos	Autismo, simbiose, indivíduo, constância do objeto, mundo simbólico.
4. Ontologia	Metapsicologia freudiana, pulsões, sexualidade, relações de objeto.
5. Método	Clínico, experimental (observação de situações naturais, grupo controle, testes). Método tripartite (mãe, criança, terapeuta) de observação e tratamento.
6. Fases (cronologia, dinâmica)	Autismo normal (0-0 mês). Simbiose normal (1-5 meses). Separação-diferenciação (5-30 meses): Diferenciação (5-10 meses). Exploração primitiva (9-12 meses). Exploração (12-15 meses). Aproximação (15-24 meses). Início da constância do objeto (24-30 meses).
7. Valor heurístico e utilidade	Reconhecida como uma perspectiva psicanalítica para compreensão da origem das psicoses, considerando determinantes hereditárias e ambientais, fundamentada na observação clínica e de situações naturais (preparadas para tal e com metodologia de controle, estabelecendo grupo de controle para referência). O método tripartite, tanto para observação quanto para tratamento, ampliou o foco de observação, descrição e tratamento das psicoses e do desenvolvimento emocional, ainda que não tenha sido amplamente adotado e não tenha se estabelecido como um sistema de referência no campo da psicanálise, talvez por reduzir o foco de compreensão dinâmica a uma analogia com o autismo e a simbiose (sendo que estaríamos num campo de fenômenos mais complexo).

Quadro 5.6 A teoria do apego proposta por John Bowlby e Mary Ainsworth

1. O problema empírico básico como ponto de partida	Pouco afeto das crianças delinquentes; privação (de mãe) em fase inicial do desenvolvimento.
2. Do problema singular ao problema universal	A delinquência como sintoma da separação mãe-criança; o apego como impulso biológico, fundamental da espécie, em busca da sobrevivência; a teoria do apego como uma teoria geral do desenvolvimento socioemocional do ser humano.
3. Fundamentos operativos na construção da teoria do desenvolvimento do apego como uma teoria do desenvolvimento emocional	**Ontologia** A partir do darwinismo moderno (como teoria do *imprint*), Bowlby considera existir um sistema que impulsiona o indivíduo a apegar-se àqueles que podem lhe fornecer sobrevivência e segurança, que se aprimoram no decorrer da existência.
	Variáveis operativas Apego; base segura; modelos internos de funcionamento; reações à separação (protesto, desespero, desapego); situação estranha; estilos de apego (seguro, inseguro, ambivalente, desorganizado).
4. Fases e dinâmicas do processo de desenvolvimento do apego	
5. Método utilizado para pesquisar e, depois, organizar sistematicamente os dados observados e apresentá-los descritivamente	Clínica psicanalítica; anamnese dirigida com o paciente, consulta aos pais, parentes etc. para apreensão de dados da história do paciente; observação natural; observação experimental controlada, com tratamento estatístico dos dados.
6. Utilidade desse tipo de conhecimento	Uso social amplo; simplificação que torna possível ações e operacionalidade no que se refere ao cuidado da relação inicial mãe-bebê e outras ações de cuidado psicoterápico ou psiquiátrico.

Quadro 5.7 A teoria do desenvolvimento da dependência ou teoria do desenvolvimento do ser proposta por Donald Winnicott

1. O problema empírico básico, como ponto de partida	Adoecimento psíquico de bebês. Psicóticos, *borderlines*. Atitudes antissociais.
2. Do problema singular ao problema universal	Teoria da dependência. Teoria do desenvolvimento do ser.
3. Fundamentos operativos na construção da teoria do desenvolvimento dos modos de ser do *self*	**Ontologia** Necessidade de ser. Tendência inata à integração. Impulso amoroso primitivo. Elaboração imaginativa.
	Variáveis operativas *Verdadeiro e falso* selfs, *objetos e fenômenos transicionais, a ação de brincar e de espaço potencial, o paradoxo de criar e encontrar o objeto, preocupação materna primária, invasão e falha ambiental, a dependência absoluta e relativa, ilusão de onipotência, objeto subjetivo, elaboração imaginativa, ser, continuidade de ser, tendência inata à integração, elementos feminino e masculino puros, criatividade originária, solidão essencial, capacidade para ficar só, capacidade para ter fé em..., diferença entre necessidade e desejo, deprivação e tendência antissocial, comunicação profunda, comunicação silenciosa, núcleo sagrado do* self, *trauma como quebra na linha do ser, congelamento da situação traumática, distinção entre psique-soma-mente, sobrevivência do analista, mãe-objeto e mãe-ambiente, vida que vale a pena ser vivida, sentir-se real, uso do objeto, angústias impensáveis, lugar em que vivemos, espontaneidade etc.*
4. Fases e dinâmicas do processo de desenvolvimento do apego	Dependência absoluta (0-4 meses). Dependência relativa (4 meses-1,5 ano). Independência relativa infantil (1,5 ano-adolescência). Independência relativa adulta (adolescência-morte).
5. Método utilizado para pesquisar e, depois, organizar sistematicamente os dados observados e apresentá-los descritivamente	Observação clínica de base psicanalítica.
6. Utilidade desse tipo de conhecimento	Psicoterapia, pediatria, pedagogia, assistência social. Prevenção.

Quadro 5.8 A teoria do desenvolvimento dos sentidos do self proposta por Daniel Stern

1. O problema empírico básico como ponto de partida	O processo que leva ao ser humano a constituir-se como uma pessoa.
2. Do problema singular ao problema universal	Modos de ser do *self* (modos de ser dos sentidos do *self*).
3. Fundamentos operativos na construção da teoria do desenvolvimento dos modos de ser do *self*	**Ontologia** Impulso para a sobrevivência (Darwin). Tendência à organização, que reitera o impulso para a sobrevivência. Sentidos do *self* como princípio organizador.
	Variáveis operativas Self, *modos-de-ser, inatividade alerta, percepção amodal, afetos de vitalidade, ilhas de consistência, agência [ou autoria da ação], autocoerência, autoafetividade, auto-história, companheiro evocado, relacionar-se intersubjetivo, Estrutura de Eventos Generalizados (EEG), Representações de Interações que foram Generalizadas (RIGS), momento presente (sinônimo de encontro que gera transformações nas relações psicoterapêuticas), vitalidade.*
4. Fases e dinâmicas do processo de desenvolvimento do apego	*Self* emergente. *Self* nuclear. *Self*-com-o-outro. *Self* verbal. *Self* narrativo.
5. Método utilizado para pesquisar e, depois, organizar sistematicamente os dados observados e apresentá-los descritivamente	Observação empírica objetiva (bebê observado). Observação clínica subjetiva (bebê clínico).
6. Utilidade desse tipo de conhecimento	Para as pesquisas em psicologia do desenvolvimento. Para a prática psicoterápica.

Quadro 5.9 Apresentação da estrutura da matriz de análise histórico-crítica para compreensão das propostas da psicanálise perinatal

1. **Problemas de bases gerais:** (infertilidade, aborto, abortos espontâneos, morte fetal, revelações de anormalidades, gravidezes patológicas, acidentes perinatais, separação mãe/bebê neonatal, prematuridade, anúncio de deficiência, violência institucional, sofrimento psicossocial); transtornos mentais preexistentes (*esquizofrenia, transtornos depressivos e de ansiedade, transtornos alimentares, transtornos de personalidade, transtorno bipolar, transtornos de uso indevido de substâncias, tacofobia* [pavor fóbico do trabalho e da entrega]); transtornos mentais recém-adquiridos (*psicose pós-parto, depressão pós-parto, aspectos psicológicos da perda da gravidez).*

2. **Problemas universais:** neotonia e epigênese; quadro geral dos problemas-objeto da psicanálise perinatal; como os bebês apreendem o mundo? (Ela é tão bonita por dentro como por fora? Ela está como sempre? Que espaço é esse que não é nem-eu-nem-ela?); os planos de desenvolvimento do bebê (autopreservação, apego [*attachment*], intersubjetividade, regulação das experiências de prazer e desprazer); a psicanálise perinatal no campo de tratamento e prevenção, uma abordagem interdisciplinar.

3. **A ontologia como um problema:** a metapsicologia psicanalítica (Freud, Klein, Mahler, Erikson); a teoria do apego; a teoria do desenvolvimento dos sensos do *self*; a situação antropológica fundamental; *ser e continuar a ser (a ser desenvolvida).*

4. **Operadores teórico-clínicos:** os conceitos usados na psicologia perinatal (Imbasciati), na psicopatologia perinatal (Alvarez & Golse) e apresentados no *Manuel de psychologie clinique de la périnatalité.*

5. **As teorias do desenvolvimento:** teorias psicanalíticas do desenvolvimento (Freud, Anna Freud, Spitz, Margaret Mahler, Erik Erikson); teoria do apego (Bowlby); teoria do desenvolvimento dos sensos do *self* (Stern); o desenvolvimento descrito por Brazelton; as teorias sistêmicas; as teorias comportamentais; a teoria do desenvolvimento do ser (Winnicott).

6. **Métodos:** o bebê clínico ou subjetivo (diversas perspetivas clínicas); e o bebê objetivo (diversos modos de apreensão); microfilmagem (Stern, Beebe); outros dispositivos de coleta de dados e de pesquisa empírica.

7. **Avaliação heurística:** a psicanálise perinatal fornece um conjunto de entendimentos e práticas para cuidado preventivo e curativo dos problemas que vão da origem até aproximadamente 2 anos, tendo numa proposta multidisciplinar e interdisciplinar uma concepção necessária para o cuidado desses problemas, especialmente quando se trata dos serviços de saúde pública.

Comentários críticos associativos sobre as diversas propostas psicanalíticas do desenvolvimento: semelhanças, sobreposições, continuidades

De um modo ou de outro, todas as teorias psicanalíticas do desenvolvimento compartilham de um *solo comum*,[2] a partir do qual apreendem a vida socioemocional do ser humano, seus fundamentos e suas dinâmicas; todas elas estão preocupadas em descrever como o homem se relaciona com os outros homens, como apreendem a si mesmos e aos outros, como passam de um estado inicial imaturo para uma situação social-grupal ampla, como nasce o amor e o ódio nas relações inter-humanas, como o homem pode ser construtivo e destrutivo em relação aos outros e a si mesmo etc. Todas elas também se ocupam da compreensão e do tratamento das patologias que se originam dos relacionamentos emocionais: as neuroses (histeria, obsessão, fobia), as psicoses (esquizofrenias, paranoias, *borderlines*), os transtornos do espectro autista ou das patologias referidas aos transtornos globais do desenvolvimento, as crises de identidade, o que leva a sentir que a vida não vale a pena ser vivida, as dificuldades de ser si mesmo no mundo etc.

---

2 Esse *common ground* pode ser descrito como composto pelas seguintes concepções: a consideração de que existem processos psíquicos inconscientes determinando pensamentos, sentimentos e comportamentos dos seres humanos; o reconhecimento de um processo que "adjetiva" determinadas ideias-pensamentos-sentimentos como inconscientes, dando a elas um lugar (no mundo psíquico) diferente das conscientes, e, associado a esse processo, a resistência emocional-psíquica que surge quando tenta-se o acesso a esses conteúdos (seja em situação de tratamento psicoterápico, seja em situações ordinárias); a importância dada à sexualidade infantil e ao complexo de Édipo; e, elemento clínico central para a psicanálise como método de tratamento psicoterápico, o reconhecimento e a consideração, para fins de manejo psicoterápico, das relações transferenciais que o paciente estabelece com o analista. Investiguei qual é o *common ground* da psicanálise no meu artigo "Incommensurability between paradigms, revolutions and common ground in the development of psychoanalysis" (Fulgencio 2020).

Ao apresentar concisamente qual é o *common ground* e quais seriam os objetivos dessas diferentes perspectivas semântico-teóricas da psicanálise, seríamos novamente tentados a procurar uma síntese, tentação que já analisei[3] como uma tentativa impossível, dado que, apesar das conjunções e semelhanças, coloca-se em diálogo sistemas teórico-semânticos diferentes, linguagens diferentes, que nem sempre comungam seus termos e seus referentes... *não há síntese entre esses sistemas, assim como não há síntese entre linguagens.*

De que vale, então, colocar essas teorias em diálogo crítico se não é possível conjugá-las? Simples: o objetivo não é conjugá-las, mas, por um lado, estabelecer a relação entre as propostas teórico-semânticas-desenvolvimentistas e os problemas a elas associados, como fornecendo instrumento e compreensão para a sua solução, e, por outro, colocar em evidência os fenômenos que cada sistema considera e torna possível apreender (teórica e descritivamente), fazer um jogo de fecundação mútua entre sistemas teórico-semânticos diferentes, apresentando fenômenos que podem ou deveriam ser considerados nuns e noutros sistemas diferentes, estimulando-os e fazendo, assim, com que os sistemas se desenvolvam ao máximo no seu *valor e poder heurístico* de resolver problemas.

Freud elaborou a psicanálise como teoria sobre a vida da alma e como um método de tratamento para cuidar de neuróticos (referindo-se às neuroses de transferência – histeria, obsessão, fobia – e a um conjunto de sintomas, dentre os quais, por exemplo, a impotência e a frigidez). Inicialmente, o método era pouco eficiente para o tratamento de patologias psíquicas mais graves (o amplo conjunto das psicoses), mas foi sendo ampliado pelos pós-freudianos. Elemento fundamental da proposta de Freud foi a importância dada à vida instintual, às pulsões como o impulso motor fundamental da vida psíquica, enunciável em termos da importância dada à sexualidade e aos modos como o ser humano a administra nos seus encontros

3 Fulgencio 2020.

interpessoais, especialmente o tipo de organização que ocorre quando o ser humano chega a um momento existencial em que administra amores e ódios em relação ao casal parental (o chamado complexo de Édipo), momento em que também o organiza-estrutura na sua existência sociocultural. Todos os problemas, patológicos ou não, advêm dos problemas e conflitos relativos à administração da vida pulsional na vida relacional, expressos em conflitos entre o eu e ideias (do indivíduo) que são incompatíveis como esse eu.

A teoria do desenvolvimento proposta por Freud corresponde a uma teoria de como ocorre o desenvolvimento das relações entre o ser humano e os objetos do mundo que são adequados (ou não) para atender às suas excitações (pulsionais), o que ficou sinteticamente formulado na expressão "relações de objeto". A teoria do desenvolvimento da sexualidade é, portanto, uma teoria do desenvolvimento das relações de objeto impulsionadas pelas pulsões; essa teoria procura explicar quais são os tipos de objeto (autoerótico, narcísico, homossexual e heterossexual) e os modos de relação com os objetos (oral, anal, fálico, genital adulto), ambos referidos tanto às situações não patológicas como às patológicas. Essa teoria tem sua aplicabilidade primordial no campo das psicoterapias centradas nos conflitos que os neuróticos vivem – com seus sintomas que constrangem sua vida (suas relações com o outro), constituídos na sua história afetiva e "projetados" nas suas relações emocionais atuais. Podemos destacar, como referindo-se a fenômenos importantes a serem considerados, seja para a compreensão do desenvolvimento saudável, seja do patológico, o reconhecimento dos processos psíquicos inconscientes, a importância dada à sexualidade infantil e, nesse quadro, a importância dos processos de projeção, introjeção, identificação e dos desejos dirigidos-relacionados com o outro (em especial, pensando nos neuróticos, no quadro das relações a três corpos, em que o cenário edípico estabelece o enredo simplificado das relações inter-humanas, sempre conflituadas, sempre compondo impulsos amorosos e destrutivos).

Cabe ressaltar, ainda, que a compreensão e a descrição das fases iniciais do desenvolvimento foram feitas por Freud tomando como material empírico de sustentação o que se pode depreender do trabalho clínico com pacientes adultos. Trata-se, pensando no bebê, do bebê clínico, construído pelas narrativas elaboradas pela dupla paciente-analista, o que, para alguns, é ainda denominado bebê mítico.

Não há teoria psicanalítica do desenvolvimento que não reconheça os fatos da *sexualidade infantil* e do *complexo de Édipo* na organização psíquica dos indivíduos, seja na saúde, seja nas patologias, ainda que nem todas as teorias reduzam ou projetem todos os problemas e todas as dinâmicas a uma administração da vida pulsional nas relações inter-humanas.

Anna Freud, reiterando o quadro teórico-semântico de seu pai, na ampliação e na consolidação da teoria do desenvolvimento da sexualidade como uma teoria plena do desenvolvimento, chamou a atenção para o conjunto de processos que levam à constituição do ego e às maneiras como o ego se defende das angústias existenciais geradas no contexto da administração da vida pulsional nas relações inter-humanas. Mais ainda, ela chamou também a atenção para os fenômenos da dependência emocional inicial, o processo que leva à conquista de autonomia, a maturidade e imaturidade do indivíduo, à conquista da possibilidade de cuidar de si mesmo, o individualismo, a vida social, a moral, o brincar infantil e adulto, todos pensados no quadro da metapsicologia freudiana. O campo empírico a partir do qual Anna Freud pôde sustentar e elaborar sua compreensão teórica e suas descrições não é apenas derivado das projeções, memórias e das narrativas dos pacientes adultos (em parcerias com seus analistas, no quadro do método clínico de tratamento psicanalítico), mas também das observações de crianças na escola e em instituições de cuidado infantil. O bebê ou a criança suposto ou descrito por Anna Freud tem, pois, amparo e sustentação em observações empíricas, ainda que não seja fruto de observações totalmente controladas e padronizadas nos seus parâmetros, coletas de dados e interpretações.

René Spitz, por sua vez, também colocado no mesmo quadro epistemológico dado por Freud, mostrou a importância dos cuidados humanos na primeiríssima infância, procurando explicar e cuidar das depressões de bebês deixados a sós nos hospitais (fenômeno que ele nomeou de *hospitalismo*). Suas pesquisas clínicas e empíricas colocaram em evidência a importância das relações afetivas nos processos mais primitivos do desenvolvimento, estabelecendo marcos importantes para compreender o desenvolvimento das relações de objeto (investidos libidinalmente), como *o sorriso por volta do terceiro mês de idade*, *a angústia do oitavo mês* (quando a criança começa a estranhar o outro [portanto, a reconhecê-lo como este ou aquele outro]), e *a conquista da possibilidade de dizer sim e não*. Esses fenômenos e a conquista de suas possibilidades de realização são fatos que marcam e indicam o desenvolvimento, servindo como referências para os cuidados clínicos e profiláticos. Cabe lembrar que os trabalhos de Spitz produziram modificações estruturais importantes no cuidado com bebês e crianças nos hospitais, ressaltando a importância da relação humana no desenvolvimento emocional, independentemente disso, por ser reduzido à questão das pulsões e do atender às excitações instintuais. Ou seja, já em Spitz a importância do ambiente real afetivo e efetivo surge como um dado e uma necessidade do processo de fundação, constituição e organização da vida emocional e relacional. Os dados empíricos de Spitz, com a observação e o registro (filmagem) dos bebês em situação hospitalar (principalmente os casos mais graves), fornecem um material factual importante, que torna suas teorizações e propostas desenvolvimentistas assentadas em bases empíricas, interpretadas do ponto de vista da metapsicologia psicanalítica freudiana.

A proposta de Erik Erikson de uma teoria do desenvolvimento psicossocial procurou, por um lado, completar a proposta de compreensão do desenvolvimento emocional freudiano (cabe lembrar que Erikson foi analisando de Anna Freud) com a compreensão do desenvolvimento e determinantes sociais; por outro, distanciando-se da linguagem freudiana (um tanto quanto biologista e elaborada por analogia a fenômenos da física), buscou noções e expressões menos metafóricas e mais referidas a sentimentos e experiências humanas (segurança, insegurança, confiança, autonomia, vergonha, culpa, posição ativa na realização das coisas, sentimento de inferioridade, identidade, crise, intimidade, isolamento, estagnação, desespero, integridade, dissolução envolvente, agarrar-se), que, por sua vez, também designam fenômenos com certa objetividade, passíveis de serem observados. Esses fatos do desenvolvimento passam a ser então colocados como fenômenos, conquistas e dinâmicas a serem considerados como frutos ou constituintes do processo do desenvolvimento emocional. Nesse contexto, uma das suas principais contribuições foi considerar que cada uma das fases expressaria um *conflito* emocional-relacional expresso em função dos sentimentos e estados de ser no mundo do ser humano (*confiança básica vs. desconfiança básica*; *autonomia vs. vergonha e dúvida*; *iniciativa vs. culpa; construtividade vs. inferioridade; identidade vs. confusão de identidade; intimidade vs. isolamento; produtividade vs. estagnação; integridade vs. desespero*); isso seria tanto um fator positivo, identificando uma dinâmica relacional-emocional-existencial que determina o desenvolvimento e suas dinâmicas, como também um ponto criticável, dada a ideia de que as fases do desenvolvimento seriam redutíveis a um único tipo de conflito específico de cada fase, seria uma simplificação inaceitável. Não obstante, a crise como um fenômeno do desenvolvimento e como fator que leva ao desenvolvimento passa a ser algo que não pode deixar de ser considerado.

A teoria de Erikson está pouco referida e apoiada nos dados da primeira infância, mas tem na observação da sociedade Mojave e na consideração das biografias e história de vida de algumas pessoas ilustres, referências empíricas nas quais se apoia para dar sustentação experimental às suas propostas, ainda que sua maneira de apreensão de dados empíricos esteja longe da forma como são feitos os experimentos e a apreensão de dados controlados e padronizados.

Talvez o elemento factual do processo de desenvolvimento emocional colocado em foco por Erik Erikson seja a questão da construção da identidade pessoal (evidentemente como um fenômeno referido a suas próprias questões emocionais – a ponto de ter mudado seu nome para "Erik filho de Erik" –, mas que indica um fenômeno universal) como uma resultante entre os determinantes advindos do mundo interno (no quando da teoria do desenvolvimento da sexualidade e da consideração do complexo de Édipo, ainda que tenha dado pouca ênfase a essas determinações) e os advindos da vida social, da estrutura e dos lugares sociais constituídos, distribuídos e impostos pelas sociedades nos seus diversos modos de organização.

A teoria da separação-individuação proposta por Margaret Mahler parece ir no sentido inverso ao de Erikson, dado que ela parece permanecer totalmente focada e delimitada ao quadro da metapsicologia freudiana, mas voltando sua atenção para as fases mais primitivas do desenvolvimento. O problema que pretende resolver diz respeito à compreensão dos processos que levam à gênese das psicoses, considerando que estas derivam de fixações nas fases mais primitivas do desenvolvimento. Fases que, por sua vez, não teriam sido bem descritas por Freud. Por um lado, Mahler considera que as doenças mais graves poderiam estar referidas aos processos mais primitivos, tendo neles suas dinâmicas existenciais. É por isso que ela considera o autismo como o protótipo inicial do desenvolvimento, ou seja, ela projeta a situação do autista para a situação existencial inicial (o autismo primário). Por outro lado, apoiando-se num modo de teorizar bem freudiano (que usa de analogias entre algo conhecido para lançar luz para algo desconhecido), Mahler se apoia em fenômenos da vida animal (simbiose) para procurar descrever o que ocorre no processo inicial do desenvolvimento. Como tem as psicoses como problema fundamental a ser explicado, é compreensível que considere a chegada na *identidade* o ponto de flexão entre a neurose e a psicose. A teoria de Mahler tem, justamente nos dois primeiros anos, o foco das suas atenções. Os fenômenos colocados à luz por ela são a relação inicial na qual o bebê viveria num tipo de estado análogo ao do autista que, no decorrer do desenvolvimento, deve se separar da mãe para chegar a ter uma identidade (uma unidade) própria. Os dados para construção dessa teoria do desenvolvimento misturam os dados advindos dos tratamentos clínicos psicoterápicos (logo, compostos pelas subjetividades dos pacientes e analistas nos encontros psicoterápicos), em situações há uma observação clínica tripartite (mãe, criança, terapeuta), conjugada com observações advindas de situações naturais (comparando-as com grupos controle e uso de testes).

Em diversas perspectivas psicanalíticas desenvolvimentistas encontraremos a composição de dados advindos da clínica com os advindos da observação objetiva, sendo que esses últimos encontraram situações experimentais com controles mais ou menos rígidos, com padrões mais ou menos estabelecidos, mas que reiteram o foco primordialmente clínico das concepções psicanalíticas. Mais à frente, com a teoria do apego (Bowlby) e com a teoria do desenvolvimento dos sentidos do *self* (Stern), teremos uma presença mais expressiva e determinante dos dados advindos da observação e experimentos objetivamente apreendidos. Nas perspectivas apresentadas até aqui, no entanto, o *bebê clínico* ou *subjetivo* ocupa o lugar diretor das construções teórico-desenvolvimentistas psicanalíticas.

Um ponto fenomenológico fundamental, discutível, que Mahler apresenta diz respeito à consideração das capacidades cognitivas e afetivas do bebê ou sua imaturidade radical. Mahler vê o bebê como um autista que não tem condições maturacionais para apreensão do mundo. Note-se que, num polo oposto, no que se refere às capacidades do bebê, temos Melanie Klein, que o considera já maduro para ter relações de objeto do tipo amor e ódio, projeções, ou seja, um bebê já maduro para poder apreender o mundo externo como externo (ainda que parcialmente) e, portanto, a si mesmo como separado do mundo. A avaliação das capacidades cognitivas e emocionais dos bebês será, e é, um dos pontos fenomenológicos fundamentais para a elaboração de toda e qualquer teoria do desenvolvimento emocional, seja na psicanálise, seja fora dela.

John Bowlby, focado no problema da delinquência como modo de ser e sintoma em muitas crianças, procurou fornecer uma alternativa à compreensão psicanalítica (centrada na teoria das pulsões e na importância dada à sexualidade), apoiando-se no fato (histórico constatável empiricamente) da deprivação da criança de sua mãe (ou cuidador principal), considerando, assim, a delinquência como um efeito patológico dessa deprivação. Focado na relação criança-cuidador, ele procurou, por um lado, integrar o pensamento neodarwinista (teoria do *imprint*) com a teoria psicanalítica, considerar a existência de um motor fundamental da espécie humana, que impulsionaria o ser humano para encontrar o outro como ontologicamente mais importante do que a procura pelo prazer ou pela descarga (ou seja, colocou a teoria das pulsões como secundária, em termos ontológicos). O fato ou fenômeno destacado por sua teoria é o apego, a suposição especulativa (metapsicológica) é a consideração de que há um impulso determinado biologicamente para isso advindo do processo de desenvolvimento das espécies. Distinguindo esses dois aspectos da teoria do apego: como fenômeno (os modos de ligação) e como especulação (impulso de natureza biológica para isso), podemos afirmar que a teoria do apego corresponde a uma outra maneira de abordar a questão das relações de objeto, relações essas não mais impulsionadas, fundamentalmente, pela vida pulsional-sexual, mas pelo instinto biológico que dirige o ser humano para o outro (como fator mais importante para sua sobrevivência). Por outro lado, Bowlby inseriu, como modo de procurar fornecer conteúdos empíricos que pudessem sustentar sua hipótese, uma série de observações de casos de deprivação, com um início de trabalho de apoio estatístico para agrupar e interpretar seus dados. Mary Ainsworth, no entanto, construiu experimentos específicos, controlados empiricamente, para analisar os modos de apego, construindo um conjunto de dados apreendidos objetivamente nesse contexto metodológico de apreensão objetiva (observável) de comportamentos em situações planejadas e controladas em suas variáveis e na sua realização. A obra de Bowlby tornou popularmente reconhecida a importância da relação inicial mãe-bebê, cuidador-criança, mais ainda, tornou também mais confiável essa importância, dado que havia, por assim dizer, uma comprovação experimental, empírica, observável objetivamente, de como essa relação funcionava e do que ela gerava. Distinguido o fato da especulação, o apego como fenômeno e o apego como especulação, podemos ressaltar a importância e o valor dos fenômenos, deixando para um segundo momento a discussão sobre as suas especulações ontológicas.

Inicialmente, os psicanalistas criticaram a teoria do apego, porque ela não dava um lugar importante para as pulsões, a sexualidade, as fantasias e a própria noção de inconsciente, e isso permaneceu como uma cisão entre essas teorias por longo tempo, até que alguns desenvolvimentos na teoria do apego – por exemplo, os modelos internos operantes – levaram a considerar a possibilidade de reintegrar essas teorias. No final do século XX e início do XXI, principalmente com o trabalho de desenvolvimentistas (D. Stern) e de psicanalistas (D. Anzieu, P. Fonagy e B. Golse), temos usos da teoria do apego em conjunção, às vezes comunhão, com a teoria psicanalítica. Aqui, me parece importante distinguir noções e conceitos referidos à realidade fenomênica (tipos de apego, modelos internos operativos – que são modos de descrever a relação de apego e suas dinâmicas conscientes e inconscientes), tendo seus referentes adequados nessa realidade, dos conceitos que são suposições especulativas de valor heurístico (o apego enquanto impulso ontológico). Distinguidos fenômenos de conceitos auxiliares especulativos, podemos nos perguntar sobre o valor heurístico dos conceitos que se referem a fenômenos, se estes são adequados (ou seja, se descrevem bem a realidade que objetivam apreender) e se são úteis na resolução de problemas clínicos e/ou do desenvolvimento (por exemplo, se a teoria do apego é útil e eficiente para o tratamento de pacientes psicóticos).

Winnicott tem uma posição diferenciada entre os psicanalistas, dado que sua proposta rompe claramente com uma concepção naturalista para pensar o ser humano, seja em termos da sua ontologia (centrada na noção de ser e não mais nas pulsões, nem num instinto biológico para agarrar-se ao outro), seja pela sua linguagem mais de acordo com os fenômenos propriamente humanos (o que, de uma certa maneira também já aparecera em Erikson). Assim, Winnicott insere a consideração de fenômenos como a *continuidade de ser*, tendência inata à integração, *elaboração imaginativa*, *impulso amoroso primitivo*, criar-encontrar, objeto subjetivo, o *self*, os *fenômenos transicionais*, *congelamento da situação traumática*, vivências não experimentadas (não integradas no *campo do self*), *a mente como um modo de funcionamento da existência psicossomática psique-coma*, a *integração* num *eu sou* e a *relação a dois corpos*, a *integração* como *pessoa inteira* e a *relação a três corpos*, *deprivação* (já ressaltada por Bowlby), *vida que vale a pena ser vivida*, *a angústia de castração como um alívio ao sentimento de impotência* etc., que remetem, pois, a determinadas realidades e suas dinâmicas a serem necessariamente consideradas num processo de desenvolvimento centrado na compreensão das relações de dependência que o ser humano tem do outro, na compreensão do ser humano essencialmente como aquele ente que é ser-com, aquele ente que cria a si e o mundo em que vive. Essa teoria desenvolvimentista descreve tanto a saúde como as dinâmicas de diversas psicopatologias, seja para explicar sua origem, seja para indicar o que é necessário para seu tratamento e sua profilaxia. A confrontação ou avaliação da eficácia da teoria winnicottiana do desenvolvimento para o tratamento e profilaxia de diversas patologias ou sintomas atuais é ainda campo de desenvolvimento: por um lado, trata-se de uma teoria que torna possível compreender fenômenos como a despersonalização, a existência *borderline*, o sentimento de irrealidade e de futilidade existencial, a psicologia do ditador, a busca dos adictos, indicando como tratá-los, como também, por outro lado, coloca dúvidas (no que se refere a seu modo de explicação) sobre a origem do autismo, dos transtornos mais graves do desenvolvimento, da agressividade no ser humano, da atitude antissocial etc. O que estou tentando aqui é colocar em evidência os fenômenos passíveis de serem vistos e avaliados.

Daniel Stern procurou ultrapassar a cisão entre o conhecimento obtido pelo trabalho clínico, pela reconstrução que paciente e analista elaboram construindo e reconstruindo uma narrativa sobre a vida emocional, seu desenvolvimento e seus acontecimentos, ao que se referia como bebê clínico, com o conhecimento obtido pela observação objetiva, advindo dos desenvolvimentistas e das pesquisas dos neurocientistas, todos esses advindos de observações naturais ou experimentais controladas e padronizadas. Para ele, o bebê clínico fornece não só conteúdos, mas uma percepção sistemática global para o bebê empírico. Por um lado, ele foca o desenvolvimento num aspecto da existência humana, que pode ser objeto tanto da observação objetiva (empírica) quanto da subjetiva (clínica), conjugando as duas fontes de informação; por outro, constrói um modelo ontológico que mantém a consideração de um impulso biológico para a sobrevivência, expresso numa tendência à organização que reitera esse impulso, conjugado com os sentidos do *self* como um princípio organizador da vida emocional-relacional. Assim, os diversos sentidos ou modos de ser do *self* correspondem a fenômenos com referência empírica adequada (ou seja, não são especulativos) e as diversas transformações, conquistas desse desenvolvimento também procuram ser referidas à realidade empírica observável. Alguns pontos permanecem como temas a serem ainda analisados e aprofundados: a ontológica naturalista que ele supõe, querendo ou não, permanece como um aspecto metafísico do seu sistema; a noção de *self* parece, por vezes, ampla demais, sendo referida a realidades existenciais muito diferentes umas das outras, que parece difícil considerar os "sentidos" ou "modos de ser" como referindo-se a uma mesma coisa, o *self*; e, por último, mas fundamental, a pergunta sobre a utilidade heurística e prática desse sistema que, procurando servir à psicanálise, à clínica psicoterápica de uma maneira mais ampla, às práticas de pesquisas das psicologias do desenvolvimento (para o campo das teorias do desenvolvimento) e às neurociências, talvez perca a sua operacionalidade na enunciação de problemas, com os encaminhamentos de suas soluções pode acabar por não ser muito operativo, ainda que lógico, inteligente, rigoroso e tendo uma utilidade e uma aplicação que se baseiam numa projeção analógica. Caberia, nessa direção, ir a cada um desses campos (psicanálise, psicologia, teorias do desenvolvimento, neurociências) e ver como os conceitos enunciados por Stern estão presentes nessas ciências ou, ainda, noutro sentido, se são também estímulos para que cada uma dessas ciências (também considerando-se as suas diversidades internas) utilizem essas propostas. Uma produção significativa nessa direção é a proposta do Grupo de Boston (2010) que, considerando as propostas de Stern e de outros, propõe uma perspectiva de trabalho clínico que está para além dos limites dados pela psicanálise.

Com a análise do campo atual da perinatalidade, especialmente das perspectivas psicanalíticas, pudemos verificar que, mesmo não fornecendo uma teoria específica do desenvolvimento, as diversas perspectivas consolidadas como propostas de cuidado e como tendo entendimento sobre esse período que vai da origem até aproximadamente o segundo ano de vida – a psicologia clínica perinatal, na Itália, fundada por Antonio Imbasciati; a psicopatologia perinatal, na França, analisada do ponto de vista de Luis Alvarez e Bernard Golse, na esteira de diversos psicanalistas pensadores da infância, como Serge Lebovici, René Diatkine e Michel Soulé; e ainda a perspectiva descrita no *Manual de Psicologia Clínica da Perinatalidade*, editado por Sylvain Missonnier e uma equipe interdisciplinar por longos anos se ocupando desse campo – pudemos destacar, por um lado, a compreensão da constelação que constitui esse momento existencial com seus problemas (o bebê, a mãe, o pai, a família, as gerações e todos os ambientes ali envolvidos), dando ao bebê um lugar de ser humano já estabelecido como tal desde seu início, cujo processo de chegada altera e recoloca em jogo intensos afetos, dando um impulso e constituindo a mulher como mãe, o pai como pai, num devir que coloca o casal parental e a família noutro modo de ser-no-mundo, e, por outro, um aprofundamento de questões (como: a situação de maturidade e/ou imaturidade do bebê e suas capacidades cognitivas, afetivas e relacionais, a origem da vida psíquica, os tipos de necessidade de sustentação ambiental, todo o processo de subjetivação que, partindo de um início indiferenciado chega-se à unidade do sujeito psicológico; associando essas dinâmicas e outras aqui não citadas, tanto ao desenvolvimento saudável como à abordagem dos diversos tipos de problemas e patologias) desse período, visando tanto à sua compreensão quanto ao seu cuidado (seja curativo, seja profilático). Nesse contexto, fica evidente que a complexidade do período e dos fenômenos exige, para ser cuidado, equipes interdisciplinares, sistemicamente organizadas no seu funcionamento conceitual e operativo e cuja qualidade apreensível pela sua organização e eficiência é também uma medida de desenvolvimento de uma determinada sociedade. Nesse caminho também pudemos esclarecer como essas perspectivas articulam conhecimento advindo de dados obtidos por experimentos (o bebê objetivo ou observado) com os dados obtidos pelo trabalho clínico (o bebê subjetivo ou clínico), apontando não só para uma necessidade, mas também para a conjunção desses métodos para apreensão de dados nos trabalhos de pesquisa. Referidos, mais especificamente à psicanálise, também apontamos o fato de que a clientela, os pacientes desse campo perinatal (o bebê, a mãe, os pais etc.) exigem que o método, o *setting*, os modos relacionais-transferenciais e até mesmo os objetivos do tratamento psicanalítico sejam modificados, o que leva a psicanálise a transformações teórico-clínicas tão profundas quanto as que ocorreram quando a psicanálise começou a se ocupar de crianças, adolescentes, *borderlines*, psicóticos, pacientes psicossomáticos, adictos etc.

Há determinados fatos ou concepções sobre a natureza emocional, psíquica, cognitiva e afetiva do ser humano que parecem ser compartilhados por todas essas perspectivas: os modos de ser do ser humano são uma realidade e uma construção socioemocional, não há uma essência humana dada com a sua biologia, ela é uma construção histórica, social e pessoal; a unidade do sujeito psicológico, estável e apreendida como diferente da realidade externa depende de uma série de conquistas cognitivas e emocionais, dadas ao longo do desenvolvimento; o ser humano depende das suas relações de cuidado iniciais e está justamente nesse período inicial um fator de extrema importância para a compreensão das psicopatologias socioemocionais mais graves; há muitas maneiras de se referir às conquistas e aos problemas do desenvolvimento, maneiras que só aparentemente se reterem aos mesmos fenômenos, dado que as diferentes linguagens constituem diferentes mundos; o valor de cada teoria está na sua utilidade heurística, ou seja, nos problemas que enuncia e pode resolver.

O que aproximei e ressaltei como critério para estabelecer uma comunicação frutífera entre essas diversas propostas desenvolvimentistas foram os fenômenos (evidentemente, não todos) que eles colocaram à vista ou se tornaram possíveis de enxergar, de modo que cada um dos sistemas pode reconsiderá-los no seu próprio quadro semântico-teórico, reiterando minha proposta de colocar os sistemas em comunicação com o objetivo de desenvolvê-los em seus próprios campos.

Incomensurabilidades

Indiquei muitas semelhanças e fiz diversas aproximações, colocando até mesmo como sinônimos certas preocupações e modos de apreensão da natureza humana e seu desenvolvimento, o que me parece ser ponto fundamental para o trabalho de diálogo e comunicação, como também me parece necessário apontar aquilo que não pode ser conjugável, aquilo que se refere às *incomensurabilidades* entre os sistemas ou *paradigmas* (para usar os termos de Thomas Kuhn). Dentre estes, em primeiro lugar, caberia ressaltar as diferenças nos *modelos ontológicos*: não havendo, nesse quesito, prova ou elemento empírico que possa intervir na comprovação das ontologias, estas permanecem como princípios metafísicos, ou ainda convenções, que são ou não úteis, são ou não adequadas para compreender e explicar o mundo fenomênico, ainda que eles mesmos não sejam efetivos dados empíricos. Um segundo elemento fundamental é a consideração da situação do feto e do bebê (o que ele sabe, o que ele pode, o que ele apreende, como e qual sentido ele dá às suas experiências existenciais), isto é, numa medida significativa, impossível de ser acessada, ainda que uma ou outra experiência (com o bebê) ou projeção do adulto possa nos aproximar do que o bebê experimenta e como o experimenta. Outro elemento que também me parece de difícil harmonização diz respeito às diversas maneiras como os diversos sistemas referem-se à unidade do sujeito psicológico, mais ou menos integrada, mais ou menos apreendendo a si mesma e aos outros, nos diversos momentos do desenvolvimento.

Aqui, permitindo-me apoio na literatura, expressando uma síntese das incomensurabilidades, cito Guimarães Rosa, numa passagem de *Grande Sertão: Veredas*: "Pão ou pães, é questão de opiniães".[4] Não se trata, no entanto, de uma questão de opiniões, mas de colocar um critério para avaliar os sistemas, enunciável de maneira simples, ainda que de verificação difícil: o que importa, numa teoria ou num sistema é justamente o seu valor heurístico na enunciação e resolução de problemas. Teorias inteligentes, sistematicamente bem construídas, lógicas e complexas não têm validade se não puderem se referir aos problemas e encaminhar suas soluções; em contrapartida, descrições amplas, detalhadas, múltiplas nas suas composições e complexidades associativas não significam conhecimento algum, ou pouco conhecimento, se não puderem ser articulas com um pensamento conceitual mais amplo que torne possível, também, por sua vez, a enunciação e a resolução de problemas. Isso bem parece lembrar a formulação kantiana: conceitos sem intuição são vazios e intuições sem conceitos não são conhecimento.

Este livro visou apresentar, tanto para psicanalistas quanto para os que se ocupam das teorias do desenvolvimento, a variedade e a riqueza dos entendimentos que a psicanálise tem fornecido para uma compreensão conceitual e descritiva do processo que constitui e realiza a natureza humana, pensado em termos desenvolvimentistas.

Ao final, como é a história de cada nascimento, estamos no começo...

---

4 Rosa 1994, p. 4.

Referências

Fulgencio, L. (2020). Incommensurability between paradigms, revolutions and common ground in the development of psychoanalysis. *The International Journal of Psychoanalysis, 101*(01), 13-41. https://doi.org/10.1080/00207578.2019.1686389

Rosa, G. (1994). *Grande Sertão: Veredas*. São Paulo: Nova Aguilar.

The Boston Change Process Study Group. (2010). *Change in Psychotherapy: a Unifying Paradigm*. New York; London: W. W. Norton & Company.

Apêndice
Críticas e usos da teoria do apego pelos psicanalistas

Neste apêndice, esclareço as relações iniciais e atuais entre a teoria psicanalítica clássica (com seu fundamento na teoria das pulsões) e a teoria do apego (com seu fundamento num impulso biológico, numa perspectiva darwiniana, que visa ao outro em função de ser o que a espécie necessita para sobreviver). As distâncias, proximidades, irreconciabilidades e tentativas de comunhão têm sido um tema que percorre a psicanálise desde meados do século XX, quando Bowlby propôs a teoria do apego, hoje discutida e desenvolvida em diversas perspectivas. Esse tipo de análise contribui para fazer uma distinção entre o reconhecimento da importância irrecusável das relações de dependência inicial do ser humano em relação a seus cuidadores e as hipóteses de natureza mais especulativa sobre quais seriam os impulsos essenciais (metafísicos, ontológicos) da natureza humana ou do homem como espécie.

A teoria do apego foi proposta por John Bowlby (1907-1990) e consolidada por Mary Salter Ainsworth (1913-1999), no início da segunda metade do século XX, como uma teoria sobre como o ser humano se dirige e se liga ao outro, explicando e descrevendo por que a procura pelo outro é um impulso fundamental da espécie, como são os padrões desses relacionamentos (ao menos no seu início) e que tipo de reações produz no bebê e na criança, estabelecendo modos de ser e relacionar-se que serão tão registrados como desenvolvidos ao longo da existência. Essa teoria chamou a atenção do mundo para a importância das relações iniciais mãe-bebê. No início, a proposta de Bowlby foi contundentemente criticada pelos psicanalistas,[1] que o acusaram de ter rejeitado a metapsicologia psicanalítica (deixando de considerar os processos psíquicos inconscientes, as fantasias e a sexualidade infantil). Atualmente, a teoria do apego tem sido reconsiderada, tanto em si mesma – enquanto uma perspectiva da psicologia,[2] seja para a compreensão do desenvolvimento e para a pesquisa, seja para a prática psicoterápica – quanto em conjunção, por vezes reintegração com a teoria psicanalítica, como propôs Peter Fonagy,[3] mas não só ele, sendo colocada para análise e discussão, às vezes com tentativas de composição por diversos outros psicanalistas.[4]

A oposição entre a psicanálise e a teoria do apego ocupou um lugar de destaque, e ainda ocupa, nos debates sobre os modos de compreender as relações inter-humanas. Alguns consideram que há uma incomensurabilidade entre as duas propostas, enquanto outros defendem que há uma possibilidade, por vezes, ou mesmo uma necessidade de integrar essas teorias. São essas perspectivas que pretendo aqui analisar histórico-criticamente.

Por *apego*, Bowlby designa, por um lado, as relações que o ser humano estabelece ao ligar-se ao outro, ao procurar o outro, como padrões de ação ou de comportamento:

---

1 Cf. Freud 1960; Palombo, Bendicsen & Koch 2010, p. 323; Schur 1960; Spitz 1960; Winnicott 1953f.

2 Cf. Cassidy & Shaver 2008; Guédeney & Guédeney 2016; Marrone 2014; Mooney 2010; Wallin 2007.

3 Fonagy 2001.

4 Cf. Alvarez & Golse 2008; Cena *et al.* 2010; Golse 1998; 2004; 2006; 2019; 2010/2019; Missonnier *et al.* 2012; Widlöcher *et al.* 2000.

> *Estou usando o [termo] apego para significar um padrão de comportamento que é a busca de cuidado e a dedicação a cuidados de um indivíduo que sente que é menos capaz de lidar com o mundo do que a pessoa a quem estão procurando [para receber] cuidados.*[5]

Mais ainda, esses padrões estão impulsionados por uma meta que difere da meta das pulsões freudianas (buscando o prazer ou a descarga, as chamadas pulsões de autoconservação e as sexuais ou, ainda, as de vida e de morte), o apego tem objetivos primários diferentes das pulsões, ele visa, em última instância, à sobrevivência da espécie (dentro de um pensamento neodarwinista), sendo uma herança biológica:

> *Bowlby começou reconhecendo que o apego é um imperativo biológico enraizado na necessidade evolucionária: a relação de apego com o(s) cuidador(es) é fundamental para a sobrevivência e o desenvolvimento físico e emocional do bebê. Dada a exigência de vinculação, o bebê deve adaptar-se ao cuidador, excluindo defensivamente qualquer comportamento que ameace o vínculo de apego.*[6]

Assim, por um lado, o apego diz respeito às relações humanas, seja desde seu início pós-natal, referindo-se às primeiras relações, seja mais tarde, considerando o desenvolvimento infantil e mesmo do adulto, mas, por outro, refere-se à ontologia e à consideração de uma força que impulsiona a existência da espécie humana na direção da sobrevivência individual e da espécie (uma suposta herança filogenética).

---

5 Bowlby 1986, p. 11.

6 Wallin 2007, p. 2.

Na psicanálise, a maneira de referir-se a essas ligações do ser humano com o outro (seja em termos de ligação a outras pessoas, seja em termos dos *objetos* com os quais o indivíduo se associa, se relaciona ou de que depende, reais ou fantasiados) é enunciada em termos das *relações de objeto* que o ser humano tem ao longo da vida. Freud analisou essas relações tanto em termos dos *tipos* de objeto (autoerótico, narcísico, homossexual e heterossexual) quanto em termos dos *modos de relação* ou das *dinâmicas relacionais* (oral, anal, fálica ou genital infantil e genital adulta), relações que, por sua vez, procuram atender (dentro do possível) às pressões instintuais expressas (ou pressões pulsionais). O modo de entender as relações de objeto na psicanálise foi redescrito por Klein, Bion e Lacan, ainda que de formas diferentes, mas mantendo as pulsões como fundamento da vida psíquica; alguns psicanalistas (Kohut, Hartmann, Erikson, Fairbairn) relativizaram, problematizaram ou mesmo questionaram a primazia das pulsões como fundamento do que impulsionaria o homem, sendo que Winnicott chegou a inserir a questão da necessidade de ser como outro fundamento ou princípio motor da natureza humana, modificando a ontologia psicanalítica,[7] não colocando mais as relações de objetos como existindo apenas em função da administração da vida instintual nas relações inter-humanas.

Bowlby, no entanto, foi explícito na sua proposta, substituiu a metapsicologia freudiana das pulsões pela metapsicologia do apego e, no desenvolvimento de suas formulações que derivam dessa operação básica, os psicanalistas o acusaram de afastar-se da metapsicologia, ou seja, de colocar as pulsões em segundo plano, de deixar de considerar a importância da sexualidade, das fantasias inconscientes e de todos os mecanismos de funcionamento da vida psíquica descritos por Freud, como se todos eles fossem secundários comparados ao impulso para o apego como um determinante biológico a partir

7 Cf. Fulgencio 2020.

do qual seriam construídos determinados padrões de apego (seguro, inseguro etc.).

O que pretendo mostrar nesta análise é que, por um lado, existe uma diferença entre os fatos aos quais a teoria do apego se refere (as relações inter-humanas) e a concepção metafísica ou metapsicológica do apego como um impulso herdado biologicamente na história de desenvolvimento das espécies. Se, por um lado, não se nega a importância e o conjunto de consequências das relações iniciais, por outro, isso não significa que é necessário admitir que exista o apego como um impulso inato da espécie humana.

Bowlby foi praticamente afastado do meio psicanalítico e uma oposição, uma cisão, entre a teoria do apego e a psicanálise reinou durante quase toda a segunda metade do século XX. No entanto, além dos adeptos da teoria do apego terem desenvolvido essa perspectiva de entendimento das relações e do desenvolvimento emocional do ser humano, alguns psicanalistas começaram a reavaliar essa cisão e têm trabalhado na direção de reintegrar a teoria do apego no quadro da teoria psicanalítica, como, de forma central, Peter Fonagy,[8] além de outros estudiosos do desenvolvimento, como Daniel Stern,[9] Antonio Imbasciati[10] e Bernard Golse.[11]

É justamente esse cenário e essa discussão que pretendo retomar neste Apêndice, mostrando que, por um lado, há o reconhecimento da importância da teoria do apego, seja no que se refere aos fenômenos que coloca em evidência, seja no que se refere à sua contribuição social (tornando acessível ao mundo uma série de concepções desenvolvimentistas importantes, que mudaram as perspectivas de cuidado com a primeira infância e com o esclarecimento indiscutível dos

8 Fonagy 2005/2007; 2017.

9 Cf. Stern 1985/1992; 1977/2002; 2004; como também, Stern & Bruschweiler-Stern 1988.

10 Cf. Cena *et al.* 2010; Imbasciati & Cena 2018; Imbasciati, Debrassi & Cena 2018.

11 Cf. Alvarez & Golse 2008; Golse 2019; Missonnier *et al.* 2012.

perigos das separações precoces, entre eles, a produção de delinquentes), e, por outro, a avaliação crítica que indica o fato de que Bowlby acabou desprezando, ou mesmo simplificando, diversas concepções e perspectivas teóricas e factuais da psicanálise. Em continuidade a esse problema, muitos psicanalistas têm tentado ultrapassar essa oposição, buscando integrar as teorias.

Retomo, assim, uma resenha crítica feita por Winnicott sobre o livro de Bowlby, *Maternal Care and Mental Health*, publicado em 1952, que corresponde ao relatório da pesquisa encomendada a Bowlby pela Organização Mundial da Saúde (OMS) dedicada à análise do problema das crianças sem lar. Em seguida, retomo a discussão gerada com a publicação do artigo "Grief and mourning in infancy and early childhood" (1960), com os comentários de Anna Freud, Max Schur, René Spitz e Donald Winnicott. Estes mostram a forte reação da comunidade psicanalítica que, mesmo reconhecendo a importância de suas contribuições, também apontou para um distanciamento inadequado da metapsicologia freudiana, o que acabou por excluir Bowlby do centro da vida institucional, deixando-o quase que excluído da Sociedade Britânica de Psicanálise.

Ao final, seria necessário retomar uma ampla literatura mais atual, que parece reiterar algumas críticas anteriores, considerando que Bowlby não teria considerado, de forma adequada, os conceitos fundamentais da psicanálise.[12] Nessa direção, escolhi colocar em evidência os comentários de Claire Squires (2000) – parte do livro *Sexualité infantile et attachement* (Widlöcher *et al.* 2000), um estudo amplo que reúne diversos psicanalistas comentando a relação entre esses dois temas e/ou fenômenos –, bem como a avaliação da teoria do apego feita por Alvarez & Golse (2008), dando um cenário amplo de discussão sobre a presença e as críticas da teoria do apego na

12 Cf. alguns desses textos dedicados a essa análise: Cortina & Marrone 2004; Engel 1971; Hanley 1978; Kernberg 1976; Rochlin 1971; Roiphe 1976; Zepf 2006.

psicanálise e nas pesquisas atuais, ainda que, aqui, delimitado apenas às críticas dirigidas a Bowlby, deixando o campo mais amplo das semelhanças e diferenças entre a teoria psicanalítica e a teoria do apego para outro tipo de análise.[13]

Num estudo mais amplo, que pudesse analisar as influências e a presença da obra de Bowlby e da teoria do apego na psicanálise, no campo das teorias do desenvolvimento e no campo da pesquisa e da clínica psicológica, deveríamos também analisar com mais detalhe, respectivamente, as propostas de Peter Fonagy, Daniel Stern, Antonio Imbasciati e Bernard Golse.

As críticas de Winnicott ao livro Maternal Care and Mental Health[14]

Bowlby e Winnicott são contemporâneos e ambos trabalharam intensamente na defesa das crianças, sobretudo quando se opuseram à evacuação das crianças (separadas de seus pais) por ocasião da guerra. Winnicott cita Bowlby em diversos momentos de sua obra, sempre reconhecendo que ele teve uma grande importância para tornar mundialmente conhecido o problema e o perigo das separações precoces de crianças das suas mães. O próprio Bowlby comenta a posição de Winnicott em relação a ele:

> *Sempre achei que Winnicott e eu estávamos cantando a mesma melodia. Nós estávamos essencialmente dando a mesma mensagem, mas novamente ele não gostou das*

13 Após escrever este Apêndice, encontrei uma revisão bibliográfica dedicada ao estudo desse tema na psicanálise (cf. Castillo-Garayoa & Echevarría 2023) que tem ressonâncias, às vezes identidade, com o percurso que aqui apresento, mas que incluiria, já num texto bem longo, algumas novas referências, e creio que não alteram as hipóteses centrais e o conjunto de argumentações apresentados.

14 Bowlby 1952.

> *minhas ideias teóricas. Ele e Fairbairn sempre se preocuparam com eventos da vida real. Mas, na medida em que usei ideias derivadas da etologia, Winnicott não concordou com isso.*[15]

Quando Bowlby publicou o resultado de sua pesquisa para a OMS (*Maternal Care and Mental Health*), Winnicott logo escreveu uma resenha indicando tanto a importância dessa pesquisa – dado que Bolwby fez uma "tradução das descobertas psicanalíticas [do último meio século] para a ação social"[16] – quanto avaliando que essa proposta acabou por simplificar em demasia aquilo que a psicanálise já tinha feito de maneira mais ampla e mais complexa. Winnicott elogia a primeira parte do livro, na qual Bowlby descreve os efeitos adversos da deprivação materna, mas, no que se refere à segunda parte, critica a proposta de Bowlby por apresentar compreensões que seriam melhores do que as que a psicanálise havia até então apresentado. É justamente aí que Winnicott considera que Bowlby simplificou em demasia os fatos e a teoria sobre os fatos, deixando de lado as determinações inconscientes, as fantasias infantis, a imaturidade da criança para perceber objetos externos, o não reconhecimento dos modos de relação subjetivo e transicional com a realidade, as possibilidades singulares que cada criança teria para enfrentar as situações de deprivação etc. Winnicott considera que a parte teórica desse livro tem uma pobreza teórica decepcionante, avaliando-a como *insatisfatória*, embora tenha formulado os problemas e suas explicações de forma mais popular: "Acho um dos capítulos, o que versa sobre problemas teóricos, muito insatisfatório, e parece-me que poderia ter sido deixado inteiramente de fora. Possivelmente foi inserido em

15 Dijken 1998, p. 170.
16 Winnicott 1953f, p. 323.

um estágio posterior, de maneira que o autor pode estar pretendendo reescrevê-lo".[17]

Além disso e talvez nessa mesma direção, é que Winnicott critica o uso de estatísticas para a compreensão da natureza humana:

> *Acha-se ele convencido de que esforços têm de ser feitos no sentido de apresentar as questões psicológicas sob forma estatística, de maneira a que aqueles que se acham acostumados a artigos científicos (da espécie que é apreciada por cientistas em todos os tipos de trabalho) possam avaliar as reivindicações daqueles de nós que têm a mente clínica e desprezam ligeiramente as cifras.*[18]

Para Winnicott, Bowlby faz simplificações do que ocorre na realidade do desenvolvimento emocional, do que ocorre na relação de presença, de ausência e até mesmo da perda da mãe (ou cuidador principal), mas também considera que há utilidade social nessas simplificações (sobretudo em termos sociais ou em termos da divulgação para um público mais amplo). Winnicott reconhece, nesse contexto, que a própria atitude de simplificar os fenômenos envolvidos diz respeito à necessidade de poder tratá-los de forma padronizada e por meio de estatísticas (se não houver uma padronização e uma simplificação dos dados, eles dificilmente seriam agrupados em categorias gerais, mas categorias gerais são sempre simplificações da realidade). Diz Winnicott, nesse sentido:

> *Nesse tema particular de privação materna e seus resultados, há certas simplificações justificáveis, mas os clínicos ficarão todo o tempo preocupados de que Bowlby tenha supersimplificado o assunto, a fim de demonstrar*

17 Winnicott 1953f, p. 324.
18 Winnicott 1953f, p. 324.

> *um ponto específico através de estatísticas. Provavelmente haveria concordância geral quanto a um enunciado tal qual o de que, para o fim de indagação estatística, simplificações têm de ser feitas, mas isso não faz mal, desde que haja um retorno do simplificado para o complexo antes da construção de novas teorias.*[19]

O trabalho feito por Bowlby, simplificar e agrupar o que ocorre na infância e nas relações de deprivação infantil, não chega a fornecer algo novo, mas pode fazer entender aquilo que já fora enunciado de outras maneiras. No entanto, a situação e a condição humana não são propriamente simplificáveis (como ocorre em todo procedimento estatístico):

> *Não existe nada no que Bowlby escreve que contradiga uma ideia como essa, mas acho necessário que nos recordemos de que a natureza humana é complexa demais para ser avaliada pelo método estatístico; pode-se lidar dessa maneira com certos tipos de doença, particularmente moléstias que são bastante estereotipadas.*[20]

O que Winnicott critica é, pois, o distanciamento de Bowlby da teoria psicanalítica, justamente a teoria que lhe possibilitou ver os fenômenos que ele estava tentando explicar e, então, simplificado a teoria – fato repreensível –, querer enunciar sua própria teoria como uma novidade. Não obstante, todo o trabalho de Bowlby na direção de contribuir de uma maneira ampla (percorrendo o mundo) sobre os problemas relacionados à deprivação, à separação das crianças de suas mães ou seus cuidadores principais, recebe apoio e aplausos de Winnicott.

---

19 Winnicott 1953f, p. 323.

20 Winnicott 1953f, p. 324.

As críticas de psicanalistas ao artigo "Grief and mourning in infancy and early childhood"[21]

"Grief and mourning in infancy and early childhood" é uma continuidade de "Separation Anxiety" (1960), no qual Bowlby analisou o conjunto de respostas ou efeitos que ocorrem numa criança quando separada de sua mãe: *protesto*, *desespero* e *desapego* (como mecanismo de defesa). A hipótese que Bowlby quer defender em "Grief and mourning in infancy and early childhood" é a de que as respostas dos bebês e das crianças à perda de objeto não diferem das dos adultos, como entendemos pelo já descrito em "Luto e melancolia" (Freud); e que elas devem ser entendidas como um conjunto de respostas instintuais passíveis de serem explicadas se considerado o comportamento de outras espécies de animais.

O texto de Winnicott foi publicado na revista *The Psycho-analytic Study of Child* (1960, n. 15) junto com os de Anna Freud, Max Schur e René Spitz, todos discutindo as propostas de Bowlby.

Críticas de Anna Freud

Anna Freud (1960) considera que os dados observados por ela e por Bowlby, junto com suas equipes, são basicamente os mesmos. Os dois ainda compartilham de um mesmo colega, James Robertson, membro importante das duas equipes. Eles divergem, no entanto, no que se refere aos aportes teóricos, às explicações que dão para os fenômenos observados: Bowlby teria se dirigido à compreensão dos determinantes biológicos, enquanto Anna Freud (a psicanálise) se ocuparia muito mais do que ocorre com os efeitos no mundo interno dos acontecimentos do mundo externo (biologia incluso):

21 Bowlby 1960.

> *Não que, como analistas, não compartilhemos o olhar de Bowlby em direção às considerações biológicas e comportamentais. Mas tomados em si mesmos, sem serem colocadas em conjunção com o pensamento metapsicológico, esses dois tipos não atendem às condições dos analisas [condições do pensamento dos analistas]. Como analistas nós não lidamos com a atividade dos impulsos [drives] como tais, mas com as representações mentais desses impulsos. No caso da ligação biológica do Infante com sua mãe, essa representação deve ser reconhecida, eu acredito, na propensão inata da criança em catexizar [investir] libidinalmente os objetos. Igualmente, não tratamos dos acontecimentos do mundo externo como tal, mas com as suas repercussões na mente, ou seja, com a forma como são registradas pela criança.*[22]

Sem recusar uma grande parte das observações e conclusões de Bowlby, colocando-se num tom um tanto conciliatório, Anna Freud não deixa de ser contundente ao comentar que as explicações de Bowlby acabavam por se afastar e desconsiderar o quadro conceitual, o fundamento e o foco do pensamento psicanalítico; reafirmando que a psicanálise teria elementos conceituais mais amplos e complexos do que aqueles que Bowlby descrevera (como a noção de narcisismo, os investimentos libidinais nos objetos, o desenvolvimento do ego), ainda que a distinção entre o comportamento humano e o animal, no que se refere à separação, pudesse ser de alguma serventia. Além disso, Anna Freud se opôs à tese central de que o luto na infância e no mundo adulto teria a mesma dinâmica.

22 Anna Freud 1960, p. 54.

Críticas de Max Schur

Max Schur[23] colocou-se mais enfático, não só criticando o mau uso ou não uso de conceitos fundamentais da psicanálise, mas também avaliou que o uso de conceitos advindos da etologia seria inadequado para compreender os fenômenos que Bowlby estava tentando elucidar, afirmando que os conceitos apresentados estão em total desacordo com a teoria psicanalítica. Ao final de seu artigo, ele apresentou um resumo de sua análise que vale a pena retomar:

> *Permanecendo no âmbito dos conceitos e da terminologia psicanalítica, que são suficientemente amplos para a compreensão [e apresentação] dos problemas pertinentes [à proposta do artigo de Bowlby], Bowlby considerará, justamente, a relação da criança com seu primeiro objeto, a mãe, como uma parte essencial, vital do desenvolvimento [emocional]. Ele, assim, considera a separação da mãe como uma das situações de perigo básicas, e suas observações em parceria com Robertson trazem belas ilustrações desse tema.*

Diante do perigo de separação da mãe, a criança responde com várias gradações de ansiedade. A criança responde à perda atual, temporária ou permanente da mãe, entre outras reações, com vários tipos de depressão.

Bowlby então assume que essa resposta é mais duradoura e tem consequências patológicas mais profundas do que – como ele alega – tem sido assumida, e, no que se refere a essas consequências, ele quer abordá-las em artigos futuros.

A fim de chegar a conclusões que não são "controversas", Bowlby sentiu-se compelido a renovar, mais ou menos, alguns dos conceitos

---

23 Schur 1960.

e formulações mais fundamentais da psicanálise, alcançados nas últimas décadas por reconstrução em análise e por observação direta. Entre esses conceitos básicos, menciono apenas alguns: o desenvolvimento do ego, a interdependência dos instintos (*drives*), a relação do desenvolvimento do ego com o ambiente, a oralidade, o narcisismo, a abordagem metapsicológica do problema da ansiedade e da depressão etc.

> *Bowlby tenta basear essa muito extensa – e, na minha opinião, não construtiva – reformulação em sua aplicação do conceito de instinto advindo da etologia, uma aplicação em que vai muito além das reivindicações feitas pelo próprio Lorenz. Sua aplicação contradiz também todas as evidências acumuladas pela pesquisa sobre o comportamento animal e o desenvolvimento da estrutura humana, que comprovam a importância da aprendizagem para o desenvolvimento das características especificas de cada espécie.*[24]

Os comentários críticos de Schur poderiam indicar uma apreciação duvidosa sobre as propostas de Bowlby, avaliando que elas têm aspectos bons e novos, mas os bons não são novos e os novos não são bons.

Críticas de René Spitz

René Spitz[25] concorda com muitos dos dados observados por Bowlby, mas discorda, sobretudo, das suas escolhas teóricas para abordar esses fatos, que ele avalia às vezes incorretas ou apressadas, ou ainda por demais distantes da metapsicologia psicanalítica. Não deixa de

---

24 Schur 1960, pp. 81-82.

25 Spitz 1960.

haver também diferenças na compreensão descritiva dos fenômenos, mas coloco mais em evidência a diferença irredutível entre as abordagens teóricas desses dois autores. Ao retomar um pequeno trecho do artigo de Spitz, podemos ter uma apreensão mais direta das suas críticas a Bowlby:

> *Trata-se de uma abordagem legítima e, como outros autores da psicanálise, esforcei-me por segui-la no que se refere à parte observacional e descritiva do meu trabalho. Mas, para o propósito da explicação dos fatos em termos da teoria psicanalítica, essa abordagem é inadequada. A descrição do comportamento deve ser combinada com a explicação dos fatos observados do ponto de vista econômico, dinâmico e estrutural: em muitos casos, o ponto de vista tópico e a abordagem genética deveriam ser adicionados.*

Se Bowlby deseja fazer esse tipo de explicação, ele está inteiramente dentro de seus direitos. Todavia, nesses casos ele então deixa de ser uma explicação psicanalítica, e as referências a Freud que Bowlby usa aqui realmente não se aplicam.

> *Se nós examinarmos o artigo de Bowlby do ponto de vista teórico, ele parece ter excluído de suas considerações o princípio estrutural, o ponto de vista dinâmico e os estágios do desenvolvimento que levam ao estabelecimento e ao desdobramento do ego. Longe da observação dos fatos, ele falha ao não levar em conta que, para a formação das relações de objeto, o desenvolvimento do aparelho perceptivo e do funcionamento neuromuscular, por um lado, e o desenvolvimento emocional e a diferenciação do outro, são pré-requisitos. Em seus argumentos, Bowlby toma como garantido que o infante e a criança têm, ambos, a*

> *personalidade bastante comparável com a do adulto; presume-se, assim, que ambos tenham o mesmo tipo de processo de luto que o do adulto quando perdem um objeto amado.*[26]

Spitz termina seus comentários de forma contundente:

> *Ao submeter novas teorias, não devemos violar o princípio de parcimônia na ciência, oferecendo hipóteses que, em contraste com a teoria existente obscurece os fatos passíveis de observação, são simplificados e não fazem nenhuma contribuição para o melhor entendimento dos fenômenos observados.*[27,28]

Nesse cenário, trata-se, pois, de considerar que Spitz reprova a atitude de Bowlby de, ao desconsiderar avanços importantes feitos pela psicanálise, ter optado por um novo modo de teorização que, na verdade, mostra-se insuficiente e mais simplório do que a complexidade que a teoria psicanalítica já havia apresentado ao mundo.

Críticas de Donald Winnicott

Winnicott,[29] em primeiro lugar, aponta o fato de que Bowlby está muito longe de ser o primeiro a identificar os problemas da separação ou da deprivação infantil e seus efeitos patológicos depressivos; e que ele talvez esteja enunciando coisas velhas de um modo novo, o que não deixa de ter o seu valor; e reitera as críticas de seus colegas (Anna Freud, Schur e Spitz), considerando que a maneira como Bowlby refaz a teoria deixa de lado avanços importantes feitos pela psicanálise desde Freud:

---

26 Spitz 1960, p. 91.
27 Beck 1950. Citado por Spitz.
28 Spitz 1960, p. 93.
29 Winnicott 1964h.

> *Parece-me que o dr. Bowlby está falando como se não existisse uma coisa chamada fantasia na primeiríssima infância. Os psicanalistas ficam constantemente surpresos, contudo, em descobrir quanta fantasia existe em uma data inicial. O conflito inconsciente não parece encontrar lugar na psicologia de Bowlby e ele parece não nos conceder espaço para o conceito do objeto que morre e revive dentro do bebê, isto é, no aparelho psíquico, que é alojado pela criança sadia no corpo em funcionamento.*[30]

Além disso, Winnicott julga que Bowlby não foi rigoroso no enunciado da tese principal que sustenta sua proposta, dado que ele tomou como um dado o fato de que um bebê poderia experienciar o luto pela perda de um objeto perdido, dado que o bebê seria imaturo para apreender objetos externos a ele: "O luto implica amadurecimento emocional e saúde. Parecer-me-ia, portanto, que Bowlby não foi cuidadoso no enunciado de sua tese central, da qual depende a totalidade do resto de seu artigo".[31] Ao não considerar que é necessário um amadurecimento, integrações e organizações afetivas e cognitivas para que o bebê chegue a conquistar a possibilidade de sentir-se *um*, separado do outro (apreendendo a si mesmo e ao outro, como *dois*), podendo, então, reconhecer que os objetos com os quais se relaciona, depende, deseja e ama são externos a ele. É justamente por não considerar essa imaturidade que Winnicott também critica Bowlby por não ter dado espaço, na sua teoria, para a consideração dos objetos subjetivos e dos objetos transicionais (ambos caracterizando tipos de relação em que sujeito e objeto não são claramente diferenciados). Mais ainda, opondo-se ao aporte que Bowlby tentou fazer apoiado na etologia, Winnicott considera como muito magros os avanços que

30 Winnicott 1964h, p. 329.

31 Winnicott 1964h, pp. 329-330.

a compreensão do comportamento animal poderia realizar para os conhecimentos teóricos e descritivos já apresentados pela psicanálise:

> *Corro o risco de um dia pensarem em mim como um velho "caturra" e digo achar que, para o analista, a contribuição da etologia é um beco sem saída. Gosto da etologia por causa do que ela nos diz a respeito dos animais, mas considero que Bowlby falhou de modo assinalado em demonstrar como ele aplica suas opiniões dos reflexos infantis iniciais à área de desenvolvimento pelo filme A Two-Year- OId Goes to Hospital. À época em que um bebê está com 1 ano de idade, já sabemos realmente um bocado de coisas sobre ele, e a complexidade dos 2 anos é tremenda, se recordarmos toda a elaboração da fantasia inconsciente e do conflito inconsciente. Considero que quem quer que pretenda acrescentar algo ao que já sabemos das reações de uma criança de 2 anos à perda do objeto deve primeiro demonstrar que sabe o que é fazer a análise de uma criança dessa idade ou da criança de 2 anos que existe cm qualquer paciente, de qualquer idade. . . . A questão que Bowlby está examinando é tão mais rica do que ele parece sugerir que temo que possamos perder de vista tudo aquilo que a reação à perda pode significar por nos engajarmos em alguma controvérsia a respeito de corvos ou patinhos.*[32]

Para Winnicott, Bowlby parece apoiar toda a sua proposta de reformulação da teoria psicanalítica e sua crítica à teoria das pulsões, crítica à metapsicologia freudiana, na suposição de que aquilo que os etólogos descobriram como mecanismo do *imprint* (impulso ou comportamento animal, determinado parcial ou totalmente pela

32 Winnicott 1964h, pp. 327-328.

biologia hereditária da espécie) poderia ser projetado, ainda que parcialmente, para o homem: a teoria do apego seria, nesse sentido, nada mais do que a teoria do *imprint* humano no que se refere aos impulsos instintuais, determinados biologicamente, em direção e na relação com o outro. Diz Winnicott, em 1966, no seu artigo "Os Elementos Masculinos e Femininos Ex-cindidos [*split-off*] Encontrados em Homens e Mulheres":

> *Também é preciso recordar o uso da palavra "instinto", que vem da etologia; entretanto, duvido muito que o imprint tenha qualquer efeito sobre o recém-nascido humano. Aproveito para dizer que acredito que o tema do imprint, como um todo, é irrelevante para o estudo da relação de objeto inicial entre os bebês humanos. Certamente não tem qualquer relação com o trauma da separação aos 2 anos de idade, o momento exato em que a relação de objeto adquire enorme importância.*[33]

Nesse artigo, Winnicott coloca em evidência os princípios fundamentais do ser humano, distinguindo o que vai denominar *elemento feminino puro* (relacionado à atividade de *ser*, como uma ação que também se refere a uma criatividade originária, como modo de ser essencial da espécie humana) e *elemento masculino puro* (relacionado a todo tipo de *fazer*, seja ativo, seja passivo, nas relações com o mundo): *ser* e *fazer*. Ele diz, então, que os impulsos primitivos do ser humano não podem ser redutíveis às pressões ou excitações corporais ou instintuais, sendo categórico em afirmar que esses impulsos fundamentais, em especial a necessidade de ser, nada têm a ver com a noção de *imprint* (trata-se de uma outra ontologia, outra epistemologia para compreender o ser humano).

---

33 Winnicott 1971va, p. 140.

Na discussão sobre "Grief and mourning in infancy and early childhood", Winnicott foi tão enfático quanto no artigo de 1966, afirmando que não vê como essa proposta (advinda da etologia) poderia ser útil:

> *Quero dizer que tentei atualmente utilizar essas ideias em meu trabalho analítico e não consegui ver como elas o afetam, mesmo quando se trata de adultos regredidos à dependência infantil (que encaro como sendo o melhor material para observações a respeito dos fenômenos da primeira infância e do cuidado de bebês).*[34]

Um ponto que causa grande incômodo a Winnicott é o fato de que Bowlby quer apresentar algo novo, algo que *ultrapasse* a teoria psicanalítica de seu tempo, mas reconhece que o trabalho de Bowlby fez um bem à sociedade:

> *O dr. Bowlby, contudo, parece estar ansioso por mostrar onde é que ele suplanta os escritores analíticos anteriores, e é aqui que o acho inconvincente. É uma pena, porque o dr. Bowlby tem algumas coisas importantes a contribuir. Nunca me canso de enunciar e reenunciar o fato de que a sua propaganda em favor da evitação de rompimentos desnecessários no relacionamento mãe-bebê deu a volta ao mundo, embora ache também que o elemento de propaganda necessário conduziu a uma moda no cuidado infantil e às inevitáveis reações que seguem a propaganda e a conversão excessiva.*[35]

34 Winnicott 1964h, p. 327.

35 Winnicott 1964h, p. 326.

Os efeitos das críticas a Bowlby no tempo de Bowlby

De um modo geral, todos esses analistas citados – expoentes significativos da produção de conhecimento na psicanálise em geral e do cuidado profilático e curativo das crianças na sua primeira infância, em particular – criticaram Bowlby por: 1. ter simplificado em demasia os instrumentos teóricos da psicanálise (como a noção de narcisismo infantil e de fantasia inconsciente infantil) e se afastado das contribuições metapsicológicas estruturais do pensamento psicanalítico; 2. não ter considerado a imaturidade da criança para apreender objetos externos, o que também significa não ter considerado o processo de desenvolvimento do ego e dos mecanismos de defesa infantil; 3. ter considerado a importância do ambiente e dos fatos externos sem retornar a sua preocupação e seu entendimento ao mundo interno da criança; 4. ter inserido noções da etologia, sem ter dados fenomenológicos que justificassem essa inclusão (inclusive, foi criticado por ter feito uma expansão de aplicabilidade conceitual que não estava no horizonte das propostas dos etólogos).

Esse cenário extremamente difícil para Bowlby gerou a sua quase exclusão do movimento psicanalítico, como afirma Palombo:

> *A ruptura criada por essas diferenças fundamentais em relação às explicações psicanalíticas de apego e perda inicialmente levou seus colegas a considerá-lo como um inconformista. Eles o evitavam em reuniões profissionais e alguns colegas o viam como um herege que estava traindo sua lealdade à psicanálise. Eventualmente, sua resposta foi excluir-se da comunidade psicanalítica, apesar de seu profundo envolvimento em Tavistock. O efeito foi que seu trabalho foi excluído da corrente principal da psicanálise por décadas apenas para ganhar reconhecimento para o final de sua vida.*[36]

36 Palombo *et al.* 2010, p. 290.

Desenvolvimentos e usos da teoria do apego no campo da psicanálise

Apesar desse cenário crítico, a teoria do apego encontrou um caminho próprio para seu desenvolvimento, acabando por se estabelecer atualmente como uma perspectiva de destaque para a compreensão da vida afetiva socioemocional do ser humano. Primeiro, ressalta-se os desenvolvimentos que tornaram possível consolidar essa perspectiva como um campo da psicologia científica, com um amplo conjunto de referências empírico experimentais: nessa direção, destaca-se a contribuição de Mary Main Ainsworth,[37] que aprofundou a possibilidade de compreensão e classificação dos tipos de apego ao longo do processo de desenvolvimento emocional, com o desenvolvimento de quadros empíricos controlados para a observação de comportamentos de apego em diversas idades ou períodos do desenvolvimento. Encontramos, assim, a consolidação da teoria do apego como uma perspectiva teórico-semântica com um quadro próprio e independente das outras perspectivas da psicologia e da psicanálise.[38]

Nessa direção, cabe ainda ressaltar a referência à teoria do apego (ao lado da psicanálise e de outros saberes) nas pesquisas desenvolvidas por Daniel Stern[39] dedicadas à compreensão do bebê e seus primeiros anos de vida, à constelação familiar e às interações que intervêm no desenvolvimento emocional e cognitivo do ser humano. Na continuidade de suas pesquisas, os trabalhos de Beatrice Beebe reiteram a importância da teoria do apego, usando-a para apreensão, sistematização e relacionamento de dados empíricos advindos de observações tanto naturais quanto de experimentos dedicados à

---

37 Cf. uma análise de Wallin 2007 sobre as contribuições de Ainsworth.

38 Cassidy & Shaver 2008; Guédeney & Guédeney 2016; Guédeney & Guédeney 2009; Wallin 2007.

39 Cf. Stern 1985/1992; 1977/2002; 2004; e Stern & Bruschweiler-Stern 1988.

compreensão das relações iniciais mãe-bebê; a ponto de ter escrito o livro *The origins of attachment*.[40]

Como campo de pesquisa e prática clínica, os estudos atuais sobre o período perinatal[41] têm sido feito com o uso significativo da teoria do apego. A perinatalidade se refere ao período que vai da origem até o primeiro ou segundo ano de vida, como desenvolvimentos significativos em diversos países, há propostas teórico-clínicas de abordagem e cuidado que estão solidamente compostas por uma articulação entre a teoria do apego e as teorias psicanalíticas: na Itália, a *psicologia perinatal*.[42]

No início, os psicanalistas reagiram recusando a teoria do apego porque ela era avaliada como uma proposta que *não* estava de acordo com a psicanálise – aliás, Bowlby foi criticado por recusar certos fundamentos da psicanálise, como a teoria das pulsões, as noções de inconsciente, de fantasia e da sexualidade – mas, com o desenvolvimento da teoria do apego (no que se refere a sua aplicabilidade e seus modos de pesquisa e comprovação empírica) sobretudo no campo da perinatalidade, ocorreram novas tentativas de reaproximação e composição. Uma das formulações que parece ser um ponto de partida, ou constatação, é a de que a teoria psicanalítica (tanto em termos teóricos como práticos) teria algumas dificuldades em apreender, descrever, entender e agir sobre o campo da perinatalidade, exigindo-se, assim, outros instrumentos e, assim, a teoria do apego seria teoricamente mais adequada para esse campo.

---

40 Beebe & Lachmann 2014.

41 "A primeira cadeira de PPN foi fundada na Inglaterra nos anos 1980, primeiramente ocupada por R. C. Kumar, tendo seu primeiro colóquio internacional em Mônaco, em 1996, por iniciativa de Ph. Mazet e S. Lebovici" (Golse 2014a, p. 255).

42 Imbasciati & Cena 2018; Imbasciati, Dabrassi & Cena 2007; na França, a *psicopatologia perinatal* (Alvarez & Golse 2008; Golse 1998; 1999; 2019; Missonnier 2009; Missonnier *et al.* 2012).

Apesar da cisão e do distanciamento estabelecidos inicialmente entre as teorias psicanalíticas e a teoria do apego, essa dissociação tem sido reconsiderada e alguns autores têm proposto, então, integrar essas perspectivas, entre eles, para citar apenas duas dessas propostas, temos: Peter Fonagy,[43] Luis Alvarez e Bernard Golse,[44] Sylvain Missonnier,[45] com a proposta de uma *psicopatologia perinatal*, e Antonio Imbasciati,[46] com a proposta de uma psicologia perinatal que insere a teoria do apego na construção desses campos específicos de pesquisa e teorização.

A avaliação crítica dessas perspectivas atuais nos levaria mais longe do que estou pretendendo, então procuro, agora, focar minha atenção apenas nas críticas atuais dos psicanalistas à teoria do apego. Para isso, dividirei os comentários analítico-críticos em duas partes: primeiro, retomar a proposta de Peter Fonagy, que propõe integrar a teoria psicanalítica com a teoria do apego, defendendo que há conjunção e não cisão entre elas; depois, retomar as análises críticas de Claire Squires[47] e as de Alvarez & Golse.[48]

Peter Fonagy: convergências e divergências entre a teoria do apego e a teoria psicanalítica

A proposta de recompor a teoria do apego com a teoria psicanalítica tem Peter Fonagy como seu principal autor. A ele se referem todos os que se colocaram com o mesmo objetivo. Aprofundando essa perspectiva e procurando especificamente compor a teoria do apego com a teoria de Melanie Klein, pode-se citar, ainda, trabalhos como os de

43 Cf. Fonagy 2007/2205; Wallin 2007.

44 Alvarez & Golse 2008.

45 Missonnier 2012.

46 Imbasciati & Cena 2018; Imbasciati *et al.* 2018.

47 Squires 2000.

48 Alvarez & Golse 2008.

Lieberman (1991) e Seligman (1999). Ocupo-me, aqui, no entanto, não da análise completa dessas propostas, mas apenas de mostrar o quadro no qual Fonagy propôs a composição dessas perspectivas e, ao final, como acabou desenvolvendo uma perspectiva própria que não está delimitada ao campo da teoria do apego nem ao da psicanálise, mas corresponde a uma nova proposta na qual articulou essas perspectivas e produziu algo que é distinto das duas, ou mesmo da simples soma das duas, mas apresenta uma perspectiva teórico-semântico-prática própria (*Mentalization Based Treatment*).

Um dos elogios feitos à proposta de Fonagy é o de que ela não procura, artificialmente e a todo custo, um consenso entre as propostas da teoria do apego e da teoria psicanalítica, mas indica pontos de contato e de divergências entre elas:

> *com conhecimento verdadeiro tanto da psicanálise quanto da teoria do apego, Fonagy estabelece pacientemente sob que condições a teoria do apego pode se aproveitar das críticas dos psicanalistas e vice-versa, a teoria psicanalítica pode se beneficiar das propostas dos adeptos da teoria do apego.*[49]

Peter Fonagy tem a convicção de que a teoria psicanalítica (centrada na teoria das pulsões, das relações de objeto, fantasias, desejos, sexualidade infantil, Édipo) e a teoria do apego (impulso para o outro como motivação primária, base segura, tipos de apego, modelos internos operantes) são duas variantes convergentes e complementares de uma mesma teorização psicanalítica. Assim, Fonagy procura mostrar que a teoria do apego não excluiu totalmente a questão da representação mental, a questão das determinações inconscientes etc., e que seus aportes clínicos são úteis para a compreensão das relações

49 Missonnier 2017, pp. IV-V.

iniciais (campo da perinatalidade), contribuindo também para uma compreensão mais plena de uma teoria psicanalítica do desenvolvimento emocional; em contrapartida, Fonagy procura mostrar que os psicanalistas (Anna Freud, Erik Erikson e até mesmo Melanie Klein) já teriam se referido ao apego (ainda que usando outras terminologias, mas descrevendo os mesmos fenômenos que Bowlby).[50]

Fonagy não faz uma distinção entre os conceitos que fazem parte das construções auxiliares especulativas – ou seja, a metapsicologia –, e os conceitos que têm referentes empíricos adequados na realidade fenomênica,[51] o que talvez pudesse fazê-lo distinguir quando Freud e Bowlby estão falando sobre os mesmos fenômenos (a relação mãe-bebê, os desejos, a sexualidade infantil) e quando estão se referindo a conceitos que são, na verdade, apenas instrumentos (as pulsões, o apego como impulso para a sobrevivência da espécie). Nesse sentido, teríamos uma metapsicologia do apego e uma metapsicologia das pulsões como dois instrumentos; e do mesmo modo que não é possível compor instrumentos sem desfigurar sua natureza (não é possível fazer a síntese entre um alicate e uma chave de fenda), não é possível compor essas metapsicologias!

Essas aproximações e relações podem ser discutidas, seja em termos epistemológicos ou metodológicos, seja em termos empírico-descritivos, mas não é esse o ponto que quero ressaltar, trata-se, aqui apenas de colocar em evidência essa atualidade das propostas de compreensão, junção e/ou distanciamento dessas teorias.[52]

---

50 Aproximar esses psicanalistas da teoria do apego, porque aparentemente estariam falando sobre o mesmo fenômeno, não é um procedimento seguro epistemológica e metodologicamente falando (teríamos que considerar que Espinosa, Nietzsche, Heidegger, behavioristas, cognitivistas, junguianos etc., ao se referirem às relações humanas, estariam também se referido à teoria do apego!).

51 Cf. Fulgencio 2005.

52 Cf. Fonagy 2017.

Peter Fonagy, nos seus desenvolvimentos, propôs uma nova perspectiva teórico-clínica, um novo método de tratamento psicoterápico, centrado na ideia ou no processo de mentalização (*Mentalization Based Treatment*), uma proposta em que ele, em articulação com outros autores, propõe uma perspectiva que tem contribuições da psicanálise, da teoria do apego, mas vai além, na enunciação de uma nova perspectiva teórico-prática psicoterápica, de uma perspectiva que tem, por sua vez, a sua própria semântica, como fica explícito no manual *Handbook of mentalizing in mental health practice.*[53]

Voltemos, no entanto, ao campo de análise da relação conflituosa entre as propostas e concepções da psicanálise com as da teoria do apego, bem como algumas junções dessas perspectivas.

Claire Squires: sexualidade infantil e apego

A teoria do apego, direta ou indiretamente, recolocou a questão do lugar e da importância da sexualidade no processo de desenvolvimento e da constituição da vida emocional e relacional do ser humano e, nesse sentido, pôs para a psicanálise (que havia, desde Freud, colocado a sexualidade como uma experiência central, constituinte e inicial da vida psíquica de todo ser humano) um problema sobre o qual ainda há debates em desenvolvimento. O livro *Sexualité Infantile et Attachment* (2000), com a presença de diversos autores importantes no cenário psicanalítico internacional (Daniel Widlöcher, Jean Laplanche, Peter Fonagy, Dominique Scarfone, Pierre Fédida, Jacques André e Claire Squires), ocupou-se de retomar o problema, fazendo a seguinte apresentação de seu propósito:

> *A ideia desta obra nasceu do debate provado pelas novas proposições formuladas por Daniel Widlöcher sobre um tema de permanente interrogação na teoria e na prática*

53 Allen, Fonagy & Bateman 2008.

> *psicanalíticas: quais são as parcelas correspondentes que cabem, respectivamente, à sexualidade infantil e ao apego – ou amor primário, caso prefira-se o termo de Balint ou de Bowlby – na construção da vida psíquica, como também nas formas patológicas que ela pode tomar?*[54]

Entre os diversos autores que se debruçaram nesse diálogo, o capítulo de Claire Squires tem um interesse histórico e epistemológico mais de acordo com os meus objetivos neste Apêndice, dado que ao retomar criticamente quais são os aspectos gerais da teoria do apego ela também aponta para uma avaliação crítica dos psicanalistas em relação aos limites dessa teoria.

Squires faz, então, uma caracterização geral do que propõe a teoria do apego:

> *Em 1957, Bowlby pôde esboçar as bases de sua teoria do apego, fazendo a hipótese de que esse comportamento é composto por reações instintivas relativamente independentes umas das outras. Essas reações servem para unir a criança à mãe, contribuindo para o dinamismo recíproco de seu relacionamento. Essas reações são, portanto, inatas e fazem parte de uma perspectiva evolucionista voltada para a conservação das espécies, visando à sobrevivência do indivíduo. O comportamento de apego é, portanto, o primeiro e faz parte de uma espiral interativa desde o início. As ligações são imediatamente recíprocas, uma vez que a criança procura estimular o comportamento materno pelo olhar. A criança segue os olhos da mãe, sorri para ela, chama-a com suas lágrimas e choros, se aninha nela, como o pequeno macaco se agarra nos pelos e seios da sua mãe. Bowlby*

54 Widlöcher *et al.* 2000, Apresentação.

> *insiste no caráter social primário desse contato, que não é necessariamente a procura pelo alimento. Todos esses cinco padrões de comportamento instintivo, descritos a seguir, são chamados de comportamento de apego: chupar, agarrar, seguir a mãe, chorar, sorrir. Eles se integram e se centram na imagem materna.*[55]

Depois de seguir aprofundando sua apresentação dessas características, e finalizando seu texto com uma ampla lista de pesquisas e resultados atuais sobre a teoria do apego e do apego como fenômeno, Squires também apontou uma série de problemas conceituais no diálogo com aquilo que a psicanálise propusera para compreensão da vida psíquica, a saber:

1. Bowlby colocou a sexualidade em segundo plano:

> *Insistindo na dimensão da segurança que a mãe, enquanto parte do casal parental, fornece, Bowlby critica indiretamente a ênfase que Freud deu à sexualidade no estabelecimento dos vínculos, considerando-a redutora. Assim, Bowlby silencia sobre a complexidade desse vínculo, negando seu caráter erótico e ambivalente, ocultando as fantasias inconscientes.*[56]

2. Bowlby coloca em primeiro plano as ligações sociais da criança (a sobrevivência como valor primário), considerando que a criança funcionaria como um mecanismo cibernético (como um ar-condicionado) em busca da estabilidade (vínculo-segurança), mas isso exclui ou diminui de forma radical o valor e a importância dos investimentos libidinais e, por sua vez, exclui todo o processo de desenvolvimento da vida libidinal ou sexual (como

55 Squires 2000, p. 205.

56 Squires 2000, pp. 207-208.

Freud estruturou nos *Três ensaios sobre a sexualidade*): "Afastando-se das teorias pulsionais, Bowlby recusa, por outro lado, a noção de estágios determinados pelas fixações da libido em certas zonas corporais erógenas".[57] Nessa direção, considerando que a obra de Klein reformula quais são as dinâmicas de administração da vida libidinal tanto na criança como no adulto (descrevendo as posições esquizo-paranoide e depressiva), nas suas relações com o mundo, Bowlby também teria se afastado do contexto kleiniano que marcou, inclusive, a sua formação como analista. Em resumo: "Bowlby, silenciando a fantasia da criança, não teria tendência a esquecer da sexualidade?";[58] ou ainda, na mesma direção, "Optando por falar de esquemas de comportamento, Bowlby foi levado a focalizar, em particular, os vínculos da criança, deixando de lado, como vimos, a dimensão inconsciente e libidinal [desses vínculos]".[59]

3. Squires retoma a crítica de Green, que considera que a criança observada pelos teóricos da teoria do apego não é a mesma que é observada pela psicanálise – "André Green opôs a criança 'real', observada pelos psicólogos experimentais, à criança 'verdadeira' dos psicanalistas, sublinhando que a observação direta do comportamento da criança corria o risco de externalizar sua vida psíquica"[60,61] –, mostrando que diversos psicanalistas (Anna Freud, Donald Winnicott, Jean Laplanche, Daniel Widlöcher, Serge Lebovici) jamais teriam feito este tipo de *traição*: "Os psicanalistas franceses não parecem jamais estar dispostos a renunciar ao sistema pulsional da criança construindo os vínculos com o objeto,

57 Squires 2000, pp. 210-211.
58 Squires 2000, p. 211.
59 Squires 2000, p. 215.
60 Green 1992. Citado por Squire.
61 Squires 2000, p. 201.

nem à elaboração das representações e das fantasias na dialética entre mundo interno e meio ambiente".[62]

4. Certamente, reconhecendo os resultados de diversas pesquisas, na tentativa de caracterizar e diferenciar os *tipos de apego* (especialmente os feitos por Mary Main e Patricia Crittenden) – que muitos criticam serem rígidos e, ainda, construídos com base em dispositivos empíricos difíceis de realizar e/ou pouco sistematizados ou sistematizáveis –, esses "modelos de apego" acabam sendo reduzidos à díade mãe-bebê, tendo sido muito criticados e, às vezes, também considerados não muito realistas: "Essa imagem dual parece pouco realista nos países industrializados onde as crianças são frequentemente cuidadas por terceiros, tendendo, assim, a minimizar a tríade pai-mãe-criança".[63] Ao final de sua análise, Squires reitera a crítica de diversos psicanalistas:

> *Por fim, a concepção de esquemas de apego não dá lugar à sexualidade no desenvolvimento das trocas precoces, nem se refere à vida fantasmática masculina ou feminina dos pais, confunde conscientemente os termos de pulsão e instinto, acentua a intersubjetividade em detrimento do nascimento da vida intrapsíquica da criança pequena.*[64]

5. A postura dos que defendem a teoria do apego parece focar sua observação, entendimento e descrição dos fenômenos naquilo que poderia ser objetivamente observado.
6. Bowlby não teria dado atenção suficiente à distinção entre o apego da criança com o pai e a mãe, e teria deixado de lado a consideração da história pessoal, emocional, dos pais.

62 Squires 2000, p. 201.
63 Squires 2000, p. 202.
64 Squires 2000, p. 202.

Ainda que existam muitas tentativas de reinserir a teoria do apego no quadro do desenvolvimento da teoria psicanalítica atual, creio que essas críticas têm mostrado que há grandes dificuldades de serem ultrapassadas, ao mesmo tempo que, como mostro a seguir, há propostas efetivas de comunicação e articulação de partes da teoria numa e noutra perspectiva.

Daniel Stern: a aplicabilidade da teoria do apego na observação e no cuidado de bebês e da primeira infância

Daniel Stern, nos seus estudos sobre as primeiras relações,[65] a constelação materna,[66] o nascimento da mãe[67] e o desenvolvimento do *self*,[68] compõe dados advindos da observação objetiva (psicologia do desenvolvimento) com os advindos da clínica (psicanalítica), tem sido considerado como uma das mais importantes perspectivas desenvolvimentistas construídas com a participação da teoria psicanalítica (agregando contribuições de Freud, Spitz, Erikson, Winnicott, Mahler, com ênfase nesse último), apresentado um conjunto de pesquisas e dados (muitos deles obtidos por meio de construtos empíricos estáveis e controlados, especialmente o uso do método da microfilmagem da relação mãe-bebê, com a obtenção de dados considerados, assim, objetivos e confiáveis), também se apoiou na teoria do apego para fazer suas proposições, especialmente na maneira de usar a noção de "modelos internos funcionais" como algo que acaba por se referir ao mundo subjetivo do bebê.[69] O que procuro indicar é apenas o fato de que Stern operou um tipo de junção, reconhecendo a importância

65 Stern 1977/2002.

66 Stern 1995/1997.

67 Stern & Bruschweiler-Stern 1998.

68 Stern 1985/1992.

69 Stern 1985/1992, pp. 101-102.

das propostas de Bowlby, agregando-o na sua compreensão psicanalítica do desenvolvimento do *self*. Diz Stern, nesse sentido:

> *A maioria dos teóricos do apego, talvez em virtude de sua fundamentação na psicologia acadêmica, tem sido lenta para assimilar a noção de Bowlby de que embora o apego seja uma perspectiva em relação à evolução, à espécie e à díade individual, ele é também uma perspectiva em relação à experiência subjetiva do bebê na forma do seu modelo funcional de mãe. Só recentemente os pesquisadores voltaram sua atenção para a noção de Bowlby sobre o modelo funcional da mãe na mente do bebê. Atualmente, vários pesquisadores estão buscando ir mais além para tornar o construto do apego significativo no nível da experiência subjetiva do bebê.*[70]

Para Stern, em termos ontológicos, há uma grande concordância com Bowlby, dado que ele considera que é a *sobrevivência* (e uma tendência para a organização) o impulso e o objetivo estrutural do ser humano e, portanto, da sua vida psíquica:

> *Falando teleologicamente, suponho que a natureza, no curso da evolução, criou várias maneiras de assegurar a sobrevivência através de associações grupais em espécies sociais. A etologia e a teoria do apego nos informaram sobre os padrões de comportamento que servem para assegurar os entrelaçamentos físicos e psicológicos dos indivíduos que aumentam a sobrevivência.*[71]

---

70 Stern 1985/1992, pp. 19-20.

71 Stern 1985/1992, p. 121.

Ainda que Stern agregue a perspectiva psicanalítica (especialmente de Klein e Mahler) e concepções da psicologia do desenvolvimento (especialmente de Piaget e Vygotsky), colocando-as a serviço de seu objetivo que é descrever como um bebê chega a ser uma pessoa adulta, colocando o *self* e seu desenvolvimento como um princípio organizador do seu pensamento, a sua ontologia menciona o que supõe a de Bowlby: o homem é mais um ser vivo obedecendo aos princípios universais darwinianos do desenvolvimento das espécies.

Antonio Imbasciati e a teoria do apego na psicologia perinatal

Antonio Imbasciati dedica-se a compreender o surgimento da mente no processo de desenvolvimento do ser humano, numa análise crítico-histórica do modelo naturalista da metapsicologia freudiana, tem proposto já há longos anos a necessidade de a psicanálise modificar sua teoria para poder incluir os avanços científicos da atualidade, sobretudo os das neurociências.[72] Ele também é o responsável pela fundação de uma perspectiva teórico-clínica de pesquisa e atuação, um campo específico da ciência denominado *psicologia perinatal*:

> *Em essência, a Psicologia Perinatal é uma Psicanálise Clínica Perinatal Centrada em Bebês, que se refere à prevenção e considera como objeto de seu cuidado não somente [os aspectos] primário[s], mas se coloca como um meio fundamental para o cuidado indispensável da criança. Essa "Psicologia Clínica Perinatal" pode ser considerada fundada na Itália com essa denominação em 2006, em Brescia, por minha iniciativa e pelo interesse de meus colaboradores, por uma Convenção Nacional Homônima,*

72 Cf. Fulgencio 2018; Imbasciati 2010; 2011; 2013.

> *cujo primeiro volume foi publicado em 2007, contendo exatamente esse título.*[73]

Essa psicologia perinatal tem como componente significativo a teoria do apego, que Imbasciati considera como uma alternativa à metapsicologia freudiana (que pensa o ser humano em termos de energias e forças), sem que isso signifique, por sua vez, o abandono de fundamentos centrais do pensamento psicanalítico (como o inconsciente, a sexualidade infantil, o complexo de Édipo etc.). Imbasciati considera, então, que a teoria do apego não se opôs propriamente à teoria psicanalítica, mas tem, atualmente, uma recomposição e uma contribuição para o desenvolvimento da psicanálise como ciência:

> *A psicanálise atual (Ammaniti & Stern 1992; Fonagy 2001) compartilha da suposição fundamental da teoria do apego, para a qual a relação criança-genitor é baseada não nas necessidades físicas, mas nas necessidades de relação. Na psicanálise atual a necessidade de relação é encontrada na expressão de diferentes autores, como o "amor primário" (Balint 1952), "busca do objeto" (Fairbairn 1952), "relações do ego" (Winnicott 1965m), "relações pessoais" (Guntrip 1961). Dentro da escola inglesa, existe uma certa variabilidade em torno do conceito de relação: Balint e Winnicott o consideram um conceito primário, Fairbairn e Guntrip, uma necessidade primária de organização psíquica; esse ponto de vista também é compartilhado por Kernberg (1976), segundo a qual o self se desenvolve como parte de uma relação, através de processos de interiorização (introjeção, identificação, identidade do ego); a busca*

73 Imbasciati 2019, p. 43.

> *pela proximidade da teoria do apego também pode ser comparada ao conceito de necessidade, ou melhor, à necessidade de contenção descrita por Bion (1967).*[74]

Há, pois, para Imbasciati, um compartilhar de concepções (da psicanálise com a teoria do apego) referindo-se ao modo como se apreendem e se descrevem as relações objetais, principalmente depois que a teoria do apego acrescentou novas concepções (como a de modelos internos operantes) que possibilitam reinserir no quadro teórico-epistemológico da teoria do apego as concepções de fantasia, de inconsciente e da própria importância da sexualidade.

Bernard Golse e a teoria do apego na psicopatologia perinatal

O campo da perinatalidade, no que se refere aos cuidados de natureza psicoemocional, surge na Inglaterra, por volta dos anos 1970, com a psiquiatria perinatal,[75] ramificando-se de diversas maneiras, dentre elas duas propostas com a presença central da psicanálise, uma na França (a psicopatologia perinatal) e outra na Itália (a psicologia perinatal).

Alvarez e Golse, na França, responsáveis pela proposta da criação de uma área específica dos cuidados com a primeira infância, afirmam:

> *A abordagem clínica relativa ao bebê no domínio da Psiquiatria é legitimada pela base científica da Psicopatologia Perinatal (PPN), que se desenvolveu nas interfases da Psicanálise, da teoria do apego, das Neurociências e da Antropologia. Ao longo dos anos de 1970, a PPN emerge no panorama de saúde pública e social da primeira*

74 Cena & Imbasciati 2010, p. 46.

75 Brockington 1996; Kumar & Robson 1984.

> *infância como sendo um ponto de convergência entre os responsáveis pelos cuidados a dar aos pais e pelos que cuidam das crianças, entre os agentes responsáveis pelo tratamento e cuidados médicos e os atores sociais, segundo um procedimento conhecido por transdisciplinaridade . . . Por fim, a PPN remete para uma leitura referente ao desenvolvimento da construção de um ser humano. Esse vasto campo epistemológico permite o reconhecimento da grande complexidade que é o desenvolvimento de um bebê humano e exige, ao mesmo tempo, que observemos meticulosamente cada bebê, na sua individualidade psíquico-somática; do lugar que ele ocupa na sua família e no psiquismo dos seus pais, bem como do seu funcionamento mental e das interações de que eles são coautores.*[76]

Há na proposta da PPN, pois, uma articulação que, necessariamente, tenta compor a teoria psicanalítica (no seu mais amplo espectro histórico) e a teoria do apego; Golse, já apoiado em Didier Anzieu (*Le Moi-peau*, 1985)[77] propõe que se considere uma pulsão de *attachment*

---

76 Alvarez & Golse 2008, Introdução.

77 Anzieu, retomando a compreensão de Freud na diferenciação de diversos tipos de pulsões, considera haver uma pulsão de apego, reconhecendo na sua formulação muito mais uma hipótese de trabalho do que uma referência a um fato: "Como sabemos, as concepções de Freud sobre a pulsão variaram. Ele sucessivamente opôs as pulsões da autopreservação às sexuais, depois a libido do objeto à libido do Eu, finalmente as pulsões de vida às de morte. Ele hesitou na maneira de articular a pulsão com o princípio da constância e depois com o princípio da inércia ou do Nirvana. Ele sempre manteve os quatro parâmetros da pulsão (a fonte, a pressão, a meta, o objeto), mas também sempre repetiu que a lista de pulsões não estava fechada e que poderíamos descobrir novas. Isso me permite levar em consideração uma pulsão de apego [*attachment*] (de acordo com Bowlby) ou de agarrar (de acordo com Hermann), não como algo comprovado, mas como uma hipótese de trabalho útil. Se tivesse que localizar a todo custo em relação às classificações freudianas, preferiria relacioná-la às pulsões de autopreservação" (Anzieu 1985/1995, p. 34).

como uma maneira de tentar articular a teoria das pulsões com a teoria do apego (Golse 2004). Essa composição, que caracteriza a PPN na sua articulação com a teoria do apego, é analisada por Alvarez e Golse, retomando alguns aspectos críticos importantes, que teriam sido, ao longo do desenvolvimento das teorias, mais ou menos ultrapassados:

1. a crítica à teoria do apego, por, biologizando as determinações relacionais, excluir a representação mental, teria sido superada[78] com a introdução na teoria do apego, dos "modelos internos operantes" (*Working Internal Models*);
2. a crítica de que a teoria do apego também teria eliminado a questão do afeto, no entanto, a noção de "modelos internos operantes" seria um tipo de representação mais ou menos inconsciente que compõe aspectos cognitivos e afetivos. Alvarez e Golse comentam, nesse sentido:

> *Podemos dizer hoje que há dois elementos que permitiram que a reintrodução da representação mental no seio da teoria de afeto: por um lado, temos a conceptualização dos "modelos internos operantes" de que acabamos de falar, por outro lado, a problemática da capacidade de narração (M. Main) que pressupõe uma ligação entre a natureza dos planos de afeto precoce e as características do discurso verbal ulterior de um sujeito, no plano, essencialmente, da sua enunciação (fluidez, coerência...);*[79]

3. uma crítica quanto ao estatuto do outro como possível de ser pensado no quadro das relações de objeto, como faz a psicanálise, dado que na teoria do afeto o objeto, por assim dizer, está sempre

78 Especialmente os trabalhos de Bretherton 1991; 1992; 2000; 2003.
79 Alvarez & Golse 2008, p. 120.

lá, enquanto na psicanálise a questão do desejo (ou fantasia) do objeto que não está lá ("falta do objeto") é um elemento fundamental. Ao comentarem como isso teria sido superado, Alvarez e Golse dizem:

> *É pela experiência dos seus "modelos internos operantes" e das suas "representações de ação generalizadas" (D. Stern) que o bebê vai, assim, avaliar o objeto que ele encontra nas suas interações presentes, e se esse objeto diferir muito das suas expectativas, o bebê vai deparar-se com a introdução da concepção de uma terceira entidade por meio da construção de uma hipótese sobre "o outro do objeto" (A. Green), fundamental elaboração estruturante, e isso, muito mais do que a simples referência da ausência e da presença [do objeto].*[80]

4. o problema da distinção e da hierarquização da importância da sexualidade e do apego, que, retomando a posição de Widlöcher (considerando essa discussão como a que se oporia à escola de Vienna e à escola Inglesa de psicanálise, opondo um amor primário a um amor já sexualizado) seria o mesmo debate colocado em outros termos: "Esse debate, não tendo acontecido no seu tempo, mantém-se ainda no momento atual e ainda ouvimos dizer, aqui e ali, que o afeto rejeita o sexual e a sexualidade infantil".[81]

Analisando de maneira mais conclusiva esse cenário, Alvarez e Golse – apoiados em autores como Anzieu, Fonagy e eles próprios – acabam por considerar que "a teoria do apego se situa claramente num registro *intrapessoal*, enquanto a metapsicologia [psicanalítica] se situa, essencialmente, no registro *intrapsíquico*, distinção que torna

80 Alvarez & Golse 2008, pp. 120-121.

81 Alvarez & Golse 2008, p. 121.

impossível sobrepor [*rebater*] uma sobre a outra";[82] e, ao final, sem deixar de reconhecer que ocorreram avanços científicos, na compreensão das relações inter-humanas, proporcionados pela teoria do apego, eles também não deixam de apontar seus limites:

> *Sublinhemos, por fim, que, se a teoria do apego representa incontestavelmente uma descoberta fundamental no campo da Psicologia do desenvolvimento precoce, essa teoria atualmente ainda não desemboca numa nova nosologia e as "terapias do apego" que surgiram desde então, aqui e ali, ainda se encontram marcadas por uma perspectiva corretiva ou reparadora, um tanto quanto simplista e redutora.*[83]

Caberia, ainda, visitarmos os comentários de Golse e Moro no livro *Le développement psychique précoce: de la conception au langage* (2014), em que a psicanálise, a teoria do apego e a clínica transcultural são apresentadas como três corpos teóricos das suas perspectivas para abordar os problemas desse campo, nos quais Golse considera uma possibilidade de articulação (que evita a cisão) entre a psicanálise e a teoria do apego:

> *Seja como for, hoje está claro que a teoria do apego não elimina a questão da representação mental (os "modelos internos de trabalho" têm obviamente o status de representação mental) nem a questão da sexualidade infantil (o sistema de apego pode ser rapidamente libidinalizado dentro da dinâmica da teoria do apoio), como tentamos mostrar em trabalhos anteriores (Golse 1998; 2006).*[84]

---

82 Alvarez & Golse 2008, p. 123.
83 Alvarez & Golse 2008, p. 124.
84 Golse 2014b, p. 23.

> *Assim, hoje, a controvérsia entre os proponentes da metapsicologia e os proponentes da teoria da conexão deve, acima de tudo, incentivar-nos a concentrar-nos em uma reflexão sobre os processos de simbolização do objeto, pois esses processos provavelmente não são os mesmos, dependendo de o objeto estar presente ou ausente, e na medida em que são as simbolizações precoces que oferecem a possibilidade de uma ponte entre a ligação com o objeto externo (registro interpessoal do apego) e a ligação com o objeto interno (registro intrapsíquico da psicanálise).*[85]

Ao proporem essa articulação, caberia perguntar se a proposta dos colegas franceses considera como princípio primário as pulsões ou o apego. Nesse sentido, deveríamos escolher entre duas expressões teórico-descritivas, considerando uma "pulsão de apego" ou um "apego pulsional". Pelo que entendo, Golse, que confirmou ser esta a sua perspectiva numa comunicação pessoal, devemos considerar uma "pulsão de apego", colocando a pulsão como fundamento primário e o apego como secundário.

Certamente considerando a amplitude e grande quantidade de propostas nessa direção que articula a teoria das pulsões com a teoria do apego, haveria um campo amplo de análise dessas propostas a ser desenvolvido. No entanto, para os objetivos aqui definidos, tal quadro indicativo é suficiente.

Considerações finais

Se os psicanalistas e os adeptos da teoria do apego se dirigem às relações entre o bebê e a mãe, a criança e os outros, como um campo comum, em contrapartida, não há uma discussão para saber se falam dessas relações considerando os mesmos impulsos, os mesmos objetivos, as

---

85 Golse 2014b, pp. 23-24.

mesmas dinâmicas relacionais. Isso põe um problema epistemológico, que exige saber se eles falam da mesma realidade. O comentário de André Green, nesse sentido, expõe qual é o problema a ser enfrentado:

> *No estado atual do conhecimento, não há acordo sobre a teoria do desenvolvimento. A criança observada por Spitz, Margaret Mahler, Daniel Stern, Esther Bick, Lebovici, Emde ou Winnicott não é a mesma criança, e os resultados são significativamente diferentes de um pesquisador para outro.*[86]

Analisadas as diferenças e críticas que os psicanalistas dirigem à teoria do apego e o uso que alguns fazem de suas propostas, não se trata de colocar uma disputa na qual, de um lado, temos a psicanálise, e, de outro, a teoria do apego, procurando saber qual delas deve prevalecer sobre a outra; isso não nos levaria a nenhum avanço na ciência (ou seja, na compreensão mais ampla da realidade e na possibilidade de agir sobre ela); mas, sim, de saber como estabelecer diálogo e proveito mútuo, seja aproveitando-se do que uma ou outra perspectiva torna possível ver da realidade, do que uma ou outra pode fornecer como possibilidade clínica, seja profilática, seja curativa. Para isso, é necessário: a) abandonar o desejo de síntese entre as duas perspectivas, aceitando que há aspectos incompatíveis entre elas, seja em termos teóricos, seja em termos fenomenológicos; b) reconhecer que há contribuições parciais, em cada perspectiva, que podem ser úteis para o desenvolvimento mútuo, cada uma aproveitando o que a outra torna possível apreender da realidade, mas desenvolvendo-se dentro de seu próprio campo semântico-teórico; c) considerar que há contribuições que podem ser incorporadas de uma perspectiva noutra, ainda que isso exija um trabalho de adaptação conceitual e fenomenológica, para que cada perspectiva se mantenha íntegra e não sejam inseridas contradições em cada um dos sistemas teórico-semânticos.

---

86 Green 2003, p. 42.

Nesse caminho, é necessário que tenhamos em mente, para qualquer uma das três opções indicadas, na aproximação e no diálogo entre esses dois sistemas teórico-semânticos (psicanálise, apego): qual é o modelo de homem (a ontologia) ao qual se referem; quais são os impulsos fundamentais e estruturais da própria natureza humana; quais são os objetivos das relação humanas (tanto as mais primitivas quanto as mais maduras); o que operacionaliza e direciona as relações humanas (ou as relações de objeto) etc.

Dado esse contexto, pode-se agrupar, sintetizando, o que analisei até aqui, nas seguintes avaliações críticas:

1. A teoria do apego surge como uma nova maneira de descrever as "relações de objeto", principalmente e inicialmente referidas as relações cuidadores-bebês, situação na qual os fenômenos de separação e deprivação estariam na origem de fenômenos psicopatológicos (dentre eles, a delinquência). A proposta de uma nova maneira de descrever e apreender essas relações se deve ao fato de que, para Bowlby, a psicanálise teria certas insuficiências (a não consideração do ambiente real, a redução das relações em busca da descarga de excitação). Essa proposta teve ampla repercussão internacional, gerando uma preocupação com as relações iniciais como necessárias à saúde, nos mais diversos campos e modos de atuação e cuidado com o ser humano e seu desenvolvimento.
2. A teoria do apego, como a teoria psicanalítica, é composta por dois tipos de conceitos (os que têm referentes empíricos adequados à realidade objetiva e os que não têm, dado que são construções auxiliares especulativas de validade apenas heurística). Os conceitos que são apenas construções auxiliares podem ser considerados como conceitos metapsicológicos, e assim temos uma metapsicologia específica referida à proposta de Bowlby (focada no apego enquanto construção auxiliar especulativa, enquanto um impulso de

natureza biológica que visa à sobrevivência da espécie), e uma metapsicologia proposta por Freud (focada nas pulsões, como uma suposta força psíquica, análoga às forças físicas da natureza).

3. A teoria do apego estabelece uma ontologia que se funda numa determinação biológica que, por sua vez, precisa considerar a possibilidade de apreender e reconhecer o outro e a si mesmo como diferentes está dada como um fundamento biológico.
4. Na psicologia temos diversas ontologias naturalistas, entre elas, na psicanálise, Freud (considerando a vida da alma como um aparelho movido por forças, como um sistema termodinâmico, ainda que com suas especificidades), e com Bowlby temos reiterada uma outra ontologia naturalista, mas numa perspectiva darwinista e, fato inultrapassável no quadro do paradigma de Bowlby, biologizante.
5. Ainda que a teoria do apego tenha introduzido operadores como os modelos internos operativos (como um modo de recolocar os processos e as fantasias inconscientes determinando a vida emocional do ser humano), ela retira a ênfase dada pela psicanálise a alguns fundamentos do seu modo de pensar – inconsciente, recalque, sexualidade infantil, complexo de Édipo, resistência, transferência –, correspondendo, assim, a uma simplificação da teoria psicanalítica, colocando a sexualidade, a fantasia, o conflito psíquico, a ambivalência, entre outros conceitos importantes, num segundo plano teórico. Embora a sua maneira mais simplificada, um pouco estereotipada e redutora, às vezes rígida, de conceber as relações iniciais, não deixou de mostrar a importância dessas relações, resultando em ações clínicas e profiláticas de grande importância para a saúde emocional e para a compreensão do desenvolvimento emocional do ser humano.
6. Uma coisa é identificar ou reconhecer a importância das relações iniciais como fundadoras dos modos de ser-estar e se relacionar dos seres humanos, seja na saúde, seja na doença. Outra é considerar que essas relações devem ser remetidas a impulsos

biológicos, esquemas mais ou menos estruturados, mas dados (na sua estrutura básica) *a priori*. Nessa direção, a teoria do apego objetifica o ser humano, retirando justamente aquilo que seria a grande característica dele, de ser um ente que cria a si mesmo, o outro e o mundo em que vive (o que aparece em outras ontologias psicanalíticas, como as de Lacan e Winnicott). Assim, reconhecer o campo de fenômenos mãe(cuidador)-bebê não implica, necessariamente, admitir a teoria do apego (nos seus fundamentos ontológicos) como válida.

7. A teoria do apego considera que já há, desde o início, a possibilidade de o recém-nascido estabelecer relações de objeto – como propusera Melanie Klein –, ou seja, não considera que seria necessário um amadurecimento do recém-nascido até que essa possibilidade possa ser conquistada, até que a possibilidade de reconhecer um outro como algo externo (com atributos que o sujeito reconhece como não sendo ele, ou não estando em sua posse), um outro do qual necessita (seja para o prazer ou para a sobrevivência). Ou seja, não há, na teoria do apego, uma teoria subjacente do desenvolvimento da unidade do sujeito psicológico, considerando-a, por assim dizer, como dada desde o início (o que não tem sido aceito em diversos tipos de propostas, dentre elas a de Winnicott).
8. A teoria do apego se debruça sobre a importância das relações iniciais mãe-bebê e isso não é uma prerrogativa dessa teoria, dado que muitas outras propostas também se ocuparam desse campo de fenômenos.
9. A teoria do apego supõe, na base constitucional do ser humano, um impulso de natureza biológica, advindo da história da espécie, pensada no quadro da moderna teoria da evolução (em que se articulam as propostas de Darwin e a dos etólogos, com a noção de *imprint*). Essa suposição, opondo-se à teoria das pulsões, corresponde à proposta de um novo modelo ontológico. Essa é, no entanto, uma suposição metafísica, para não dizer especulativa.

10. A teoria do apego foca o seu interesse naquilo que pode ser observado (espontaneamente ou com a ajuda de experiências empíricas controladas) objetivamente, preocupada em descrever o que ocorre nas relações interpessoais, enquanto a psicanálise foi construída para acessar justamente os aspectos singulares e radicalmente subjetivos dos indivíduos em suas relações consigo ou com o outro (isso também poderia ser formulado em termos indicados anteriormente, afirmando que a metapsicologia psicanalítica se ocupa das relações intrapsíquicas, mas creio que a distinção entre apreensão de dados objetivos e a apreensão de dados subjetivos seja uma formulação mais precisa).
11. A teoria do apego surgiu como uma possibilidade de mostrar objetivamente (por seus métodos de apreensão de dados controlados por experimentos) como uma alternativa para dar um conteúdo "científico" (considerando o que é exigido das chamadas ciências duras, a física, por exemplo), mas isso simplifica e obscurece justamente aquilo que a psicanálise pode obter pelo seu método clínico de apreender a realidade. Para usar uma metáfora: é possível que a apreensão objetiva da natureza humana informe que uma sala a 27 °C está quente [como ocorre com a "percepção" de uma máquina cibernética, como um ar-condicionado], mas somente uma apreensão subjetiva de cada ser humano poderá dizer se ele sente a sala quente, fria ou, ainda, se a temperatura da sala é para ele indiferente.
12. Peter Fonagy tem procurado mostrar que a teoria do apego e a teoria psicanalítica não são propostas incomensuráveis, mas que podem ser integradas. Ele procura mostrar que outros psicanalistas já falaram sobre o apego nas suas propostas (Anna Freud, Erikson, Spitz e até mesmo Melanie Klein), dado que todos eles teriam atribuído à ligação inicial mãe-bebê sua importância e certas consequências de suas perturbações; mas isso não é suficiente para confirmar que todos estariam falando do mesmo fenômeno (dado

o fundamento biologizante, darwinista, do apego como impulso defendido por Bowlby), e dizer que há analogias entre essas formulações nos levaria também a considerar que Santo Agostinho, a Bíblia, Spinoza e Heidegger também teriam se referido à teoria do apego (o que não me parece ser defensável, epistemologicamente).

13. Bernard Golse, reiterando uma proposta de Didier Anzieu, propõe uma integração entre a psicanálise e a teoria do apego, considera a existência de uma *pulsão de apego*, procurando agregar diversas perspectivas teórico-clínicas para atuação no campo da perinatalidade, o que, no campo dos fenômenos clínicos, corresponde à realização de uma proposta transdisciplinar (com comprovações e ações clínicas de fôlego), mas que, do ponto de vista ontológico, da caracterização da motivação primária da natureza humana (as pulsões ou os impulsos instintuais de natureza biológica), ainda mantém a questão em aberto.
14. As tentativas de integração da teoria do apego com a psicanálise procuram reinserir aquilo que Bowlby aparentemente teria excluído (inconsciente, sexualidade, fantasias), retomando outra semântica para nomear as relações de objetos e suas dinâmicas na compreensão das relações iniciais mãe-bebê. Numa crítica radical, poder-se-ia afirmar que isso corresponde a um retorno do recalcado fantasiado de outro nome, como todo sintoma!; numa posição mais conciliatória, deve-se perguntar se as denominações e referências semântico-teórico-descritivas de Bowlby são heuristicamente mais valorosas do que as da psicanálise (nas suas diversas maneiras de referir-se às relações de objeto, reconhecendo as especificidades das propostas de Klein, Mahler e Winnicott, entre outros).
15. Não obstante todas essas críticas, quando é necessário intervenções mais simplificadas ou mais objetivadas (por falta de tempo, por falta de condições para fazer outro tipo de compreensão ou intervenção, pela necessidade de tomar decisões sem o tempo que

requereria uma psicoterapia psicanalítica etc.), não se pode descartar que esse tipo de abordagem possa ser útil e de grande valor heurístico para determinados tipos de intervenção clínica ou social que precisam de parâmetros mais simples (eventualmente, exigem ações em curto espaço de tempo) para serem realizadas.

Referências

Allen, J., Fonagy, P. & Bateman, A. (2008). *Handbook of mentalizing in mental health practice*. Washington: American Psychiatric Press.

Alvarez, L. & Golse, B. (2008). *La psychiatrie du bébé*. Paris: PUF.

Ammaniti, M. & Stern, D. (1992). *Attaccamento e psicoanalisi*. Bari: Laterza.

Anzieu, D. (1985/1995). *Le Moi-peau*. Paris: DUNOD.

Balint, M. (1952/1992). *The Basic Fault: Therapeutic Aspects of Regression*. Evanston: Northwestern University Press.

Beebe, B. & Lachmann, F. M. (2014). *The Origins of Attachment. Infant Research and Adult Treatment*. New York; London: Routledge.

Bion, W. R. (1967/1970). *Analisi degli schizofrenici e metodo psicoanalitico*. Roma: Armando.

Bowlby, J. (1960). Separation Anxiety. *International Journal of Psycho-Analysis, 41*, 89-113.

Brockington, I. (1996). *Motherhood and mental health*. Oxford: Oxford University Press.

Cassidy, J. & Shaver, P. R. (2008). *Handbook of Attachment: Theory, Research, and Clinical Applications*. New York; London: The Guilford Press.

Castillo-Garayoa, J. & Echevarría, R. (2023). Reflections on the Reception of Attachment Theory by Psychoanalysts: a Review of Publications. *The International Journal of Psychoanalysis, 104*(3), 509-526.

Cena, L. & Imbasciati, A. (2010). Psicoanalisi infantile e teoria dell'attaccamento: nuove prospettive per lo studio della relazione genitore-bambino. In L. Cena, A. Imbasciati & F. Baldoni (Eds.), *La relazione genitore-bambino: dalla psicoanalisi infantile alle nuove prospettive evoluzionistiche dell'attaccamento* (pp. 45-75). Milano: Springer-Verlag Italia.

Cena, L., Imbasciati, A. & Baldoni, F. (2010). *La relazione genitore-bambino: dalla psicoanalisi infantile alle nuove prospettive evoluzionistiche dell'attaccamento*. Milano: Springer-Verlag Italia.

Cortina, M. & Marrone, M. (2004). Reclaiming Bowlby's contribution to psychoanalysis. *International Forum of Psychoanalysis, 13*, 133-146.

Dijken, S. V. (1998). *John Bowlby: His Early Life. A biographical Journey into the Roots of Attachment Theory*. London; New York: Free Association Books.

Engel, G. L. (1971). Attachment behaviour, object relations, and the dynamic point of view: a critical review of Bowlby's Attachment and loss. *International Journal of Psychoanalysis, 52*, 183-196.

Fairbairn, W. R. D. (1952). *An object-relations theory of personality*. New York: Basic Books.

Fonagy, P. (2001). *Attachment Theory and Psychoanalysis*. New York: Other Press.

Fonagy, P. (2005/2007). Teoria psicanalítica do desenvolvimento. In E. S. Person, A. M. Cooper & G. O. Gabbard (Eds.), *Compêndio de Psicanálise* (pp. 143-156). Porto Alegre: Artes Médicas.

Fonagy, P. (2017). *Théorie de l'attachment et psychanalise*. Toulouse: Érès.

Freud, A. (1960). Discussion of Dr. John Bowlby's paper. *The Psychoanalytic Study of the Child, 15*, 53-62.

Fulgencio, L. (2005). Freud's metapsychological speculations. *International Journal of Psychoanalysis, 86*(1), 99-123.

Fulgencio, L. (2020). *Psicanálise do ser: a teoria winnicottiana do desenvolvimento emocional como uma psicologia de base fenomenológica*. São Paulo: EDUSP-FAPESP.

Fulgencio, L. (Org.). (2018). *A bruxa metapsicologia e seus destinos*. São Paulo: Blucher.

Golse, B. (1998). Attachement modèles opérants internes et métapsychologie ou comment ne pas jeter l'eau du bain avec le bébé? In A. Braconnier & J. Sipos (Eds.), *Le bébé et les interactions précoces* (pp. 149-165). Paris: PUF.

Golse, B. (1999). *Du corps à la pensée*. Paris: PUF.

Golse, B. (2004). La pulsion d'attachement. *La Psychiatrie de l'Enfant, 47*(1), 5-25.

Golse, B. (2006). *L'Être-bébé: les questions du bébé à la théorie de l'attachement, à la psychanalyse et à la phénoménologie*. Paris: PUF.

Golse, B. (2014a). La psychiatrie périnatale. In B. Golse & M. R. Moro (Eds.), *Le développement psychique précoce: de la conception au langage* (pp. 254-279). Paris: Elsevier Masson.

Golse, B. (2014b). Préalables théorico-techniques. In B. Golse & M. R. Moro (Eds.), *Le développement psychique précoce: de la conception au langage* (pp. 13-61). Paris: Elsevier Masson.

Golse, B. (2019). *Le bébé et ses possibles*. Toulouse: Érès.

Golse, B. (2010/2019). *Les destins du développement chez l'enfant*. Toulouse: Érès.

Golse, B. & Moro, M. R. (2014). *Le développement psychique précoce: de la conception au langage*. Paris: Elsevier Masson.

Green, A. (2003). The Pluralism of sciences and psychoanalytic thinking. In M. Leuzinger-Bohleber, A. U. Dreher & J. Canestri (Eds.), *Pluralism and Unity? Methods of Research in Psychoanalysis* (pp. 26-44). London: International Psychoanalytical Association.

Guédeney, N. & Guédeney, A. (2016). *L'attachement: approche clinique et thérapeutique*. Issy-lesMoulineaux: Elsevier Masson.

Guédeney, N. & Guédeney, A. (2009). *L'attachement: approche théorique Du bébé à la personne âgée* (3a ed.). Paris: Elsevier Masson.

Guntrip, H. (1961). *Personality Structure and Human Interaction: the Developing synthesis of Psychodynamic Theory*. London: Karnac.

Hanley, C. (1978). A critical consideration of Bowlby's ethological theory of anxiety. *Psychoanalytic Quarterly, 47*, 364-380.

Kernberg, O. (1976). *Object Relations Theory and Clinical Psychoanalysis*. New York: Aronson.

Imbasciati, A. (2010). Towards new metapsychologies. *Psychoanalytic Review, 97*(1), 44-61.

Imbasciati, A. (2011). The Meaning of a Metapsychology as an Instrument for "Explaining". *The Journal of the American Academy of Psychoanalysis and Dynamic Psychiatry*, 39(4), 651-669. https://guilfordjournals.com/doi/10.1521/jaap.2011.39.4.651

Imbasciati, A. (2013). *Dalla Strega di freud alla nuova metapsicologia: como funziona la mente*. Milano: FrancoAngeli.

Imbasciati, A. (2019). *Una vita "con" la psicoanalisi: la costruzione del cervello e il futuro dell'Umanità*. Milan: Mimesis; Eterotopie.

Imbasciati, A. & Cena, L. (Eds.). (2018). *Psicologia Clinica Perinatale: Prevenzione e Interventi Precoci. Il Futuro dei Primi Mille Giorni di vita*. Milano: FrancoAngeli.

Imbasciati, A., Dabrassi, F. & Cena, L. (2007). *Psicologia Clinica Perinatale – Vademecum per tutti gli addetti alla nascita (genitori inclusi)*. Padova: Piccin.

Imbasciati, A., Debrassi, F. & Cena, L. (Eds.). (2018). *Psicologia Clinica Perinatale per lo Sviluppo del Futuro Individuo: un Uomo Transgernerazionale*. Torino: Espress.

Kernberg, O. (1976). *Object Relations Theory and Clinical Psychoanalysis*. New York: Aronson.

Kumar, R. & Robson, K. M. (1984). A prospective study of emotional disorders in childbearing women. *Br. J. Psychiatry*, *144*, 35-47.

Lieberman, A. F. (1991). Attachment theory and infant-parent psychotherapy: some conceptual, clinical and research issues. In D. Cicchetti & S. Toth (Eds.), *Rochester Symposium on Development Psychopathology* (Vol. 3). *Models and integrations* (pp. 261-288). Hillsdale: Erlbaum.

Marrone, M. (2014). *Attachment and interaction: from Bowlby to Current Clinical Theory and Practice*. London: Jessica Kingsley.

Missonnier, S. (2009). *Devenir parent, naître humain*. Paris: PUF.

Missonnier, S. (2017). Préface à Nouvelle Édition. In P. Fonagy (Ed.), *Théorie de l'attachment et psychanalise* (pp. I-VII). Toulouse: Érès.

Missonnier, S., Blazy, M., Boige, N., Presme, N., & Tagawa (Eds.). (2012). *Manuel de psychologie clinique de la périnatalité*. Paris: Elsevier Masson.

Mooney, C. G. (2010). *Theories of attachment. An Introdution to Boerber, Brazelton, Kennek & Klauss* (2a ed.). St. Paul: Redleaft Press.

Palombo, J., Bendicsen, H. K. & Koch, B. J. (2010). Chapter 15. John Bowlby (1907-1990). In *Guide to Psychoanalytic Developmental Theories* (pp. 287-302). New York: Springer.

Rochlin, G. (1971). Bowlby J, Attachment and Loss. I: Attachment [Book Review]. *Psychoanalytic Quarterly,* (50), 504-506.

Roiphe, H. (1976). Bowlby J, Attachment and Loss. II: Separation, Anxiety and Anger [Book Review]. *Psychoanalytic Quarterly, 65*, 307-309.

Schur, M. (1960). Discussion of Dr. John Bowlby's paper. *The Psychoanalytic Study of the Child, 15*, 63-84.

Seligman, S. (1999). Integrating kleinian theory and intersubjective infant research observing projective identification. *Psychoanalytic Dialogues, 9*, 129-159.

Spitz, R. A. (1960). Discussion of Dr. John Bowlby's paper. *The Psychoanalytic Study of the Child, 15*, 85-94.

Squires, C. (2000). Attachement et sexualité infantile. In *Sexualité infantile et attachement* (pp. 197-243). Paris: PUF.

Stern, D. N. (1985/1992). *O mundo interpessoal do bebê*. Porto Alegre: Artes Médicas.

Stern, D. N. (1995). *The Motherhood Constellation: a Unified View of Parent-infant Psychotherapy*. London: Basic Books.

Stern, D. N (1977/2002). *The First Relationship: Infant and Mother, With a New Introduction*. Cambridge: Harvard University Press.

Stern, D. N. & Bruschweiler-Stern, N. (Eds.). (1998). *The Birth of a Mother: How the Motherhood Experience Can Change You Forever*. New York: Basic Books.

Wallin, D. J. (2007). *Attachment in Psychotherapy*. New York: The Guilford Press.

Widlöcher, D., Laplanche, J., Fonagy, P., Colombo, E., Scarfone, D., Fédida, P. & Squires, C. (2000). *Sexualité infantile et attachement*. Paris: PUF.

Winnicott, D. W. (1953f). Resenha de *Maternal Care and Mental Health,* de John Bowlby, J. In *Explorações Psicanalíticas: D. W. Winnicott* (pp. 323-325). Porto Alegre: Artes Médicas.

Winnicott, D. W. (1964h). Resenha de *Memories, Dreams, Reflections*, de C. J. Jung. In *Explorações Psicanalíticas: D. W. Winnicott* (pp. 365-372). Porto Alegre: Artes Médicas, 1994.

Winnicott, D. W. (1965m). Ego distortion in terms of true and false self. In *The Maturational Processes and the Facilitating Environment: Studies in the Theory of Emotional Development* (pp. 140-152). London: Hogarth Press & The Institute of Psycho Analysis.

Winnicott, D. W. (1971va). Os Elementos Masculinos e Femininos Ex-cindidos [*split-off*] Encontrados em Homens e Mulheres. In *Explorações Psicanalíticas: D. W. Winnicott* (pp. 134-144). Porto Alegre: Artes Médicas.

Zepf, S. (2006). Attachment theory and psychoanalysis: some remarks from an epistemological and from a Freudian point of view. *International Journal of Psycho-Analysis*, *87*, 1529-1548.

Livros do mesmo autor

Fulgencio, L. (2025). *Teorias Psicanalíticas do Desenvolvimento* (Vol. 2. Atualidade). Blucher-FAPESP.

Fulgencio, L. & Humber, L. V. (2024). *Desenvolvimento Emocional & Prática Psicoterápica na perspectiva psicanalítica de D. W. Winnicott.* Blucher.

Fulgencio, L. (2022). *Teorias Psicanalíticas do Desenvolvimento* (Vol. 1. Origens e consolidação). Blucher-FAPESP.

Fulgencio, L. (2022). *Winnicott & Companhia* (Vol. 1. Winnicott e Freud). Blucher.

Fulgencio, L. (2022). *Winnicott & Companhia* (Vol. 2. Winnicott, Klein e Ferenczi). Blucher.

Fulgencio, L. (2021). *Ensaios sobre a constituição epistemológica do pensamento de Freud*. Concern.

Fulgencio, L. (2020). *Psicanálise do Ser. A Teoria Winnicottiana do Desenvolvimento Emocional como uma Psicologia de Base Fenomenológica.* EDUSP-FAPESP.

Fulgencio, L. (2016). *Por que Winnicott?* Zagodoni.

Fulgencio, L. (2016). *Mach & Freud: Influências e Paráfrase*. Edições Concern-FAPESP.

Fulgencio, L. (2008). *O método especulativo em Freud*. EDUC-FAPESP.

Livros editados pelo autor

Fulgencio, L. (2025). *Teorias Psicanalíticas do Desenvolvimento* (Vol. 2. Atualidade). Blucher-FAPESP.

Fulgencio, L. & Humber, L. V. (2024). *Desenvolvimento Emocional & Prática Psicoterápica na perspectiva psicanalítica de D. W. Winnicott*. Blucher.

Fulgencio, L. (2022). *Teorias Psicanalíticas do Desenvolvimento* (Vol. 1. Origens e consolidação). Blucher-FAPESP.

Fulgencio, L. (2022). *Winnicott & Companhia* (Vol. 1. Winnicott e Freud). Blucher.

Fulgencio, L. (2022). *Winnicott & Companhia* (Vol. 2. Winnicott, Klein e Ferenczi). Blucher.

Fulgencio, L. (2021). *Ensaios sobre a constituição epistemológica do pensamento de Freud*. Concern.

Fulgencio, L. (2020). *Psicanálise do Ser. A Teoria Winnicottiana do Desenvolvimento Emocional como uma Psicologia de Base Fenomenológica.* EDUSP-FAPESP.

Fulgencio, L. (2016). *Por que Winnicott?* Zagodoni.

Fulgencio, L. (2016). *Mach & Freud: Influências e Paráfrase*. Edições Concern-FAPESP.

Fulgencio, L. (2008). *O método especulativo em Freud*. EDUC-FAPESP.

GRÁFICA PAYM
Tel. [11] 4392-3344
paym@graficapaym.com.br